教育部人文社会科学规划基金项目（15YJAZH107）

# 中小企业

## 低碳社会责任推进策略

### ——基于东北地区职业群体的实证研究

张凤荣 | 著

人民出版社

# 目  录

# 前　言

　　"断崖式下跌"、"深度衰退"、"塌陷"……2014 年，辽宁、吉林、黑龙江三省的经济增速分别为 5.8%、6.5%、5.6%，位列全国后五位，东北振兴十年，为什么经济出现骤然下滑、陷入低迷？东北经济积重难返吗？除了长期没有解决的国有企业机制问题和经济结构问题，东北经济表象背后还有哪些谜团？东北振兴路在何方？在甚嚣尘上的东北讨论中，数量庞大的中小企业被寄予厚望，东北中小企业能够承载这一使命吗？本书将拨开东北经济的重重迷雾，以中小企业为着眼点，从处于局中的个人、企业到政府，从远交近攻的东北地区内外力量博弈到国内外环境大趋势，对东北经济、中小企业、从业者进行了全方位的深描。

　　东北中小企业，行不行？船小好调头，一直是中小企业的优势，当东北经济告急，对东北国有企业失望至极的专家们将目光落在中小企业身上，作为经济晴雨表的中小企业怎么样？在持续下行的东北经济中，中小企业的发展动力、创新精神、社会责任还能体现吗？本书不是用轻率地行或不行来回答，而是用深入的实证调查和系统分析将东北中小企业的方方面面呈现在读者面前。

　　占各类企业数 90% 以上的东北中小企业，是一个庞大而且还在不断发展的企业群体，在地区经济中占有极其重要的地位。从区域发展方面来看，东北多数中小企业还处在技术含量低、能源消耗高、利润空间狭小的"微笑曲线"底端，再加上数量庞大、竞争激烈，使得中小企业发展步履维艰。同时，长期地过分追求商业利润最大化和资源过度开发利用，导致生产安全事故频发、矿难不断。从全球化发展趋势来看，自然的、人为的，层出不穷的社会责任问题不停改变着中小企业的生存法则。企业社会责任，特别是低碳责任，已成为横亘在中小企业面前的绿色壁垒。在"微笑"中死亡还是重生？破解困局，不仅是东北中小企业自身的需要，也承载着东北振兴的希望。东北中小企业发展的目标不仅取决于决策者对经济发展形势的判断，还取决于他们对未来经济发展的期望或要求。如果人为确定的发展目标是错误的，就会导致资源的严重浪费，让中小企业甚至是东北经济陷入危局，为此，本书将中小企业发展中面临的困局一一呈现，以期减少决策的盲目性。

与已有的大量企业社会责任的论著不同，本书将重点放在中小企业低碳责任的探讨上，以实证方法为突破，却未止步于实证描述，而是将研究引向深入。对于结构方程系统分析方法的运用，将低碳社会责任理论认知推进了一个新层次——个体使命，即在不同的内外环境约束下，为了推进低碳社会责任和经济发展，该地区工作的职业群体需要怎么做。具体来说，本书的工作聚焦于以下四个方面。

——"博弈：企业低碳责任的内外动力分析"从企业目前承受的内外压力、企业已经做到和打算做的低碳行为，以及如何提高企业社会责任的发展四个方面对东北地区中小企业低碳社会责任承受能力进行了社会测量与分析；

——"消费推动：高知青年群体的低碳消费能动性"则建立了一个消费理论模型，探讨从消费角度推进企业承担低碳责任的可能性；

——"战略关键：低碳社会责任营销"为营销学扩展了一个崭新领域，将企业低碳责任营销提升为树立企业良好形象、扩大市场占有量的一个重要手段；

——"聚焦：中小企业低碳社会责任推进策略"以职业群体公民行为推进的低碳责任水平模型为依据，提出东北中小企业低碳社会责任推进和经济发展的对策建议。基于可靠的经济理论和实证数据，在"现代企业社会责任驱动的供应链发展策略"，在详细分析了企业低碳社会责任的政策目标、可利用的政策工具和政策推进策略基础上，对不同生命周期企业激励性低碳社会责任政策制定展开了广泛的讨论。

对于经济决策者来说，必须学会运用科学、系统的定量分析方法，根据客观事实来准确把握经济发展不同阶段所面临的结构问题的实质，揭示经济变动的规律，这样才能制定出正确的经济优化调整目标和相应的政策。撰写本书的目的，就是为东北经济、东北中小企业准确把脉提供依据，为相关领域的理论研究者和经济决策者提供用于东北经济优化调整的理论和定量分析方法。

本书以教育部人文社会科学研究规划项目"新生代职业群体公民行为生成与基层社会治理机制创新实证研究"的研究成果为基础撰写而成。在该项目的研究过程中，吉林大学和长春理工大学的师生参与了数据的收集、整理等工作，东北师范大学研究生任旭、刘航宇、张征然参与了模型的构建和文献的整理，在此对他们的工作表示感谢！感谢东北师范大学马克思主义学部学科建设的支持，让本书得以付梓出版！

# 第一章 发现：现状、问题与进步

受"振兴东北老工业基地"政策影响，东北地区经济发展步伐加快，能源消耗快速增长，老工业基地高耗能高排放企业对环境的影响日益显现，碳减排面临着结构性的困难。低碳是哥本哈根气候会议上我国面向全世界的一项重要承诺，是指减低或控制温室气体排放，即到2020年，单位GDP能耗要比2005年再减排40%—45%。减少碳排放除了需要依靠少数大型企业（集团）之外，更应全力促进中小企业承担低碳责任。中小企业是东北地区经济、社会发展中的重要力量，让高耗能企业尤其是数量众多的中小企业践行节能减排已成为全社会的目标。与此同时，中小企业社会责任问题亦成为东北地区经济国际化的发展障碍，东北中小企业在各省区均占到全省工业企业单位数的90%以上，多为冶金、化工、食品、建材等劳动密集型行业，从业人员多为农民工，劳工问题突出，贸易摩擦较多，近年来遭遇的企业社会责任壁垒明显高于大型企业。因此，如何引导企业创新发展，提高企业低碳社会责任能力，使之适应国际供应链的发展需要，是老工业基地中小企业当前最迫切的任务。

"东北地区中小企业低碳社会责任调查"由东北师范大学课题组全程参与，通过科学的方法进行抽样，以确保数据的真实性和有效性。本次调查共发放问卷3000份，有效问卷2595份，占问卷总数的86.5%。从地域分布来看，吉林省问卷856份，占有效问卷的33%；辽宁省问卷1151份，占有效问卷的44.4%；黑龙江省问卷588份，占有效问卷的22.7%。在本次调查中抽取了车胎制造、电力、电子仪器、肥料制造、服务行业、服装、化工、机械制造、建筑建材，煤炭冶金、农牧、生产加工、物流运输、造纸印刷和制药 15 个行业，在后面的研究中将其分为九大类。其中电力行业问卷 136 份，占有效问卷的 5.24%；化工行业 567 份，占有效问卷的 21.8%；机械制造行业问卷 747 份，占有效问卷的 28.8%；建筑建材行业问卷 558 份，占有效问卷的 21.5%。在本次调查所抽取的企业中国有企业占总比重的 37.7%，民营企业占总比重的 61.7%。

本次调查问卷共分为企业现状、低碳发展经验和态度量表以及职业群体行为量表三个部分。其中，低碳发展经验和态度量表包括发展条件量表、低碳意识量表和行为动机量表三个分量表，共计 64 个问题；职业群体行为量表包括互动程度、群体凝聚力、群体目标、工作满意度和协作精神五个分量表，共计 47 个问题。调查的主要目的是了解东北中小企业在承担企业社会责任中所面临的困境，从职业群体角度探查东北中小企业社会责任的承担能力，为形成协调一致的低碳社会责任战略目标和逐级推进方案提供引导，同时为推动东北老工业基地中小企业低碳社会责任进程提供理论依据和方法指导。

问卷中低碳社会责任水平为打分形式，形成总加量表，其他问题为陈述形式，采用的是李克特量表法。为避免折衷采用 6 分和 4 分制，除打分题外，陈述题中正向题从肯定到否定给予 4、3、2、1 分，而反向题计分时，则分别给予 1、2、3、4 分。建立数据库进行问卷录入，统计分析前，用 SPSS 软件中 Recode 模块将题项计分方式化为一致。

本研究共有 1 个总加量表、2 个李克特量表，总计 13 个分量表，各个层面的信度和效度检验结果如下表 1-1 所示：

表 1-1 低碳社会责任水平变量表信度和效度分析

| 量表层面名称 | 信度 α 系数 | 解释的变异量 |
|---|---|---|
| 企业的知名度打分 | 0.887 | 51.700% |
| 企业的科技水平打分 | 0.885 | 53.900% |
| 企业的节能减排水平打分 | 0.876 | 64.000% |
| 企业的技术创新水平打分 | 0.874 | 66.300% |

| 量表层面名称 | 信度 α 系数 | 解释的变异量 |
|---|---|---|
| 企业员工的安全保护水平打分 | 0.874 | 65.900% |
| 企业法人的社会交往广泛程度打分 | 0.881 | 59.100% |
| 企业管理层与员工交往的密切程度打分 | 0.871 | 69.100% |
| 低碳社会责任水平量表 | 0.894 | 61.427% |

本量表各项经过筛选后信度 α 系数为 0.894，且各项信度 α 系数均在 0.8 以上，说明用本量表收集的数据进行分析具有较高的可信度。

7 个题项（变量）累计解释低碳社会责任水平变异量的 61.427%，因此，量表具有很好的结构效度。此外，从量表的 7 个保留题项的含义来看，量表也具有很好的表面效度。

表 1–2　低碳发展经验和态度量表结构及信度、效度分析

| 量表层面名称 | 信度 α 系数 | 解释的变异量 |
|---|---|---|
| 1. 发展条件分量表 | | |
| 低碳与政府扶持 | 0.600 | 48.438% |
| 低碳与企业发展 | 0.614 | 48.759% |
| 低碳与创新学习 | 0.690 | 61.700% |
| 低碳与宏观经济发展 | 0.660 | 74.233% |
| 发展条件分量表得分 | 0.790 | 61.804% |
| 2. 低碳意识分量表 | | |
| 促进效应 | 0.640 | 66.770% |
| 期望目标 | 0.655 | 70.688% |
| 低碳意识分量表得分 | 0.756 | 62.989% |
| 3. 行为动机分量表 | | |
| 自我投入 | 0.679 | 47.010% |
| 工作投入 | 0.628 | 51.830% |
| 行为动机分量表总分 | 0.778 | 52.302% |
| 低碳发展经验和态度总量表 | 0.890 | 60.329% |

表1-2显示，三个分量表共计53个题项（变量）累计可解释低碳发展经验和态度变异量的60.329%，因而，量表具有很好的结构效度。此外，从量表的53个保留题项的含义来看，量表也具有很好的表面效度。

在保证效度不降低的情况下，本量表各项经过筛选后信度α系数为0.89，且各项信度α系数均在0.6以上，说明用本量表收集的数据进行分析具有较高的可信度。

表1-3 职业群体行为量表结构及信度、效度分析

| 量表层面名称 | 信度α系数 | 解释的变异量 |
| --- | --- | --- |
| 互动程度分量表 | 0.808 | 47.621% |
| 群体凝聚力分量表 | 0.649 | 49.327% |
| 群体目标分量表 | 0.672 | 39.610% |
| 工作满意度分量表 | 0.707 | 47.196% |
| 协作精神分量表 | 0.651 | 59.927% |
| 职业群体行为总量表 | 0.918 | 52.422% |

表1-3中六个分量表共计39个题项（变量）累计可解释低碳发展经验和态度变异量的52.422%。本量表平均结构效度虽不到0.6，但从量表的39个保留题项的含义来看，量表具有很好的表面效度。因而，用该量表测量具有很好的准确度。

上述量表经过筛选后信度α系数为0.918，其中各分项信度α系数均在0.6以上，说明用上述量表收集的数据进行分析具有较高的可信度。

## 第一节 东北地区中小企业现状分析

### 一、东北地区中小企业发展数量

改革开放以后，原有的体制化状态下的企业已经不再适应市场的变

化，这时对市场适应能力较强的中小企业适时崛起，随着市场经济进一步发展，数量日益增加。加之东北地区资源相对中国其他地区资源更为丰富，中小企业成长迅速，并且成为地区经济发展的中坚力量。

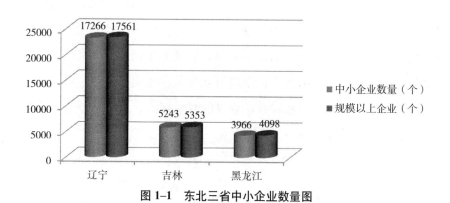

图 1-1 东北三省中小企业数量图

截止到 2013 年底，东北地区规模以上企业共有 27012 家，其中中小企业 26475 家，占总数的 98%。根据《中国中小企业年鉴（2014）》数据显示（图 1-1），在 2006—2009 年四年间，黑龙江省的企业总数量从 2956 家增长到了 4098 家，同时中小企业数量从 2893 家增长了 3966 家，并且每年中小企业占当年的规模以上工业企业数量的百分比都在 98% 左右；在吉林省，企业总数量从 3249 家增长到了 5353 家，同时中小企业数量从 3207 家增长了 5243 家，并且每年中小企业占当年的规模以上工业企业数量的百分比都在 98% 至 99% 之间；在辽宁省，企业总数量从 14754 家增长到了 17561 家，同时中小企业数量从 14636 家增长到了 17266 家，并且每年中小企业占当年的规模以上工业企业数量的百分比都在 99% 以上。可见，中小企业在东北地区经济发展中占有重要地位，是东北地区经济增长的主要力量，所以很明显，东北地区的中小企业也是本地区低碳社会责任的主要承担者。调查组通过典型调查和 PPS 多阶段抽样法，在辽宁、吉林和黑龙江三省中选取了 778 个企业样本，并以调查数据对东北地区能源消耗大、碳排放量多的企业进行了实证分析。

## 二、东北地区中小企业的行业结构

受"振兴东北老工业基地"政策以及经济全球化的影响，东北地区经济迅速发展，中小企业也如雨后春笋般崛起，在东北各省区均占到全省工业企业单位的90%以上，并且迅速成为东北地区经济、社会发展的中坚力量。但是，东北地区的产业结构不合理，形成了主要依靠丰富的矿产资源和廉价劳动力资源形成的资源密集型行业和劳动密集型产业。随着市场竞争的不断加剧，与国际市场接轨的程度的日益提高，近年来中小企业遭遇的企业社会责任壁垒明显高于大型企业。

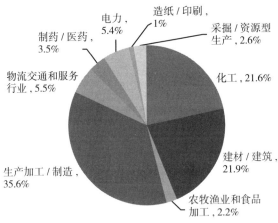

图1-2 东北地区中小企业行业结构分布图

本次调查共涉及9个行业（如图1-2所示），这些行业基本都是属于资源密集型行业和劳动密集型行业，其中生产加工／制造、建材／建筑和化工三种行业占的比重比较大，分别占有28.8%、21.8%和21.5%，共计占此次调查企业的72.1%。从整体来看，这些产业的结构不合理，对环境都有一定程度的污染危害。

## 三、东北地区中小企业所面临的主要压力

在激烈的商业竞争环境下，市场对于企业的要求不断提高。本次调查

的中小企业中有61.8%属于民营企业，且企业规模较小。这些企业面临着许多的压力，甚至威胁到了企业的生存，加上产业结构缺陷，对于东北地区中小企业承担低碳社会责任是十分不利的。

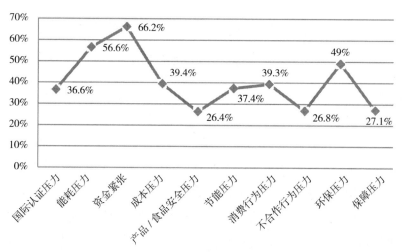

**图1-3　东北地区中小企业承受压力图**

图1-3显示，东北地区分别有66.2%、56.6%和49%的中小企业样本面临着资金压力、能耗压力和环保压力，这是由于东北地区的行业结构、行业类型以及特定的历史原因所决定的。这导致了东北地区中小企业更多的是依靠资源的消耗来实现企业的发展，而不是去主动寻找科技创新的突破口，使得企业效益增长缓慢。但是，为了维护企业的运转，不得不增加能源的消耗，这就导致东北地区的中小企业在经济增长方式上陷入了一个恶性循环，企业面临的资金压力、能耗压力和环保压力也就越来越重。

不过调查结果也显示，东北地区中小企业在践行低碳社会责任方面存在自身的优势，仅有26.8%的中小企业存在员工的不合作行为压力，这是由于在东北地区长期以来盛行集体主义的企业文化。在这种集体主义的企业文化中，个体更愿意将自己归属为企业工作群体中的一员，更倾向于遵从群体中的社会规范，形成职业群体公民行为。集体主义的企业文化可以促进东北中小企业员工从自我角度以及群际关系角度来进一步理解企业低碳发展责任，从而更进一步地改善中小企业劳资关系，提升企业低碳发展的内在动力。

## 第二节  东北地区中小企业承担低碳
## 社会责任面临的问题

### 一、过度依赖政府，企业能动性较弱

在东北地区的中小企业中，人们对企业社会责任的实践性缺乏明确的认识，这主要是因为企业没有从承担低碳社会责任中尝到甜头。许多企业管理者仍停留在认为企业社会责任能够减少就业变动的层面上，中小企业的管理者很想亲眼看到企业社会责任真的能够给他们带来利益的"证据"。面对激烈的市场竞争，企业管理者不得不把对企业社会责任的考虑排在后面，除非有强制性的规定（如通过购买者的行为规范）。

由于企业社会责任被国内企业当成是强迫遵守的问题，企业常常会选择最低限度地遵守这些行为规范或掩盖不遵守的行为，管理者和企业主往往把这种规范视为经营外行为。他们普遍认为，按企业社会责任要求去做

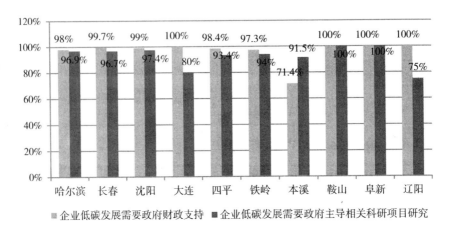

图1-4  各城市企业同意需政府财政支持和主导研究的比例图

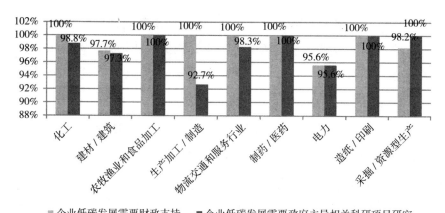

图1–5　各行业企业同意需政府财政支持和主导研究的比例图

只会增加企业成本。同时，东北地区的中小企业又面临着资金、能耗、环保等多方压力，随着工人工资水平的不断提高，原材料价格的不断上涨，市场竞争的激烈程度不断提升。面对不断增加的企业成本，中小企业已无力承担过多的压力，此时企业更希望获得政府财政支持和技术支持（如主导相关科研项目）。从图1–4中可以看出，在10个被调查城市中，鞍山、阜新、辽阳以及大连四个城市中100%的中小企业都认为企业低碳发展需要政府财政支持；在沈阳、长春和哈尔滨分别有99%、99.7%和98%的中小企业对此有认同感，即使在支持率较低的本溪市，仍然有71.4%的中小企业认为低碳发展需要有资金支持。在图1–5的行业分类中表现得更加明显，在所调查的9种行业中，90%以上的中小企业需要政府财政支持，尤其体现在化工、造纸/印刷，以及物流交通和服务业三个行业中。

　　低碳经济是指在可持续发展理念指导下，通过技术创新、制度创新、产业转型、新能源开发等多种手段，尽可能地减少煤炭石油等高碳能源消耗，减少温室气体排放，达到经济社会发展与生态环境保护双赢的一种经济发展形态。通过低碳经济的概念可以看出，企业低碳发展需要进行一系列改革和创新，对落后的生产设备进行更新换代，不仅需要以一定的科研项目作基础，还要求用科技带动企业的低碳发展。科研项目的启动需要一定的资金、技术和人才，对于东北地区中小企业来说，让他们自主开发低碳研究是十分困难的。图 1-4 显示，在鞍山和阜新两个城市中，100% 的中小企业认为企业低碳发展需要政府主导相关科研项目，在哈尔滨、长春和沈阳分别有 96.9%、97.7% 和 98.5% 的中小企业对此有认同感，在人才、市场条件以及企业成熟度较好的大连市也有 80% 的中小企业对此有认同感。在图 1-5 所示的行业分布中表现得更为明显，有 88.8% 的生产 / 加工制造业、100% 的采掘 / 资源型生产行业认为需要政府主导相关的科研项目。

以上分析表明，很多中小企业认为，企业承担社会责任会导致企业成本的增加，不仅需要对生产技术进行改进，还需要对生产设备进行升级换代，这些都需要大量的资金投入和相关的科技创新。因此，很多企业宁愿选择投入更多的劳动力以增加产出，而不愿选择低碳科技发展。企业将低碳发展的希望寄托在政府的扶持上，希望政府能够加大对企业的财政扶持，由政府去主导相关的科研项目，从而转嫁成本，坐享其成。

## 二、相关专业人才匮乏，创新能力不足

东北地区中小企业低碳社会责任发展的一个最大障碍是缺乏实践型人才。这不仅表现在相关科研人员的缺乏，还体现在相关管理者的不足上。

从图 1-6 可以看出，在三个省会城市中，哈尔滨、长春和沈阳分别有

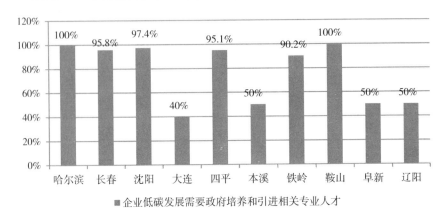

图 1-6　不同城市中小企业需要政府培养和引进人才的比例图

100%、95.8% 和 97.4% 的中小企业认为需要由政府培养和引进相关专业人才，在鞍山、四平和铁岭三个城市中分别有 100%、95.1% 和 90.2% 的样本企业同意这一观点。这些城市代表了东北大部分城市的现状，东北地区整体经济发展相对滞后，市场开放和制度改革开始时间较晚且不够深入，企业对政府的依赖性较强，且薪资水平相对较低，对人才的吸引力也相对较弱，尤其在新兴的低碳技术方面的人才更加缺乏。作为沿海城市，大连是东北老工业基地转型较早城市，市场开放程度和国际化程度较高，相对于东北其他地区，对政府的依赖程度明显低于其他城市，仅有 40% 被调查企业认为需要由政府引进人才。

从图 1–7 可以看出，东北大部分行业的中小企业在人才方面都是较为缺乏的，只有个别行业中例外，如在采掘 / 资源型生产行业中只有 3% 的样本认为企业低碳发展需要政府培养和引进相关专业人才。采掘 / 资源型生产在东北地区的一些主要城市中一直是支柱或主导产业，在地区经济发展中起着的重要作用，一直重视此类人才的培养，所以采掘 / 资源型生产行业人才在东北地区相对充足。但在其他行业中，人才的缺口就比较大，化工、农牧渔业和食品加工、造纸 / 印刷以及建材 / 建筑行业分别有 98.4%、98.3%、95.7% 和 98.3% 的中小企业认为缺少相关人才。

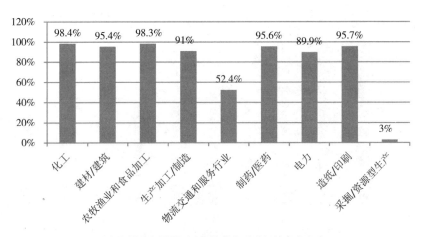

■ 企业低碳发展需要政府培养和引进相关专业人才

**图 1–7 不同行业中小企业需要政府培养和引进人才的比例图**

企业低碳发展需要通过一系列创新改革来实现，创新是关键，人才是核心。东北地区低碳人才的匮乏，直接导致企业技术落后，创新能力不足，减缓了企业低碳发展的步伐，也降低了中小企业进行低碳创新的积极性。

## 三、缺少科学系统的低碳管理体系

在竞争日益激烈的市场经济中，科学系统的管理体系对于一个企业的发展至关重要。不仅能提高企业的运作效率，明确企业发展方向，制定正确的企业发展战略，还能让企业员工充分发挥他们的积极性，激发职业潜能。更为重要的是，可以树立良好的企业形象，为企业赢得良好的信誉。

企业低碳发展不仅需要低碳管理技术，还需要相关的管理人才，企业员工也需要相关方面的培训，从而提升企业低碳发展的凝聚力。从图1-8可以明显看出，在哈尔滨、沈阳、长春、大连以及四平五个城市中超过90%的企业认为需要低碳管理技术，其中大连市最高，达到100%。但

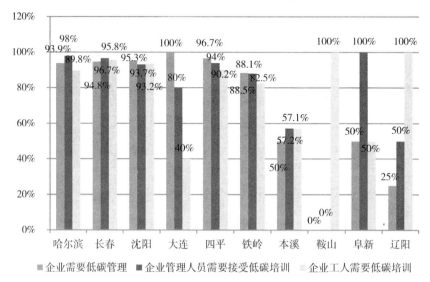

图1-8　各城市企业同意需要管理技术、管理人员和工人接受培训比例图

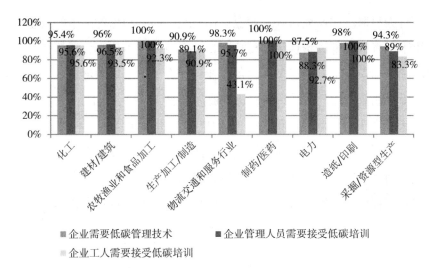

图1–9　不同行业企业需要管理技术、管理人员和工人接受培训比例图

本溪、鞍山、阜新和辽阳四个城市支持这一观点的就相对较少，这几个城市产业较为单一，且资源型生产均以国有企业为主，中小企业发展相对更弱。从图1-8可以看出，除了本溪、鞍山、阜新和辽阳四个城市，其他的城市都有超过80%的企业认为企业管理人员需要接受低碳培训，但是对于企业工人需要接受低碳培训的看法却呈现出不同的层面。除了大连，其他城市企业认为企业工人需要接受低碳培训的都超过半数，可见员工培训是企业低碳发展不可缺少的一环。

图1-9显示，在调查的15个行业中，大部分企业认为企业低碳发展需要低碳管理技术、管理人员和工人需要接受低碳培训三个方面，但在相对较低的物流交通和服务行业中只有33.3%的服装企业认为企业管理人员需要接受低碳培训，49.3%的物流运输企业认为企业工人需要接受低碳培训。

## 四、低碳社会责任意识尚未真正融入到企业文化之中

职业群体的低碳意识是企业文化塑造的重要组成。企业文化在某种意义上被认为是一种群体行为习惯，塑造企业文化重在培养企业内部良好的

群体行为习惯。本研究认为，职业群体在激励因素和保健因素的双重因素作用下，将形成低碳责任的期望目标，并产生低碳价值观、群体认同、群体激励、知识分享等由己及人、由企业到社会层层递进的促进效应，从而逐步提升职业群体的低碳意识，达到促进企业低碳社会责任的作用。

低碳意识融入企业文化所产生的层层推进作用，不仅能够提高企业职工的群体凝聚力，而且能够树立良好的品牌形象，提升企业的社会知名度，帮助企业实现经济效益。问卷调查显示，东北地区中小企业对于低碳都有一定程度的了解和认识，但以经济效益为主的企业目标仍然占据主导地位，企业文化中仍然缺少低碳社会责任意识。

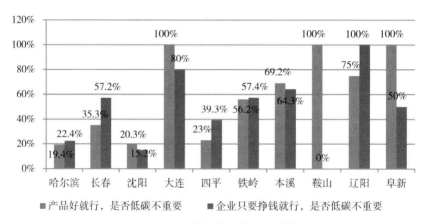

**图1-10　不同城市企业赞同低碳的比例**

从城市来看（图1-10），在大连、鞍山和阜新三个城市中，所有的样本企业都认为企业只要产品好就行，是否低碳不重要；而75%的辽阳企业，69.2%的本溪企业赞同这一观点。

从各个行业来看（图1-11），采掘和资源生产行业中98%的样本企业认为产品好就行，是否低碳不重要，其中对这一观点的认同在服装制造企业中达到了100%；在电力、农牧和食品加工、物流交通和服务行业三个行业中也有超过60%的样本企业认同这一观点。在造纸/印刷行业中有超过50%的企业赞同企业只要挣钱就行，是否低碳不重要。

上述数据表明，东北地区许多中小企业对于低碳的认识仍仅限于听

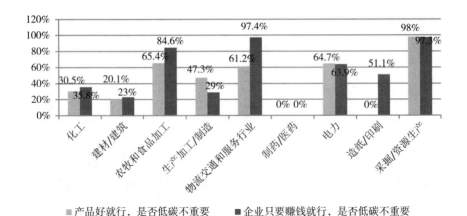

■产品好就行，是否低碳不重要　　■企业只要赚钱就行，是否低碳不重要

**图1-11 不同行业企业赞同低碳的比例**

说或者简单了解，将低碳社会责任意识真正融入到企业文化当中还为时尚早，企业低碳社会责任也不是企业发展的目标之一。

## 五、对于低碳发展缺乏科学、深入的认识

低碳是指减低或控制温室气体排放，其核心内容是通过低碳生产、发展低碳经济，构建低碳社会。低碳生产是以减少温室气体排放为目标，构筑低能耗、低污染为基础的生产体系，包括低碳能源系统、低碳技术和低碳产业体系；低碳经济是指在可持续发展理念指导下，通过技术创新、制度创新、产业转型、新能源开发等多种手段，尽可能地减少煤炭石油等高碳能源消耗，减少温室气体排放，达到经济社会发展与生态环境保护双赢的一种经济发展形态；低碳社会是指通过创建低碳生活，发展低碳经济，培养可持续发展、绿色环保、文明的低碳文化理念，形成具有低碳消费意识的"橄榄形"社会。

低碳是一种理念，有着完整的概念体系。只有对低碳概念正确、全面和深入地认识后，才能有利于企业承担低碳社会责任。但在东北，企业的低碳意识虽然有一定的提升，但仍不够全面。

从图1-12中可以清楚地看到，除了本溪和阜新两个城市，其余八个

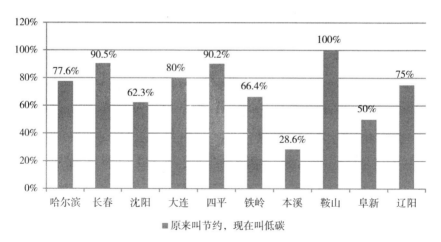

图1-12 各城市对低碳认知的比例图

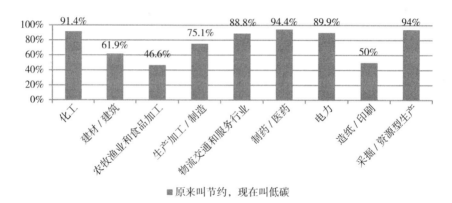

图1-13 各行业企业对低碳认知的比例图

城市都有超过60%的企业认同"原来叫节约,现在叫低碳"这一观点;在鞍山更为明显,所有的样本企业都同意这一说法。在图1-13中可以看出,在九个行业中,最少同意这种观点的农牧行业也达到了46.6%,在服装行业中则达到90%以上。

实际上,节约只是低碳发展的众多维度之一,低碳发展的重点是通过技术创新、发展清洁能源、研发低碳技术以形成一个低碳产业体系,最终实现全社会的低碳发展。而东北地区的很多中小企业对于低碳的认识仍然只停留在节约的层面上,没能正确、全面和深入地认识低碳发展,这不可避免会导致企业在技术创新和企业战略制定等方面存在较多阻碍。

## 六、供应链上的企业仍然采用过时、低效的生产方式

东北地区的许多中小企业仍然采用过时、低效的生产方式。由于东北地区中小企业多为劳动密集型和资源密集型，再加上东北地区资源丰富，许多企业都认为雇佣更多的工人或者增加更多的能源比投资更好的技术相对来说更便宜。由于相对闭塞的地域环境，多数中小企业甚至不知道更新生产系统都需要哪些技术。

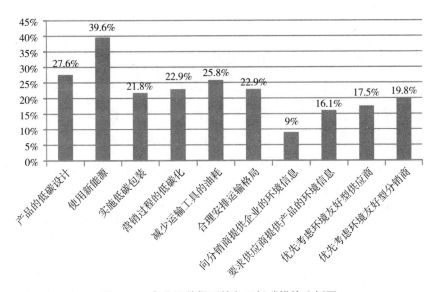

**图 1-14　企业目前做到的各项低碳措施比例图**

东北地区的运输主要依靠陆路，在产品的营销策略上企业很难做到合理安排运输、配送的格局。企业间交易更多关注的是产品的经济效益，不需要向分销商提供企业的环境信息，分销商也很少有这方面的要求。

从图 1-14 可以看出，企业目前做到的各项低碳措施均低于 50%，尤其是在营销环节上，企业不会去关注分销商和供应商的环境信息；有 9% 的企业向分销商提供企业的环境信息，有 16.1% 的企业要求供应商提供产

品的环境信息。

在运输环节，只有 25.8% 的企业能够做到减少运输工具的油耗，很少有企业去考虑产品设计及包装上的低碳技术，但有 39.6% 的企业做到了新能源的使用，新能源使用是东北地区中小企业低碳化发展的突破。

## 第三节　东北地区中小企业承担低碳社会责任的主要进步

### 一、企业环境责任意识较强

随着经济发展，中国的环境污染日益严重，除了空气污染，有三分之一的水资源也污染严重，生物多样性损失惊人。除了环境污染，中国经济中资源利用率低，能源、水和原材料浪费严重，长此以往，中国的经济发展步伐很可能会因为环境和资源上的压力而停止不前。为了防止这种悲剧的发生，国家和各级政府已经制定了许多旨在保护环境的法律、法规及政策。

企业的生存发展与一定的自然环境和社会环境息息相关，企业生产对周围以及本地区的环境必然产生一定影响。国家和各级政府制定了一系列法律、法规及政策，但仅依靠行政手段强制企业保护环境的成效并不佳。只有企业提高社会责任意识，开展自觉的环境保护行动，才能使得这一状况得以改善。

东北地区中小企业中多数行业的环境责任意识较强。从图 1-15 中可以明显地看出，绝大多数企业都赞同"为了改善本地区环境，从我企业做起"这一观点，在化工、建材/建筑、农牧渔业和食品加工、物流交通和服务业以及制药/医药五种行业中，分别有 96.1%、96.2%、96.6%、97.2% 和 92.2% 的中小企业认同这一观点。

但在有些行业中，对此观点的认同率仍然较低，如在造纸/印刷行业

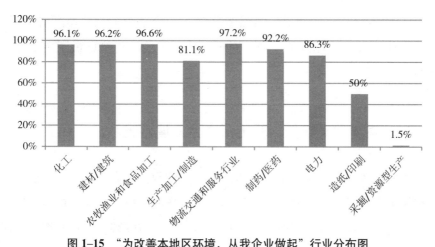

**图1–15 "为改善本地区环境，从我企业做起"行业分布图**

中就仅有 50%，在采掘／资源型生产行业中仅仅有 1.5%。东北地区木材和水资源相对丰富，造纸／印刷行业对水的消耗量大，要实现低碳发展，改善本地区环境，需要大量的资金投入、生产设备和技术的升级，受现实条件制约，该行业对这一观点认同率相对较低。同样的情况也同样适用于采掘／资源型生产行业，他们对此观点的认同率最低。

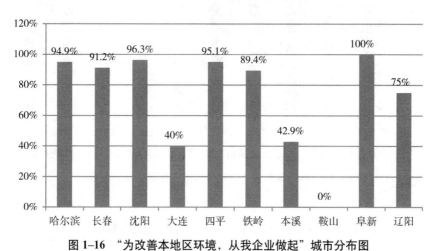

**图1–16 "为改善本地区环境，从我企业做起"城市分布图**

从图1–16 中可以明显看出，在哈尔滨、长春、沈阳、四平和阜新市分别有 94.9%、91.2%、96.3%、95.1% 和 100% 的企业赞同"为改善本地区环境，从我企业做起"的观点，对这一观点认同度较低的是大连市

（40%）和本溪市（42.9%）。虽然东北地区的中小企业面临着各种困难，但是企业自身作为地区的一员，对于本地区环境的责任意识还是十分强烈的。

## 二、集体主义盛行，职工对企业归属感强烈

东北地区相对于东部沿海城市改革开放较晚，加之历史原因，东北地区集体主义盛行，企业对职工来说不仅是工作的场所，在某种意义上还扮演着家庭的角色，职工对企业的感情深厚，归属感强烈。当企业把工作任务细化到每一个工作小组的时候，各工作小组会将企业目标优先原则设定为自己小组的目标方向，通过全体职工的努力实现企业的低碳发展，不仅可以减少很多阻力，也能更顺利地达成企业目标。

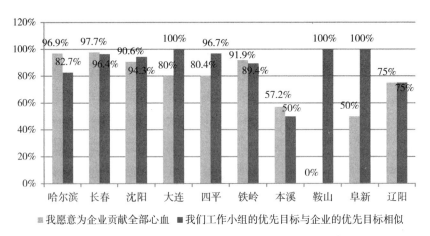

**图 1-17 不同城市与企业感情和相似目标的认同分布图**

从图 1-17 可以明显看出在本次调查的几个主要城市中，不同城市对"我愿意为企业贡献全部心血"和"我们工作小组的优先目标与企业的优先目标相似"的认同程度是不同的。随着市场经济的进一步发展，企业逐渐融入国际市场，与计划经济时期不同，多数企业分离了办社会的职能，企业根据职工贡献程度给予相应的工资报酬。不同的工资水平带来不同的

企业归属感，工资水平较高地区的职工对企业的归属感相对于工资水平较低地区的职工会强一些。调查显示，哈尔滨、长春、沈阳和大连四个城市中分别有 96.9%、97.7%、90.6% 和 80% 的中小企业员工赞同"愿意为企业贡献全部心血"的观点，而在本溪和阜新两个城市中分别仅有 57.1% 和 50% 的企业员工赞同这一说法。尽管各地区中小企业职工工资水平和企业归属感存在一定程度的相关性，但是企业衡量一个工人的薪资水平主要还是其工作的完成程度。针对"我们工作小组的优先目标与企业的优先目标相似"的观点，大连、鞍山和阜新三个城市中 100% 的中小企业员工都持赞同观点，长春、沈阳和四平三个城市中分别有 96.4%、96.3% 和 96.7%对此有认同感。

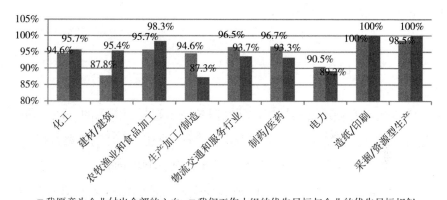

图 1-18 各行业与企业感情和相似目标的认同分布图

从图 1-18 可以明显看出，不同行业对"我愿意为企业付出全部心血"和"我们工作小组的优先目标与企业的优先目标相似"均有较高的认同度。东北地区中小企业在发展过程中一直面临着各式各样的问题，企业实现低碳发展也不可能一帆风顺。如果企业职工能够齐心协力，为企业发展作出奉献，并且以企业目标为优先，就会达到事半功倍的效果。在造纸/印刷、采掘/资源型生产、制药/医药以及物流交通和服务业四种行业中分别有 100%、98.5%、96.7% 和 96.5% 的企业员工认同愿意为企业付出全部心血，建材/建筑行业中对此认同率相对较低，但仍有 87.8% 的企业同意这一观点。为了企业整体目标的实现，企业会将目标分解，分散到每一个工作小组当中去。当每个工作小组与企业有着相同或者相似的优先目标的时候，企业的整体目标也会更快、更好地完成。在此次调查中发现，在采掘/资源型生产和造纸/印刷两个行业中所有企业都认为其工作小组的优先目标与企业的优先目标相似，在农牧渔业和食品加工、化工和建材/建筑三个行业中分别有98.3%、95.7%和95.4%的中小企业员工对此有认同感，在生产加工/制造行业中赞同这一观点的比例最低，但是仍然有87.3%的中小企业员工对此有认同感。

总体来说，无论是行业还是城市，东北地区中小企业员工对企业的认同和归属感较强，对企业的发展目标较为支持，这对东北地区中小企业走低碳化发展之路十分有利。

## 三、企业日益与国际市场接轨

随着全球变暖速度的加快，环境问题越来越受到国际的关注。同时，伴随着低碳经济的发展，低碳责任成为当前企业社会责任的重要目标。

企业低碳发展需要通过一系列的技术创新、制度创新、产业转型、新能源开发等措施来实现，尽可能地减少煤炭石油等高碳能源消耗，减少

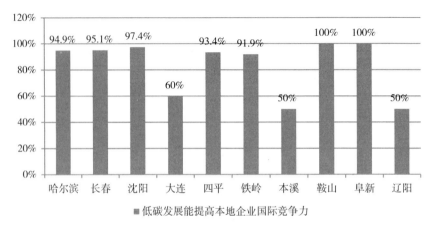

图1-19　各城市企业对低碳发展能提高本地企业国际竞争力的认同占比

温室气体排放，达到经济社会发展与生态环境保护双赢的一种低碳发展形态。

从图1-19可以看出，东北中小企业对"低碳发展能提高本地企业国际竞争力"这一观点认同比例较高，这在一定程度上表明目前东北中小企业已经不再把目光局限于国内市场。在鞍山和阜新两个城市中100%的中小企业都认同这一观点，哈尔滨、长春、沈阳和四平分别有94.9%、95.1%、97.4%和93.4%的中小企业认同这一观点，认同度较低的城市有大连（60%）、本溪（50%）和辽阳（50%）。

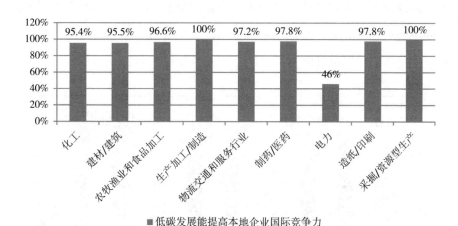

图1-20　各行业的企业对低碳发展能提高本地企业国际竞争力认同占比

从行业分布（图1-20）来看，不同行业对"低碳发展能提高本地企业国际竞争力"的认同度也是不一样的。采掘/资源型生产行业中100%的中小企业都赞同这一观点，采掘/资源型生产行业能耗大，实现低碳发展不仅可以提高该行业的生产效率，而且可以降低生产成本，提高市场竞争力。在造纸/印刷、制药/医药、物流交通和服务业、农牧渔业和食品加工、建筑/建材和化工六大行业中分别有97.8%、97.8%、97.2%、96.6%、95.5%和95.4%的中小企业对此观点有认同感。然而，在电力行业中仅有46%的中小企业对这一观点有认同感，电力行业在中国属于垄断行业，该行业明显对国际竞争力的观点缺乏认同感。

从以上分析可以明显看出，东北中小企业把目光投向国际市场，渴望走出去，多数企业不仅关注企业在本地区的地位，更加关注企业的国际竞争力，这对于引导企业走低碳发展之路是一个有利趋势。

## 四、职工的主人翁意识强烈

只有员工把企业的事情当作自己的事情来做的时候，才会更愿意为企业付出。在本次调研的过程中，有一家企业的口号就是"厂兴，我兴"。在目前这个不断发展变化的环境中，企业如果想要获得长期的发展，不仅需要不断地创新，还需要职工以身作则，在生产过程中发现问题、解决问题，为企业的发展献计献策。

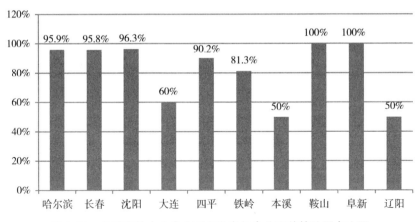

**图1-21 各城市的中小企业对主动参加企业变革的认同占比图**

图1-21表明，不同城市中小企业员工的主人翁意识还是比较强烈的，能够主动参与到企业的变革行动当中去的。在"我的工作小组会主动参加企业的变革行动"这一观点的认同方面，鞍山和阜新两个城市达到100%，哈尔滨、长春、沈阳和四平四个城市中分别有95.9%、95.8%、96.3%和90.2%的认同感。在城市产业结构比较单一的本溪和辽阳两个城市中，只有50%的中小企业样本能够认同这一观点，职工对企业变革的参与程度相对较低。

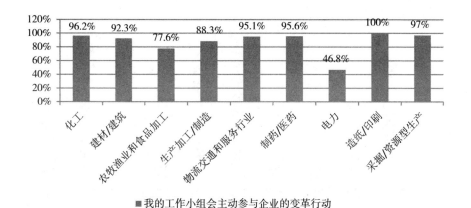

■我的工作小组会主动参与企业的变革行动

**图1-22  各行业的中小企业对主动参加企业变革的认同占比图**

从图1-22可以看出，多数行业的中小企业员工都认为其所在工作小组会主动参与企业的变革行动，为企业的发展贡献自己的力量，尤其在造纸/印刷行业（100%）。在化工、建材/建筑、物流和交通服务业、制药/医药和采掘/资源型生产五大类行业中，分别有96.2%、92.3%、95.1%、95.6%和97%的中小企业员工对此有认同感。作为垄断企业的电力行业只有46.8%，认同率相对较低。

从以上描述可以看出，企业发展也会促进职工的自我实现，认识到这一点的企业员工对企业表现出很强烈的主人翁意识，能够主动地参与到企业的变革之中，为企业的发展献计献策，形成企业和职工共同发展的良好局面。

## 五、职工的自我投入度高

企业管理研究表明，如果员工在工作中对自己现在所做的工作认可度很强，有较高的自我投入度，就能转化为更高的工作效率。企业实现低碳发展需要作出相应的变革，如果员工有较高的自我投入度，不仅会大大减少企业改革的阻力，还会增添企业低碳发展的动力。

企业员工对自己的工作有较高的认可度，不仅会对工作有较高的自

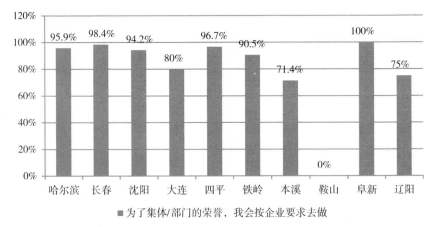

**图 1-23　各城市的企业对为荣誉会按要求去做的认同占比图**

我投入，也会更倾向于维护集体／部门的荣誉。调查发现（见图 1-23），在阜新、哈尔滨、长春、沈阳和四平四个城市中分别有 100%、95.9%、98.4%、94.2% 和 96.7% 的中小企业员工赞同"为了集体／部门的荣誉，我会按企业要求去做"，大连市达到 80%，本溪市是相对较低的，但仍然达到了 71.4%。较高的员工自我投入度将有利于企业目标的达成。

在员工自我投入度分行业比较中（图 1-24），造纸／印刷行业认同度（100%）最高，化工、建材／建筑、物流交通和服务业以及采掘／资源型

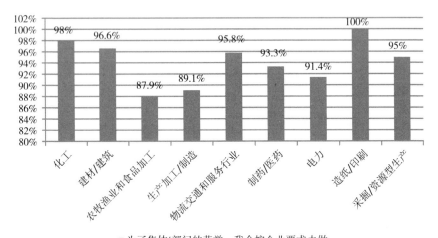

**图 1-24　各行业的企业对为荣誉会按要求去做的认同占比图**

生产四大行业中分别有 98%、96.6%、95.8% 和 95% 的中小企业员工都认同这一观点，相对较低的是农牧渔业和食品加工行业（87.9%）。

在企业实现低碳发展改革的过程中，员工较高的自我投入度不仅有利于企业目标的达成，也有利于克服变革中遇到的困难，推进企业低碳社会责任水平提高。

## 第四节　政策建议

中小企业在东北地区的经济发展中起着至关重要的作用，在承担低碳社会责任方面既存在着诸多的问题和阻碍，也有很多积极的因素。调查研究表明，东北地区中小企业，尤其是高碳行业的中小企业，在低碳发展和践行低碳社会责任方面存在很多有利条件，但也存在很多问题。企业承担更多社会责任不仅可以减少政府压力，保持企业与政府的责、权、利平衡，预防社会问题恶化，也成为企业生存和发展的客观要求。

### 一、低碳社会责任政策目标

企业承担社会责任，既是企业国际化发展的具体行动，也是企业参与和谐社会建设的重要途径。低碳社会责任政策的首要目标是让企业感到他们的负责任行为得到了政府的认可，政府通过表彰、鼓励承担低碳社会责任的优秀企业，激励其他企业承担低碳社会责任，协调企业的商业行为和公共政策，培育负责任的企业主体和市场行为。概括来说，低碳社会责任政策的制定应该以实现下述三个目标为基础。

第一，提高企业履行低碳社会责任的能力，提升企业竞争力。近几年来，跨国公司越来越倾向于使用企业社会责任标准 SA8000、生产守则和 ISO14000 等环境管理标准。这些绿色贸易壁垒与蓝色贸易壁垒，越来越成为我国面临的新型非关税贸易壁垒，推行企业社会责任标准，无疑是打破这些贸易壁垒的良策。参与各种认证，符合各种规范，可以帮助那些努力追求社会责任的企业获得比同行业其他企业更多的优势，不仅能够提高企业履行低碳社会责任的能力，获得更多的市场空间和利益回报，也能增强企业的竞争力。

第二，促使企业采用新的技术、设备，降低生产过程的消耗成本。可持续发展是企业社会责任的重要组成部分，从投入看，企业社会责任政策可以促使企业选择环保材料，并且有效节约原材料，从而降低成本；在生产过程中，企业社会责任政策推动企业采用新技术、购买新的环保设备，提高产出率，从而减少原材料的浪费和污染物的排放，在节约治理污染和处理废弃物的成本的同时节约生产成本。此外，还可以促使企业生产绿色环保产品，满足市场对绿色健康产品的需求，也为企业赢得了声誉。

第三，提高企业的社会形象，改善与利益相关者的关系。承担社会责任可以提高企业的社会形象，让企业在劳动力市场处于有利的地位。企业对雇员的福利承诺将提高雇员的忠诚度和归属感，不但可以招揽到大量优秀人才，也能改善企业与员工、供货商、消费者和政府的关系。

## 二、企业低碳社会责任的政策工具

从世界各国当前的实践来看，各国政府用来促进其企业社会责任目标的公共政策工具的范围很广泛，反映了各自不同的制度特性和不断变化的经济背景。迄今为止，常见的、政府用以促进企业低碳社会责任的政策工具可归纳为法律工具和自愿性工具。

### （一）法律工具

政府与企业法律关系的进一步理清，为企业自觉履行低碳社会责任创造了更为宽松的政策环境。解决企业低碳社会责任问题的方法之一是借助于法律规则，让责任者对其所造成的损害负责，即将被忽略的外部效应内部化，以提醒那些潜在的违规者要谨慎行事。进入 20 世纪以后，为达到震慑经营者侵害消费者权益的目的，绝大多数国家都实施"惩罚性赔偿"制度，通过提高交易成本达到惩罚违法者的目的。交易成本是经济学概念，是指达成协议及履行协议的成本，包括搜集信息的成本、讨价还价的成本及确定协议是否被履行的成本。在企业社会责任体系中的交易成本是指原告及被告通过法院确定责任及赔偿额度的成本，还包括举证、说服反对者、奖励及搜集损害信息等过程相关的所有成本。交易成本是责任法律体系的一个重要因素，构造企业社会责任法律体系的一种方法是借助于成文法，即由立法机构颁布一项法令，要求企业社会责任承担者为其所造成的损害支付赔偿金。

各国对经营者课以损害赔偿的数额一直在不断增大。以美国为例，在过去 20 年中美国的惩罚性赔偿数额急剧增长，1976 年认定的最高数额仅为 25 万美元，但 1981 年就已经有案例判到 350 万美元，之后更有赔偿到千万以上直至取消上限的案例。如 2010 年 7 月 26 日美国众议院自然资源委员会决定取消英国石油（BP）及其他石油企业，为类似墨西哥湾事件的漏油事故所需支付的 7500 万美元赔偿上限，令对其负有责任的漏油事故应承担 100% 损害及清理成本。

相比较之下，我国的惩罚性赔偿金力度就显得软弱无力。根据《中华人民共和国消费者权益保护法》第 49 条规定：经营者提供商品或者服务有欺诈行为的，应当按照消费者的要求增加赔偿其受到的损失，增加赔偿的金额为消费者购买商品的价款或者接受服务的费用的一倍。因为惩罚性赔偿数额明显过低，使得我国经营者的预期违法成本也过低，从而不能从根本上遏制企业侵害消费者利益行为的发生。我国消费者权益常常受到侵犯，而权益受到侵犯的消费者又很少会诉之于法律途径要求赔偿，从而使得一些侵犯消费者权益的商家更是猖獗。

虽然中国并没有像欧盟那样出台明确的企业社会责任政策，但基本形成了企业社会责任的基础法律法规体系。2006 年 1 月 1 日生效的《中华人民共和国公司法》修订案十分鲜明地提出公司要承担社会责任，并提出遵守法规和社会公德的具体要求。同时，环境保护法、工会法、劳动法、消费者权益保护法和捐赠法等规定企业的基本法律责任，形成了企业履行社会责任的法律基础和底线。2006年9月25日，深圳证券交易所发布《上市公司社会责任指引》，明确上市公司作为社会成员之一，应对职工、股东、债权人、供应商及消费者等利益相关方承担起应尽的责任，并指引企业采取自愿信息披露制度。2008年4月2日，中国工业经济联合会与11家工业行业协会、联合会联合发布了《中国工业企业及工业协会社会责任指南》和《关于倡导并推进工业企业及工业协会履行社会责任的若干意见》。

## （二）自愿性工具

自愿性是指企业在没有任何正式的法律义务要求的情况下，自愿承担社会责任的行为。自愿性成为政策工具主要通过两种形式：一种是道义劝告，这是基于人们对道德价值及公民义务的认识程度；另一种是由非政府组织的压力所激发的自愿行为。

### 1. 道义劝告

道义劝告不是通过威胁对人们进行惩罚来达到目的，而是通过唤醒人们的公民道德感来发挥其作用。如2009年10月开始的"社会责任中国行–555关爱计划"活动，组织一批新闻记者、品牌专家、经济学者、社会志愿者等，通过"感恩祖国行"、"感恩人民行"、"感恩时代行"、"感恩社会行"等系列，以媒体记者为载体、以企业为主体开展一系列宣传推广活动，搭建宣传普及社会责任知识、展示企业社会责任形象、倡导企业履行社会责任的平台，努力形成全社会"社会责任人人有责，从我做起"的良好氛围。类似上述企业社会责任宣传活动就是道义劝告形式之一。外溢性是道义劝告的优点，如一个人参与了低碳宣传活动，公民道德感得到了增强，因而会自觉维护自己的汽车，学会省油，不乱丢报废电池。如果这个人是一个企业的主管，他还会在企业管理中注意节电、节水、减少空调使用和纸张浪费，等等。

从道德的角度来看，并不是所有人都具有相同的责任感。一些企业会对道德呼吁作出响应，而其他企业则不会。道义劝告是将责任寄托于那些道德感比较强的企业社会责任承担者身上，而那些对道德呼吁没有响应的企业会搭便车，享受其他企业进行道德约束所产生的收益，却逃避自己应当承担的责任。如果那些承担责任的企业面临的是普遍的搭便车行为，在长期内，先前所树立的基本的企业社会责任道德感将遭到侵蚀。因此，通过道义劝告提高企业社会责任感的方法可能在短期内比较有效，但在长期内可能会产生相反的效果。

在这个追逐利润、强调竞争的时代，采用道义劝告作为企业低碳社会责任的政策工具受到了人们的冷嘲热讽，就像无法通过道义劝告使江苏的太湖水变清一样。务实的决策者自然地倾向于使用强制性政策工具，但是我们也不应该低估公民道德的作用，道德水平是制定新政策的基础，也是施行的保证。

2. 非政府组织压力

非政府组织（Non-Government Organization，NGO）不借助法律手段对企业施加压力，是非正式的。在这个过程中，非政府组织是通过压力影响企业的成本，因而企业的自愿行为便显得尤为重要。在这种情况下，企业受影响的成本主要有：诚信危机导致声誉损害、因抵制导致的市场丢失、股票市值下降等。企业所承受的压力，主要有民间组织的活动、新闻宣传、游行示威、协商谈判等。

欧盟《推动欧洲企业社会责任框架》绿皮书倡导了企业社会责任的自愿方法：在自愿的基础上，企业将对社会与环境的关注融入其商业运营中，融入其与利益相关者的互动过程中。欧盟的绿皮书认为，具有社会责任感不仅意味着符合法律的要求，而且要超越被动的服从，为人力资本、环境和与利益相关者之间的关系投入更多。

## 三、企业低碳社会责任政策推进策略

### (一) 利用政府的优势与能力规范企业

基于独特的国情，政府成为推动我国企业履行社会责任的主要力量。政府掌握和行使着公共行政权，拥有许多重要的资源，且具有合法的强制力、高度的权威性。斯蒂格利茨认为，政府纠正市场失灵有四大优势，即征税权、禁止权、处罚权与交易成本。具体到企业社会责任的推进，政府还具有信息、资金、技术、人才、组织及信用等方面的优势。政府有能力也有责任通过法律、法规、条款等正式制度将某些行为规则强加于企业，使企业必须承担基本的社会责任。政府也需要通过教育、引导、示范等形式影响非正式制度的演进，使企业自觉遵守高于基本社会责任的伦理责任、慈善责任等。

### (二) 促进社会与企业的成本收益趋向一致

从经济学角度分析，企业低碳社会责任实质上是一个"外部性"问题。企业承担社会责任与否取决于其对实施社会责任行为的成本与收益的分析，但由于企业计算的成本和收益与社会、利益相关者考虑的成本和收益并不一致，因此市场机制推进企业承担社会责任的动力不足。即使在西方发达国家，企业社会责任也不是完全依靠市场机制形成，往往需政府运用政策或增加企业承担社会责任所获取的收益，或增加企业不承担社会责任所付出的成本，使社会与企业的成本和收益趋向一致，从而克服市场在推进企业社会责任方面的部分"失灵"。

### (三) 建立多元的社会治理机制

从社会学角度来看，企业低碳社会责任在一定程度上可被政府视为社会政策的补充及社会治理的创新。政府作为社会公众利益的代表和社会公共管理者，除承担经济发展任务以外，还必须通过社会政策的运用，促进社会的公平与正义，实现社会和谐。另一方面，通过推进企业社会责任，也有助于打破政府管理社会的一元化社会治理模式，形成政府、企业及其他社会主体共同承担公共责任的多元社会治理机制。

第一，政府进一步给予企业相关的支持与保障。一方面，东北地区的中小企业在不同程度上都面临着一定的资金压力，企业在低碳科研和设备改造过程中，给予一定的资金支持或者政策扶持，既可以帮助这些企业渡过暂时的难关，也可以为其他企业树立榜样。另一方面，完善奖惩制度，对环境产生污染的企业进行处罚，奖励环境友善型企业。

第二，推动企业要发扬独立自主的精神，增强自身的能动性。企业在低碳发展过程中虽然面临众多困难，但不能仅依靠政府的扶持，还需要从企业内部，发掘并调动一切的有利条件，调动职工的积极性，发挥企业自身的能动性，克服在低碳发展过程中所遇到的问题。

第三，培养引进低碳人才，增强创新能力。由于东北地区相对于中国东部沿海地区的人才吸引力较弱，低碳人才更是相对匮乏，东北中小企业可以尝试与高校联合培养低碳相关人才，并给予一定的优惠政策，根据企业自身的需要与高校进行合作，定向培养专业人才。同时，增强对国内外优秀人才的吸引力，以增强创新能力。

第四，加强低碳知识宣传，提高低碳理念的认知程度。低碳发展对于很多企业员工来说，仍然停留在节约的层面，这就要求多渠道加强对企业和员工的宣传和教育，对管理人员进行低碳管理技能的培训，以满足低碳发展的需要。

第五，建立和完善低碳社会责任供应链。要实现低碳经济发展，践行企业低碳社会责任，仅仅靠某个或某几个企业是难以完成的，更需要发挥大企业的带头作用，改变传统、落后的企业运营模式，建立由设计、选材、生产、配送、消费、回收以及回收再利用构成的完整的、科学的闭环供应链，同时明确供应链上不同位置企业的社会责任，让企业低碳发展更具可持续性。

## 四、激励性低碳社会责任政策制定

评价任何一项政策优劣的关键，要看它能否对企业的行为产生激励。企业在经营中拥有很强的高效利用投入原材料及人工的动力，却往往忽视自身行为对环境和社会造成的影响。天下没有免费的午餐，对环境资源使用收费、奖励企业吸收弱势群体就业、补贴企业参加公共服务等所发生的直接和间接损失等，这些可以构成激励性低碳社会责任政策的内容。

在短期内，低碳企业社会责任政策的主要问题是能否激励企业采用成本最低的方法，提高企业低碳社会责任水平。从长期来看，合意的企业低碳社会责任政策会对企业产生较强的激励作用，使它们自发地寻求先进的技术及管理经验，提升企业的竞争优势。

企业承担低碳社会责任的能力与其生命周期的发展阶段密切相关，每个阶段的能力都不一样。政策制定部门可以根据企业的不同发展阶段，相应采取一些措施，来拓宽企业承担低碳社会责任的空间，增强企业承担低碳社会责任的自主性和积极性。

### （一）生存期企业

对处于生存期的企业，可以尽量减少其低碳社会责任范围和力度，或者降低低碳其承担社会责任的成本，以促进企业尽快成长，渡过其艰难的生存期，尽早进入能够积极承担低碳社会责任的成长期和成熟期。

### （二）成长和成熟期企业

对于成长期和成熟期的企业，应该积极引导并营造一个环境，企业通过承担低碳社会责任能够获取更大的利益和发展空间，促使这个阶段的企业成为承担社会责任的主体。政府可以推出一系列优惠政策奖励积极履行低碳社会责任的企业，如建立低碳企业社会责任奖励基金、优先提供政府采购机会或减免税等给低碳社会责任记录良好的企业。同时，建立低碳企业社会责任信息披露机制，公开表扬积极履行低碳社会责任的企业，谴责逃避低碳社会责任的企业。

（三）衰落期企业

对于衰落期的企业，政府可以积极地介入债务问题和人员再就业问题的妥善解决，以避免破罐子破摔而拒绝承担相应的低碳社会责任，或者帮助企业实现重组、转型，重新获得承担低碳社会责任的能力。

# 第二章 博弈：企业低碳责任的内外动力分析

## 第一节 水平分析——低碳社会责任能力测量

为了促进东北老工业基地经济生态化和创新发展，实现以职业群体行为为推动力的企业低碳社会责任发展，本研究设计了《低碳发展经验和态度量表》和《职业群体行为量表》，通过典型调查和多阶段抽样法在辽宁、吉林和黑龙江三省各中选企业和部门调查了 778 个样本。以下是对调查数据作出简要的描述分析。

此次调查所使用的《东北地区中小企业低碳社会责任调查》问卷大致可以分为三个部分：分别是企业现状问卷，低碳发展经验和态度量表，职业群体行为量表。在低碳发展经验量表中又包含发展条件分量表、低碳意识分量表和行为动机分量表，在职业群体行为量表中又包括互动程度、群体凝聚力、群体目标、工作满意度和协作精神五个分量表。

表 2-1　低碳社会责任水平分量表信度、效度检验

| 量表层面名称 | 代号 | 包含的题项 | 题数 | 信度 α 系数 | 解释的变异量 |
|---|---|---|---|---|---|
| 企业的知名度打分 | C1 | 1 | 0.887 | 51.700% | |
| 企业的科技水平打分 | C3 | 1 | 0.885 | 53.900% | |
| 企业的节能减排水平打分 | C4 | 1 | 0.876 | 64.000% | |
| 企业的技术创新水平打分 | C5 | 1 | 0.874 | 66.300% | |

| 量表层面名称 | 代号 | 包含的题项 | 题数 | 信度 α 系数 | 解释的变异量 |
|---|---|---|---|---|---|
| 企业员工的安全保护水平打分 | | C7 | 1 | 0.874 | 65.900% |
| 企业法人的社会交往广泛程度打分 | | C8 | 1 | 0.881 | 59.100% |
| 企业管理层与员工交往的密切程度打分 | | C9 | 1 | 0.871 | 69.100% |
| 低碳社会责任水平量表 | log | | 7 | 0.894 | 61.427% |

问卷中低碳社会责任水平为打分形式，其他问题为陈述形式，采用的是李克特量表法。为避免折中采用 6 分和 4 分制，除打分题外，陈述题中正向题从肯定到否定给予 4、3、2、1 分，而反向题计分时，则分别给予 1、2、3、4 分。

本量表各项经过筛选后信度 α 系数为 0.894，且各项信度 α 系数均在 0.8 以上，说明用本量表收集的数据进行分析具有较高的可信度。

7 个题项（变量）累计解释低碳社会责任水平变异量的 61.427%（表 2-1），因此，量表具有很好的结构效度。此外，从量表的 7 个保留题项的含义来看，量表也具有很好的表面效度。

**表 2-2 不同低碳社会责任水平的频数分布**

| 低碳社会责任水平 | 频数 | 占比（%） |
|---|---|---|
| 28 以下 | 1284 | 49.5 |
| 29—35 | 834 | 32.1 |
| 36 以上 | 477 | 18.4 |
| 总计 | 2595 | 100 |

从表 2-2 的调查结果可以明显看出，东北中小企业低碳社会责任水平较低，在 28 分以下的中小企业占总数的 49.5%。目前，东北地区的经济发展到了瓶颈时期，东北地区经济增长方式亟待转变，较低的低碳社会责任水平说明企业距离低碳转型还有很长的路要走。

表2-3  不同行业低碳社会责任水平交叉表

| 水平<br>行业 | 28以下 | 29—35 | 36以上 |
|---|---|---|---|
| 化工 | 0.195 | 0.634 | 0.171 |
| 建材/建筑 | 0.506 | 0.236 | 0.258 |
| 农牧渔业和食品加工 | 0.086 | 0.362 | 0.552 |
| 生产加工/制造 | 0.590 | 0.218 | 0.192 |
| 物流交通和服务行业 | 0.804 | 0.035 | 0.161 |
| 制药/医药 | 0.400 | 0.600 | 0 |
| 电力 | 0.683 | 0.302 | 0.014 |
| 造纸/印刷 | 0.522 | 0.478 | 0 |
| 采掘/资源型生产 | 1 | 0 | 0 |
| 卡方值 | 630.660 | | |
| 显著性 | 0 | | |

从表2-3可以看出，本次调查中所涉及的九大行业低碳社会责任水平呈现显著差异，且都普遍较低。仅在农牧渔业和食品加工业表现相对较好，有55.2%的企业达到较高的低碳社会责任水平（36以上），六成以上的化工、制药/医药行业达到中等低碳社会责任水平（29—35），半数以上的建筑/建材、生产加工/制造、电力、造纸/印刷业处于较低水平区域（28分以下），在采掘/资源型生产行业中所有的中小企业样本都处于较低的低碳社会责任水平。

表2-4  不同城市与低碳社会责任水平交叉表

| 水平<br>城市 | 28以下 | 29—35 | 36以上 |
|---|---|---|---|
| 哈尔滨 | 0.592 | 0.265 | 0.143 |
| 长春 | 0.480 | 0.500 | 0.020 |
| 沈阳 | 0.016 | 0.066 | 0.918 |
| 大连 | 0.374 | 0.477 | 0.149 |

| 城市＼水平 | 28 以下 | 29—35 | 36 以上 |
|---|---|---|---|
| 四平 | 1 | 0 | 0 |
| 铁岭 | 0 | 0 | 1 |
| 本溪 | 0.929 | 0.071 | 0 |
| 鞍山 | 0.500 | 0.500 | 0 |
| 阜新 | 1 | 0 | 0 |
| 辽阳 | 0.387 | 0.319 | 0.290 |
| 卡方值 | 1473.464 | | |
| 显著性 | 0 | | |

表 2–4 分城市统计表明，不同城市的中小企业低碳社会责任水平呈现显著差异（卡方＝0）。在省会城市中，沈阳市表现最好，有 91.8% 企业的低碳社会责任水平达到 36 以上，其他城市中绝大多数中小企业的低碳社会责任水平均较低，哈尔滨、长春和大连三个城市分别有 14.3%、2% 和 14.9% 的中小企业达到 36 以上，四平市中小企业低碳社会责任水平全部在 28 分以下。

表 2–5　不同省份低碳社会责任水平交叉分析表

| 省份＼水平 | 28 以下 | 29—35 | 36 以上 |
|---|---|---|---|
| 吉林 | 0.348 | 0.376 | 0.276 |
| 辽宁 | 0.554 | 0.309 | 0.136 |
| 黑龙江 | 0.592 | 0.265 | 0.143 |
| 卡方值 | 129.671 | | |
| 显著性 | 0 | | |

不同省份中小企业低碳社会责任水平存在较大差异。从表 2–5 可以看出，东北三省的低碳社会责任水平均处于较低区间，说明东北地区的经济发展亟须转型。吉林、辽宁和黑龙江三省中分别有 27.6%、13.6% 和 14.3% 的中小企业低碳社会责任水平到了 36 以上，吉林省中小企业的低碳

社会责任水平要高于其他两省。

## 第二节 压力与行动——低碳责任发展现状

由于中小企业普遍存在定位问题，缺少基本的法律保障、生存空间和稳定的体制结构，长期以来由道德缺失、生产效率过低，以及管理水平低下所引发的信任危机、生存危机和发展危机，使得中小企业成长与发展缓慢。而老工业基地经济发展的滞后性，则使东北中小企业面临更大的生存压力。为了解东北中小企业在低碳社会责任发展要求下应对压力的状况，在前期调查的基础上，课题组从企业目前承受的压力、企业已经做到和打算做的低碳行为以及如何提高企业社会责任的发展四个方面对东北地区中小企业低碳社会责任发展现状进行了调查与分析。

### 一、目前企业所承受的压力情况

本研究中企业目前承受的低碳社会责任压力调查内容包括：

(1) 企业社会责任国际认证；

(2) 能耗压力；

(3) 资金紧张；

(4) 成本压力；

(5) 产品 / 食品安全压力；

(6) 来自政府方面的节能减排压力；

(7) 浪费行为；

(8) 员工的不合作行为；

(9) 要求企业减少环境影响的压力；

(10) 要求企业提供健康和安全保障的压力。

表 2-6 不同行业所面临压力情况

| 压力\行业 | 认证 | 能耗 | 资金 | 成本 | 产品安全 | 政府节能 | 浪费 | 员工 | 环境 | 保障 |
|---|---|---|---|---|---|---|---|---|---|---|
| 化工 | 0.193 | 0.316 | 0.280 | 0.103 | 0.309 | 0.377 | 0.152 | 0.152 | 0.307 | 0.167 |
| 建筑建材 | 0.166 | 0.334 | 0.268 | 0.163 | 0.144 | 0.217 | 0.147 | 0.075 | 0.353 | 0.163 |
| 农牧渔业和食品加工 | 0.042 | 0.002 | 0.008 | 0.027 | 0 | 0.009 | 0.003 | 0.004 | 0.010 | 0 |
| 生产加工制造 | 0.368 | 0.288 | 0.313 | 0.535 | 0.538 | 0.296 | 0.429 | 0.433 | 0.210 | 0.381 |
| 物流交通和服务业 | 0.054 | 0.012 | 0.064 | 0.068 | 0.012 | 0.051 | 0.029 | 0.161 | 0.006 | 0.013 |
| 制药 | 0.056 | 0.026 | 0.015 | 0.064 | 0.056 | 0.018 | 0.083 | 0.085 | 0.049 | 0.084 |
| 电力 | 0.073 | 0.022 | 0.037 | 0.036 | 0.007 | 0.028 | 0.054 | 0.023 | 0.060 | 0.127 |
| 造纸印刷 | 0.048 | 0 | 0.013 | 0 | 0.034 | 0.001 | 0.043 | 0.064 | 0.002 | 0.063 |
| 采掘/资源型生产 | 0 | 0 | 0.001 | 0.004 | 0 | 0.004 | 0.061 | 0.003 | 0.003 | 0.001 |
| 卡方检验 | 190.422 | 812.072 | 450.15 | 383.732 | 261.392 | 313.177 | 393.168 | 538.282 | 687.926 | 372.115 |
| P | 0 | 0 | 0 | 0 | 0 | 0 | 0 | 0 | 0 | 0 |

表 2-7 三省间的压力对比

| 压力\省份 | 认证 | 能耗 | 资金 | 成本 | 产品安全 | 政府节能 | 浪费 | 员工 | 环境 | 保障 |
|---|---|---|---|---|---|---|---|---|---|---|
| 吉林省 | 0.516 | 0.310 | 0.375 | 0.403 | 0.385 | 0.334 | 0.376 | 0.463 | 0.335 | 0.423 |
| 辽宁省 | 0.236 | 0.464 | 0.397 | 0.261 | 0.235 | 0.405 | 0.334 | 0.268 | 0.555 | 0.226 |
| 黑龙江省 | 0.248 | 0.226 | 0.228 | 0.336 | 0.379 | 0.261 | 0.290 | 0.269 | 0.109 | 0.351 |
| 卡方检验 | 304.138 | 7.676 | 55.816 | 239.900 | 216.681 | 16.729 | 83.786 | 123.442 | 224.708 | 191.869 |
| P | 0 | 0.022 | 0 | 0 | 0 | 0.002 | 0 | 0 | 0 | 0 |

表 2-8 重点城市间的压力对比

| 压力\城市 | 认证 | 能耗 | 资金 | 成本 | 产品安全 | 政府节能 | 浪费 | 员工 | 环境 | 保障 |
|---|---|---|---|---|---|---|---|---|---|---|
| 哈尔滨 | 0.291 | 0.277 | 0.277 | 0.465 | 0.437 | 0.327 | 0.357 | 0.300 | 0.134 | 0.397 |
| 长春 | 0.591 | 0.275 | 0.301 | 0.394 | 0.423 | 0.272 | 0.416 | 0.471 | 0.275 | 0.465 |

| 城市 \ 压力 | 认证 | 能耗 | 资金 | 成本 | 产品安全 | 政府节能 | 浪费 | 员工 | 环境 | 保障 |
|---|---|---|---|---|---|---|---|---|---|---|
| 沈阳 | 0.041 | 0.448 | 0.377 | 0.057 | 0.036 | 0.401 | 0.077 | 0.029 | 0.471 | 0.039 |
| 大连 | 0.077 | 0 | 0.045 | 0.084 | 0.105 | 0 | 0.151 | 0.200 | 0.120 | 0.100 |
| 卡方检验 | 708.225 | 714.148 | 408.458 | 404.127 | 322.710 | 265.755 | 293.865 | 307.773 | 452.943 | 324.596 |
| P | 0 | 0 | 0 | 0 | 0 | 0 | 0 | 0 | 0 | 0 |

当前中小企业面临的最主要困难是资金问题，66.2%的企业存在资金压力。生产成本上升过快，原材料价格普遍上涨及用工成本大幅增加，是导致企业遭遇资金短缺的主要原因。现阶段我国中小企业融资的主要渠道是银行信贷和民间借贷。而由于银行对中小企业的放贷成本较高、民间借贷容易引发资金恶性循环等原因，中小企业仍然呈现出融资难的局面。我们认为，问题的解决离不开政府的宏观调控政策，对于国内迫切需要融资的中小企业来说，没有什么比减税更具有吸引力了。

56.6%的企业存在能耗压力。能源是人类赖以生存的生命要素，是国民经济发展和人民生活水平提高的重要物质基础，也是可持续发展的动力。近年来，我国能耗增长迅速，在中小企业中也不例外，有时其能耗水平甚至高于大型企业。这与中小企业的产业组织结构不合理、管理水平低下和企业社会责任意识淡薄有着直接的联系，需要政府加大扶持力度，完善中小企业政策主体、营造合理的税费环境，而经营者也需要提高自己的经营水平和管理能力。

49%的企业存在要求企业减少环境影响的压力。我国经济持续高速增长，但环境污染问题日益突出。环境污染会给生态系统造成直接的破坏和影响，也会给人类社会造成伤害，影响人们的生活质量和身体健康。中小企业在环境污染方面也作出了很多"贡献"，恶意排污等事件时常发生。政府需要进一步完善相关法律，让唯利是图、目光短浅的经营者没有法律空子可钻。

39.4%的企业存在成本压力。成本压力主要是指企业承担社会责任而发生的费用支出，一般情况下包括环境污染防护、员工的福利问题等。现阶段我国在社会责任成本管理中存在很多难题，如成本计量和成本管理困难，这与我国企业社会责任发展国际化程度不足有直接的关系。我国企业要参与国际经济竞争，必须履行好社会责任，这是经济全球化发展的必然趋势。

39.3% 的企业存在浪费压力。浪费是对企业的人力、物力、财力等资源的管理不当。由于技术条件限制，以及普遍落后的管理观念，在东北中小企业生产流通环节中浪费现象贯穿于整个过程，彻底消除浪费可能性不大。但研究发现，改善企业技术条件、学习先进的管理理念可以大大减少浪费行为。

37.4% 的企业存在来自政府方面的节能减排压力。节能减排是东北地区低碳发展的关键，中小企业不仅需要树立节能减排的发展意识，认真分析企业高能耗的原因，还需要针对本企业情况积极寻找解决办法，开发创新型节能产品。此时，政府部门如能给予大力支持，加大财政资金支持力度，必然有助于中小企业建立和完善节能减排的创新机制。

36.6% 的企业存在企业社会责任（CSR）国际认证压力。SA8000 是全球第一个有关企业道德规范的国际标准，它适用于世界各地各行各业、任何规模的公司，它的宗旨是确保生产商和供应商所提供的产品都符合社会责任的要求。东北三省企业履行社会责任的状况远不如南方沿海地区。以通过社会责任认证的企业数量来看，中国大陆通过 SA8000 认证的企业大部分都分布在珠江三角洲、长江三角洲和京津冀地区，整个东北地区通过企业社会责任认证的企业屈指可数。我们的数据表明，东北地区中小企业承受的 CSR 国际认证压力很小，这与东北地区中小企业国际化程度较低有关。

27.1% 的企业存在要求企业提供健康和安全保障的压力。为员工依法缴纳社会保险费、提供福利、健康、安全保障等费用是现代企业必须承担的责任。调查显示，东北中小企业社会保障问题主要表现为参保率不高、没有实现全员覆盖，高层参保多、普通职员参保少等。此外，中小企业偷税漏税行为仍然较为严重。东北中小企业不仅需要完善的社会保障制度，更需要法律方面的制度完善和规制。

26.8%的企业存在员工不合作行为压力。研究发现，员工的不合作行为有四大障碍，一是他们认为从别人那里学不到什么，就不愿向他人请教；二是不了解他人的技能，当有问题出现时，不知道该请教谁；三是员工不愿意帮助他人。员工们在时间安排上的不便以及自私性等原因造成了员工不愿意帮助他人；四是员工没有能力共事。原子化，以及知识差距都能导致员工间的交流障碍，彼此间缺乏共事能力。企业可以通过丰富员工的文化生活、加强团队合作等方式解决这些障碍和问题。

26.4%的企业存在食品安全压力。三聚氰胺、地沟油、苏丹红事件，一件件触目惊心的食品安全事件表明，食品经营企业应该以德为本，只有质量安全才可以让人们买得放心、吃得安心，一味地追求利益而不注重职业道德的企业是不具备可持续性的。对于企业来讲，可持续发展才是王道。我们认为，提高企业社会责任不能仅靠企业自身社会责任意识和道德素质提高，更需要加强政府监管，完善我国食品安全和社会责任评价体系建设。同时，要充分发挥大众媒介的舆论导向和消费者的监督作用。

表2-6分行业统计显示，各行业在面对不同压力时，都表现出了不同的承受能力（P＜0.05）。其中，以生产加工制造、化工企业和建筑建材业三个产业所面临的各项压力最突出。

化工企业的主要压力来自于政府方面的节能减排要求（37.7%）和产品安全（30.9%）；

建筑建材业的主要压力是要求企业减少环境影响（35.3%）和能耗（33.4%）；

农牧渔业和食品加工业的主要压力是企业社会责任国际认证（4.2%）和成本（2.7%）；

生产加工业的主要压力是产品安全（53.8%）和成本（53.5%）；

物流交通和服务业的主要压力来自于员工的不合作行为（16.1%）；

制药业和造纸/印刷行业的主要压力来自于员工的不合作行为

（6.4%），以及要求企业提供健康和安全保障（6.3%）的压力；

电力企业的主要压力是要求企业提供健康和安全保障（12.7%）；

采掘／资源型生产行业的主要压力是浪费行为（6.1%）。

表 2-7 分省统计显示，东北三省在各个行业所面临的压力都存在着显著差异（P＜0.05）。由于各地区中小企业分布与发展水平极不平衡，在压力方面的表现也各不相同。其中，吉林省在企业社会责任国际认证（51.6%）、成本（40.3%）、产品安全（38.5%）、浪费行为（37.6%）、员工不合作行为（46.3%），以及要求企业提供健康和安全保障（42.3%）方面的压力均高于其他省份；辽宁省在能耗（46.4%）、资金（39.7%）、来自政府方面的节能减排（40.5%）和要求企业减少环境影响（55.5%）方面的压力高于吉林省；黑龙江省仅在成本、产品安全和要求企业提供健康和安全保障方面存在一定压力，高于吉林省，但各项均低于辽宁省。作为老工业基地，东北三省国有企业比重较大，与南方企业相比，企业的市场化程度较低，社会责任意识淡薄，参与国际竞争的深度不够，这些原因进一步加剧了东北中小企业各方面的压力。

东北地区的产业布局以加工制造业为主，而且主要分布在沈阳、大连、哈尔滨和长春四个重点城市中。根据表 2-8 显示，大连市面临的各项压力明显低于其他三个重点城市。大连是东北地区最主要的港口城市，也是全国 14 个沿海开放城市之一，有着良好的发展机遇和发展空间。各项压力指数最高的是长春市，经济基础薄弱、开放程度较低和城市竞争力差等原因，让长春市承受着更大的发展压力。

## 二、企业目前已经做到的低碳行为

企业运营是所有经济活动得以进行的基石，对社会与环境的总体影响很大，理应承担相应的社会责任。在调查中，我们注意到，许多中小企业已经具有一定的低碳意识，并在企业社会责任方面作出了相应的行为。对企业已经做到的低碳社会责任行为调查内容包括：

（1）产品的低碳设计；

（2）优先选用可再生和回收材料；

（3）尽量选用低消耗、少污染的材料；

（4）使用新能源；

（5）实现清洁生产，避免使用有害原料，减少生产过程能源和材料的浪费，减少废弃物；

（6）保持产品的清洁与卫生，不危害人体健康和环境；

（7）开发：节能产品，新能源产品，节能建筑，其他；

（8）实施低碳包装；

（9）制定低碳价格，标明环境成本；

（10）营销过程中的低碳化；

（11）减少运输工具的油耗；

（12）合理安排运输／配送布局；

（13）对废弃物产品或物质以及零部件等的回收、拆卸和处理；

（14）向分销商提供企业的环境信息；

（15）要求供应商提供产品的环境信息；

（16）优先考虑环境友好型供应商；

（17）优先考虑环境友好型分销商；

（18）拥有环保设备：废水处理，工业除尘，废气净化，尾气检测，油烟净化，脱硫，节能设备（如风能、太阳能、节能泵、节煤剂等），垃圾处理。

表2-9表明，各行业在履行低碳行为方面，都表现出了不同的接受能力（P＜0.05）。数据显示，化工、建筑建材、生产加工等行业在承担清洁生产的行为中，分别占到29.7%、15.4%、34.4%。虽然这几个行业也做到了使用可再生材料、新能源生产和减少运输油耗，但距离清洁生产的要求还相差甚远。

27.6%的企业做到了产品的低碳设计。低碳设计是一种以兼顾产品质量与环境安全为最终目标的新型设计，是经济发展与环境保护的双重需

表 2-9 不同行业已经做到的低碳行为

| 低碳行为 / 行业 | 低碳设计 | 可再生材料 | 低消耗材料 | 新能源 | 清洁生产 | 保持卫生 | 节能产品 | 新能源产品 | 节能建筑 | 低碳包装 | 环境成本 | 营销低碳化 | 运输油耗 |
|---|---|---|---|---|---|---|---|---|---|---|---|---|---|
| 化工 | 0.208 | 0.175 | 0.286 | 0.129 | 0.297 | 0.259 | 0.221 | 0.227 | 0.224 | 0.233 | 0.176 | 0.178 | 0.476 |
| 建筑建材 | 0.170 | 0.285 | 0.255 | 0.339 | 0.154 | 0.175 | 0.173 | 0.166 | 0.170 | 0.208 | 0.392 | 0.176 | 0.204 |
| 农牧渔业和食品加工 | 0.020 | 0.018 | 0.017 | 0.012 | 0.019 | 0.030 | 0 | 0 | 0 | 0.032 | 0 | 0.032 | 0.021 |
| 生产加工制造 | 0.327 | 0.427 | 0.350 | 0.357 | 0.344 | 0.413 | 0.350 | 0.352 | 0.353 | 0.391 | 0.280 | 0.441 | 0.213 |
| 物流交通和服务业 | 0.083 | 0.014 | 0.046 | 0.054 | 0.049 | 0.043 | 0.076 | 0.072 | 0.073 | 0.014 | 0.060 | 0.007 | 0 |
| 制药 | 0.107 | 0.025 | 0.022 | 0.072 | 0.022 | 0.012 | 0.070 | 0.069 | 0.07 | 0.071 | 0.042 | 0.059 | 0.044 |
| 电力 | 0.056 | 0.033 | 0.021 | 0.036 | 0.071 | 0.069 | 0.044 | 0.049 | 0.043 | 0.009 | 0.020 | 0.066 | 0.005 |
| 造纸印刷 | 0.031 | 0.022 | 0.001 | 0 | 0 | 0 | 0.064 | 0.065 | 0.066 | 0.039 | 0.030 | 0.041 | 0.033 |
| 采掘/资源型生产 | 0 | 0.001 | 0.003 | 0 | 0.043 | 0 | 0.001 | 0 | 0 | 0.002 | 0 | 0 | 0.005 |
| 卡方检验 | 208.040 | 214.013 | 404.224 | 330.345 | 328.441 | 221.745 | 207.384 | 207.450 | 211.761 | 117.271 | 244.958 | 120.337 | 451.760 |
| P | 0 | 0 | 0 | 0 | 0 | 0 | 0 | 0 | 0 | 0 | 0 | 0 | 0 |

| 低碳行为 / 行业 | 运输布局 | 废弃物回收 | 分销信息 | 供应商信息 | 环境供应商 | 环境分销商 | 废水处理 | 工业除尘 | 废气净化 | 尾气检测 | 油烟净化 | 脱硫 | 节能设备 | 垃圾处理 |
|---|---|---|---|---|---|---|---|---|---|---|---|---|---|---|
| 化工 | 0.144 | 0.226 | 0.167 | 0.236 | 0.645 | 0.683 | 0.603 | 0.518 | 0.636 | 0.722 | 0.728 | 0.724 | 0.647 | 0.739 |
| 建筑建材 | 0.246 | 0.177 | 0.288 | 0.257 | 0.091 | 0.112 | 0.080 | 0.254 | 0.083 | 0.095 | 0.098 | 0.097 | 0.090 | 0.108 |
| 农牧渔业和食品加工 | 0.056 | 0.005 | 0 | 0.019 | 0.022 | 0.008 | 0.074 | 0.067 | 0.087 | 0.09 | 0.073 | 0.090 | 0.064 | 0.073 |
| 生产加工制造 | 0.289 | 0.410 | 0.326 | 0.284 | 0.227 | 0.129 | 0.229 | 0.121 | 0.142 | 0.086 | 0.094 | 0.081 | 0.193 | 0.073 |
| 物流交通和服务业 | 0.177 | 0.002 | 0.004 | 0.002 | 0 | 0 | 0 | 0 | 0 | 0 | 0 | 0 | 0 | 0 |
| 制药 | 0.042 | 0.117 | 0.060 | 0.130 | 0.013 | 0.014 | 0.003 | 0.002 | 0.047 | 0.002 | 0.002 | 0.002 | 0.002 | 0.002 |
| 电力 | 0.042 | 0.063 | 0.060 | 0.063 | 0.002 | 0.055 | 0.011 | 0.003 | 0.004 | 0.005 | 0.005 | 0.005 | 0.004 | 0.005 |
| 造纸印刷 | 0 | 0 | 0.094 | 0.108 | 0 | 0 | 0 | 0.035 | 0 | 0 | 0 | 0 | 0 | 0 |
| 采掘/资源型生产 | 0.003 | 0 | 0 | 0 | 0 | 0 | 0 | 0 | 0 | 0 | 0 | 0 | 0 | 0 |
| 卡方检验 | 304.220 | 171.014 | 129.724 | 419.323 | 631.196 | 853.905 | 920.176 | 713.732 | 867.592 | 996.794 | 934.386 | 997.239 | 787.169 | 970.649 |
| P | 0 | 0 | 0 | 0 | 0 | 0 | 0 | 0 | 0 | 0 | 0 | 0 | 0 | 0 |

表2-10　三省已经做到的低碳行为对比

| 低碳行为 / 省份 | 低碳设计 | 可再生材料 | 低消耗材料 | 新能源 | 清洁生产 | 保持卫生 | 节能产品 | 新能源产品 | 节能建筑 | 低碳包装 | 环境成本 | 营销低碳化 | 运输油耗 |
|---|---|---|---|---|---|---|---|---|---|---|---|---|---|
| 吉林省 | 0.679 | 0.332 | 0.248 | 0.384 | 0.342 | 0.267 | 0.594 | 0.601 | 0.601 | 0.463 | 0.385 | 0.478 | 0.387 |
| 辽宁省 | 0.170 | 0.469 | 0.541 | 0.352 | 0.432 | 0.462 | 0.151 | 0.143 | 0.139 | 0.249 | 0.394 | 0.319 | 0.505 |
| 黑龙江省 | 0.151 | 0.199 | 0.238 | 0.264 | 0.226 | 0.271 | 0.255 | 0.256 | 0.260 | 0.288 | 0.221 | 0.203 | 0.108 |
| 卡方检验 | 557.704 | 8.533 | 130.542 | 59.877 | 3.492 | 46.450 | 382.938 | 399.769 | 397.166 | 113.577 | 15.677 | 80.639 | 71.055 |
| P | 0 | 0.014 | 0 | 0 | 0.174 | 0 | 0 | 0 | 0 | 0 | 0 | 0 | 0 |

| 低碳行为 / 省份 | 运输布局 | 废弃物回收 | 分销环境信息 | 供应商信息 | 环境供应商 | 环境分销商 | 废水处理 | 工业除尘 | 废气净化 | 尾气检测 | 油烟净化 | 脱硫 | 节能设备 | 垃圾处理 |
|---|---|---|---|---|---|---|---|---|---|---|---|---|---|---|
| 吉林省 | 0.638 | 0.536 | 0.609 | 0.708 | 0.234 | 0.368 | 0.346 | 0.374 | 0.340 | 0.257 | 0.243 | 0.249 | 0.229 | 0.257 |
| 辽宁省 | 0.229 | 0.170 | 0.185 | 0.133 | 0.620 | 0.550 | 0.510 | 0.488 | 0.613 | 0.688 | 0.689 | 0.697 | 0.602 | 0.688 |
| 黑龙江省 | 0.132 | 0.294 | 0.206 | 0.159 | 0.146 | 0.082 | 0.144 | 0.038 | 0.047 | 0.054 | 0.069 | 0.054 | 0.169 | 0.055 |
| 卡方检验 | 329.201 | 169.977 | 105.074 | 339.364 | 72.198 | 80.808 | 36.893 | 190.242 | 132.320 | 152.579 | 143.193 | 159.326 | 65.614 | 149.168 |
| P | 0 | 0 | 0 | 0 | 0 | 0 | 0 | 0 | 0 | 0 | 0 | 0 | 0 | 0 |

表 2-11 重点城市已经做到的低碳行为对比

| 低碳行为 / 城市 | 低碳设计 | 可再生材料 | 低消耗材料 | 新能源 | 清洁生产 | 保持卫生 | 节能产品 | 新能源产品 | 节能建筑 | 低碳包装 | 环境成本 | 营销低碳化 | 运输油耗 |
|---|---|---|---|---|---|---|---|---|---|---|---|---|---|
| 哈尔滨 | 0.209 | 0.236 | 0.283 | 0.321 | 0.285 | 0.360 | 0.283 | 0.278 | 0.282 | 0.369 | 0.247 | 0.278 | 0.141 |
| 长春 | 0.750 | 0.300 | 0.220 | 0.352 | 0.265 | 0.178 | 0.615 | 0.612 | 0.612 | 0.528 | 0.400 | 0.543 | 0.348 |
| 沈阳 | 0.041 | 0.332 | 0.404 | 0.328 | 0.245 | 0.324 | 0.102 | 0.110 | 0.107 | 0.103 | 0.353 | 0.035 | 0.511 |
| 大连 | 0 | 0.132 | 0.093 | 0 | 0.206 | 0.138 | 0 | 0 | 0 | 0 | 0 | 0.144 | 0 |
| 卡方检验 | 748.646 | 30.964 | 347.375 | 246.807 | 84.397 | 117.167 | 537.962 | 540.127 | 529.593 | 267.586 | 200.927 | 233.617 | 282.191 |
| P | 0 | 0 | 0 | 0 | 0 | 0 | 0 | 0 | 0 | 0 | 0 | 0 | 0 |

| 低碳行为 / 城市 | 运输布局 | 废弃物回收 | 分销环境信息 | 供应商信息 | 环境供应商 | 环境分销商 | 废水处理 | 工业除尘 | 废气净化 | 尾气检测 | 油烟净化 | 脱硫 | 节能设备 | 垃圾处理 |
|---|---|---|---|---|---|---|---|---|---|---|---|---|---|---|
| 哈尔滨 | 0.201 | 0.345 | 0.265 | 0.194 | 0.163 | 0.088 | 0.170 | 0.056 | 0.058 | 0.061 | 0.076 | 0.062 | 0.185 | 0.061 |
| 长春 | 0.619 | 0.630 | 0.718 | 0.780 | 0.213 | 0.375 | 0.332 | 0.333 | 0.310 | 0.271 | 0.258 | 0.262 | 0.233 | 0.265 |
| 沈阳 | 0.023 | 0.025 | 0.017 | 0.026 | 0.624 | 0.538 | 0.498 | 0.611 | 0.632 | 0.668 | 0.667 | 0.677 | 0.581 | 0.673 |
| 大连 | 0.159 | 0 | 0 | 0 | 0 | 0 | 0 | 0 | 0 | 0 | 0 | 0 | 0 | 0 |
| 卡方检验 | 294.839 | 354.366 | 207.191 | 502.969 | 324.679 | 341.441 | 265.021 | 392.993 | 399.163 | 415.699 | 412.010 | 428.037 | 303.856 | 425.901 |
| P | 0 | 0 | 0 | 0 | 0 | 0 | 0 | 0 | 0 | 0 | 0 | 0 | 0 | 0 |

要。对于人口过多且发展模式粗放的中国企业而言，产品技术落后、环境污染严重、能源消耗巨大等都是当今社会无法回避的问题。针对这些影响产品长远收益的症结，低碳设计有效地将低碳理念融入到了实际生产之中，使环境、产品、人三者有机结合，顺应了集约型经济的发展要求。低碳设计主要着眼于产品的整个生命周期，从新品的设计、制造及使用到废品的回收、拆卸和处置，形成一个闭环供应链，在不降低产品性能与效用的同时，从根源上预防了污染、维护了生态。

43.2%的企业做到了优先选用可再生材料及回收材料。优先选用可再生材料及回收材料，提高资源利用率，实现循环经济的发展要求，是绿色制造的基本要求，也是经济社会可持续发展的关键。

61.5%的企业做到了尽量选用低消耗、少污染的材料。现代工业发展的规律要求企业必须摒弃高耗能、污染大的生产方式，使用少污染的绿色材料，建立以节能与能源转换为中心的技术创新机制。优化生产结构、推动循环经济等低碳行为逐渐成为提升现代企业竞争力的新优势。

39.6%的企业做到了使用新能源。自工业革命以来，全球的经济飞越都是以大量的能源消耗为代价的。也正是由于过多盲目、不合理的开采与使用，许多传统能源现今都垂危于枯竭的边缘。根据一些经济学家的预估，依照目前能源消耗的趋势，到本世纪中叶，即2050年左右，全球范围内的石油资源将会全部开采殆尽。这对于主要依赖石油资源的工业化国家与现代社会而言，无疑会产生巨大冲击。为了避免因传统能源枯竭而导致的工业萎缩、生活窘迫，太阳能、地热能、风能等新型可再生能源的开发与利用问题，已成为许多企业目前最为关注的问题之一。

58.6%的企业做到了实现清洁生产，避免使用有害原料，减少生产过程能源和材料的浪费，减少废弃物。实现产品的清洁生产，是推动人与自然和谐发展的必由之路。清洁生产要求在产品原料的选用过程中，尽量选取那些具有良好环境兼容性的材料，避免使用有毒、有害和有辐射的物质，所有的原材料应尽量做到便于再次利用与回收，易于降解与再制造，以减少资源的浪费。

46.7%的企业做到了保持产品的清洁与卫生，不危害人体健康和环境。改革开放以来，我国的工业化水平迅速提升，在经济发展的同时，电子废物、有机污染、温室效应等环境问题也随之而生。面对经济现代化与生态破坏两者之间的尖锐矛盾，正确认识、积极推进清洁生产，对于保护人体健康、转变发展模式、协调经济增长与自然环境间的关系等都具有重要的意义。

26.5%的企业做到了开发节能产品，26.3%的企业做到了开发新能源，25.9%的企业做到了开发节能建筑。在可持续发展思想的带动下，以节能环保、增进人体健康为目的，有效地利用传统能源，积极开发新型能源，合理使用现有资源，已经成为全世界众多企业的生产共识。调查表明，东北地区中小企业的节能工作目前正处于发展的初级阶段，所以，从节能产品的设计、生产、销售、回收，到节能建筑的规划、施工、运行，节能工作均有着巨大的发展潜力与上升空间。

21.8%的企业做到了实施低碳包装。低碳设计是自然环境对人类社会发展的客观要求。可以说，包装的低碳化是传播低碳理念的一种有效途径，能够使每个接触者都充分认识到低碳社会的必然趋势，从而自觉、自愿地形成低碳意识，营造低碳环境。低碳包装所追求的不只是某一环节的绿色设计，更是包装产业全程的低碳化。它需要运用系统的视角来分析各个环节的低碳因素，从生产、加工到使用、回收，每部分之间的低碳衔接都应被考虑在内。

28.4%的企业做到了制定低碳价格，标明环境成本。环境成本，是指由于经济活动造成环境污染而使环境服务功能质量下降的代价。随着可持续发展理念的深入人心，在政府加大对污染性原材料限制的背景之下，企业行为日益受到约束性管制。因此，正确地制定低碳价格、标明环境成本，有助于实现企业自身经济效益和社会效益的双赢。

22.9%的企业做到了营销过程中的低碳化。"低碳生活"已成为整个社会的思想共识，面对低碳化浪潮，企业必须在营销运行过程中及时作出低碳化策略调整，如低碳产品、低碳价格、低碳营销和低碳促销等都是符合低碳发展特征与企业自身需要的新型营销策略。

25.8% 的企业做到了减少运输工具的油耗。依据发达国家能源组织的预测，到 2050 年汽车、摩托车、公共汽车和卡车的数量将增加一倍，这对生态环境与能源资源来说都将是巨大的压力。因此，能否有效减少运输工具的耗油量也成为衡量当今企业低碳责任的标准之一。除了宣传节能意识，还要合理地规划道路交通、生产节能汽车和节能燃料等。减少油耗也是一个低碳责任的体现。

22.9% 的企业做到了合理安排运输 / 配送布局。合理的运输与配送分布可以提高工作效率、节省工作时间，也能有效地减少运输燃料的消耗、降低污染性气体的排放。

16.7% 的企业做到了对废弃物产品或物质以及零部件等的回收、拆卸和处理。对废弃产品和零部件的回收与合理处置有利于减少资源的浪费，不仅可以有效地解决废弃物的放置与销毁问题，还能变废为宝，将其应用到其他产品的生产过程中，节约原材料，推进闭环供应链的实现。数据表明，东北中小企业在废旧产品回收再利用方面表现不佳。

9% 的企业做到了向分销商提供企业的环境信息。向分销商提供企业的环境信息是低碳责任意识的体现，有助于企业在运营过程中，兼顾企业自身与外在环境的双重利益。东北中小企业在提供企业环境信息方面的较低表现，也表明该地区的整体低碳责任意识还有待提高。

16.1% 的企业做到了要求供应商提供产品的环境信息。当今环境问题的频繁产生使得人们对于企业环境信息的关注日益增加，公众要求获得环境知情权。为了顺应消费者的意愿，保证产品质量与企业的长远发展，许多企业都开始要求供应商提供产品的环境信息，以确保整条产品链的环境友好性。

17.5% 的企业做到了优先考虑环境友好型供应商。环境友好产品，是指在产品的整个生命周期内对环境友好的产品，也称为环境无害化产品或低公害产品。它包括低毒涂料、节水、节能设备、生态纺织服装、无污染建筑装饰材料、可降解塑料包装材料、低排放污染物的汽车、摩托车、绿色食品、有机食品等。优先考虑环境友好型产品的供应商，有利于节约资源，维护生态。

19.8%的企业做到了优先考虑环境友好型分销商。在产品的销售过程中，许多企业也同样考虑到了环境保护的问题，对于环境友好型的分销商给予了优先考虑。这样一来，产品从生产到流通的全过程都确保了绿色化。这对于履行企业低碳社会责任，建设环境友好型社会都有极大的推动作用。与优先考虑环境友好型供应商比例相近，东北中小企业也未能足够重视环境友好型分销商。

24.2%的企业做到了废水处理，24.4%的企业做到了工业除尘，19.6%的企业做到了废气净化，17.2%的企业做到了尾气检测，16.9%的企业做到了油烟净化，17.1%的企业做到了脱硫，19.3%的企业做到了节能设备，16.9%的企业做到了垃圾处理。随着社会经济的飞速发展，人与自然、利润与生态之间的矛盾日益突出。环境污染的频发、能源危机的出现迫使各国不得不开始采取手段来减低对传统燃料的依赖程度。一个企业是否具有环保意识、拥有节能配置，也成为能否获取投资商与消费者信任的标志之一。因此，工业除尘、废弃净化等环保技术，节能泵、节煤剂等节能设备正在逐步成为各大企业科技创新的主要目标。

企业履行社会责任需要政府的支持和倡导，但目前东北各省地方政府对企业社会责任管理不够，导致企业承担社会责任的自主性不足。由于各省省情的不同，东北中小企业在履行低碳责任方面的表现也不尽相同。表2-10显示，吉林省在低碳设计（67.9%）、节能产品（59.4%）、新能源（60.1%）、运输格局（63.8%）、废弃物回收（53.6%）、分销商环境信息（60.9%）、供应商信息（70.8%）、环境分销（55%）方面履行程度要明显高于其他省份；辽宁省在低消耗材料（54.1%）、运输油耗（50.5%）、供应商环境信息（62%）、废水处理（51%）、废气净化（61.3%）、尾气检测（68.8%）、油烟净化（68.9%）、脱硫（69.7%）、节能设备（60.2%）、垃圾处理（68.8%）方面明显高于其他省份。吉林省和辽宁省在履行企业社会责任行为上优于黑龙江省，但仍然需要完善，如市场经济发展不够活跃，企业市场化程度低，国有经济比重过高，企业缺乏活力，民营经济发展滞后，社会责任能力不足，等等。

在重点城市中（表 2–11），长春在履行低碳设计（75%）、节能产品（61.5%）、新能源（61.2%）、营销低碳化（54.3%）、运输布局（61.9%）、废弃物回收（63%）、分销商环境信息（71.8%）、供应商环境信息（78%）等方面的表现十分突出，长春拥有众多高校，具备独特的人才资源优势，因此相对其他重点城市表现出较强的技术性特征。沈阳在履行运输油耗（51.1%）、环境供应商（62.4%）、工业除尘（61.1%）、废气净化（63.2%）、尾气检测（66.8%）、油烟净化（66.7%）、脱硫（67.7%）、节能设备（58.1%）、垃圾处理（67.3%）方面表现良好，这也是该地区政府责任履行较好的体现。

为了提高和完善人们的生活质量，企业在生产经营活动中，应树立可持续发展意识，加大环保投入，采取有效的措施尽量控制和消除生产活动对生态环境的影响，积极研制、开发和生产绿色产品，担当起保护环境、维护自然和谐的责任。目前开发新能源、节能产品等低碳科学研究迫在眉睫，但上述分析显示，东北三省中小企业在低碳研究创新方面还有待进一步提高。

### 三、企业打算承担的低碳行为

研究显示，许多中小企业已经具有一定的低碳意识，且有些意识已经转换为行动，因此考察企业打算承担的低碳行为，能够更清楚地掌握东北中小企业对低碳发展的接受程度。调查企业打算承担的低碳行为内容有：（1）产品的低碳设计；（2）优先选用可再生和回收材料；（3）尽量选用低消耗、少污染的材料；（4）使用新能源；（5）实现清洁生产，避免使用有害原料，减少生产过程能源和材料的浪费，减少废弃物；（6）保持产品的清洁与卫生，不危害人体健康和环境；（7）开发：节能产品，新能源产品，节能建筑，其他；（8）实施低碳包装；（9）制定低碳价格，标明环境成本；

(10) 营销过程中的低碳化；(11) 减少运输工具的油耗；(12) 合理安排运输 / 配送布局；(13) 对废弃物产品或物质以及零部件等的回收，拆卸和处理；(14) 向分销商提供企业的环境信息；(15) 要求供应商提供产品的环境信息；(16) 优先考虑环境友好型供应商；(17) 优先考虑环境友好型分销商；(18) 拥有环保设备：废水处理，工业除尘，废气净化，尾气检测，油烟净化，脱硫，节能（如风能、太阳能、节能泵、节煤剂等），垃圾处理。

中小企业大多处于成长或资本积累期，自身需要发展，有些企业为了眼前利益，不惜以牺牲生态环境为代价，对本地区环境和居民生活产生了恶劣影响。如 2009 年国内接连发生的几起严重环境污染事件：湖南浏阳镉污染事件、山东临沂砷污染事件、陕西凤翔铅污染事件等，受这些事件直接危害的达逾千人，间接危害更是达数十万人，而这些损失是无法用钱财来衡量的。

随着低碳经济时代的到来，企业实施低碳营销是调整能源结构的必然要求，也是企业主动承担社会责任的体现。随着科学技术的进一步发展以及人们环保意识的进一步增强，消费观念有了进一步的提升，营销低碳化是企业适应新经济模式的必然选择。由表 2–12 我们可以看出，东北地区中小企业在营销低碳化方面作出了一些努力。

从表 2–13 的数据来看，吉林省在分销信息（67.3%）、供应商信息（67.4%）、环境供应商（72.7%）、环境分销商（72.4%）、工业除尘（69.3%）、废气净化（72.9%）、尾气检测（68.5%）、油烟净化（66.2%）、脱硫（67.1%）、节能设备（69.3%）、垃圾处理（63.1）方面都有较强的意识。辽宁省在低碳设计（52.7%）、可再生材料（54.8%）、低消耗材料（62.9%）、清洁生产（53.9%）、保持卫生（52.3%）、制定成本（57.4%）方面有所打算。中小企业承担低碳社会责任是保持企业可持续发展和构建和谐社会的需要，中小企业生产的产品不仅需要满足消费者的需求，也要求合理使用自然资源，实现资源的优化配置。

以重点城市来看（表 2–14），长春市中小企业打算承担的低碳责

表2-12 不同行业打算承担的低碳行为

| 低碳行为\行业 | 低碳设计 | 可再生材料 | 低消耗材料 | 新能源 | 清洁生产 | 保持卫生 | 节能产品 | 新能源产品 | 节能建筑 | 低碳包装 | 制定成本 | 营销低碳化 | 运输油耗 |
|---|---|---|---|---|---|---|---|---|---|---|---|---|---|
| 化工 | 0.376 | 0.309 | 0.281 | 0.326 | 0.264 | 0.303 | 0.398 | 0.404 | 0.409 | 0.420 | 0.420 | 0.381 | 0.474 |
| 建筑建材 | 0.212 | 0.320 | 0.258 | 0.267 | 0.261 | 0.225 | 0.066 | 0.065 | 0.065 | 0.091 | 0.126 | 0.167 | 0.172 |
| 农牧渔业和食品加工 | 0.033 | 0.022 | 0.013 | 0 | 0.007 | 0.005 | 0.011 | 0.010 | 0.001 | 0 | 0.005 | 0.002 | 0.029 |
| 生产加工制造 | 0.297 | 0.273 | 0.295 | 0.372 | 0.335 | 0.341 | 0.451 | 0.451 | 0.453 | 0.317 | 0.300 | 0.262 | 0.177 |
| 物流交通和服务业 | 0.001 | 0.014 | 0.055 | 0.008 | 0.008 | 0.057 | 0.009 | 0.006 | 0.006 | 0.060 | 0.085 | 0.117 | 0.005 |
| 制药 | 0 | 0 | 0 | 0 | 0 | 0 | 0 | 0 | 0 | 0 | 0 | 0 | 0 |
| 电力 | 0.050 | 0.020 | 0.060 | 0.081 | 0.011 | 0.013 | 0.033 | 0.032 | 0.032 | 0.045 | 0.019 | 0.002 | 0.047 |
| 造纸印刷 | 0.024 | 0.018 | 0.001 | 0.038 | 0.017 | 0.016 | 0 | 0 | 0 | 0.028 | 0.001 | 0 | 0.030 |
| 采掘/资源型生产 | 0 | 0.001 | 0.003 | 0 | 0.049 | 0.002 | 0 | 0 | 0 | 0.001 | 0.004 | 0.003 | 0 |
| 卡方检验 | 326.708 | 435.927 | 225.770 | 470.208 | 337.579 | 301.453 | 564.086 | 492.298 | 501.228 | 387.157 | 454.933 | 497.591 | 600.403 |
| P | 0 | 0 | 0 | 0 | 0 | 0 | 0 | 0 | 0 | 0 | 0 | 0 | 0 |

| 低碳行为\行业 | 运输布局 | 废弃物回收 | 分销信息 | 供应商信息 | 环境供应商 | 环境分销商 | 废水处理 | 工业除尘 | 废气净化 | 尾气检测 | 油烟净化 | 脱硫 | 节能设备 | 垃圾处理 |
|---|---|---|---|---|---|---|---|---|---|---|---|---|---|---|
| 化工 | 0.460 | 0.430 | 0.230 | 0.248 | 0.259 | 0.205 | 0.233 | 0.230 | 0.269 | 0.287 | 0.262 | 0.248 | 0.241 | 0.234 |
| 建筑建材 | 0.152 | 0.121 | 0.204 | 0.159 | 0.203 | 0.321 | 0.160 | 0.191 | 0.167 | 0.204 | 0.207 | 0.206 | 0.193 | 0.203 |
| 农牧渔业和食品加工 | 0.007 | 0.022 | 0.002 | 0.006 | 0.005 | 0.013 | 0 | 0 | 0.029 | 0 | 0 | 0 | 0.017 | 0.038 |
| 生产加工制造 | 0.308 | 0.277 | 0.341 | 0.383 | 0.305 | 0.228 | 0.392 | 0.284 | 0.257 | 0.278 | 0.289 | 0.271 | 0.307 | 0.297 |
| 物流交通和服务业 | 0.003 | 0.059 | 0 | 0.121 | 0 | 0 | 0.099 | 0.125 | 0.100 | 0.130 | 0.138 | 0.135 | 0.119 | 0.131 |
| 制药 | 0.007 | 0.011 | 0.178 | 0.072 | 0.011 | 0.154 | 0.075 | 0.093 | 0.126 | 0.096 | 0.105 | 0.100 | 0.088 | 0.097 |
| 电力 | 0.029 | 0.018 | 0.046 | 0.012 | 0.158 | 0.080 | 0.040 | 0.078 | 0 | 0.006 | 0 | 0.039 | 0.034 | 0 |
| 造纸印刷 | 0.029 | 0.062 | 0 | 0 | 0.059 | 0 | 0 | 0 | 0.052 | 0 | 0 | 0 | 0 | 0 |
| 采掘/资源型生产 | 0.003 | 0 | 0 | 0 | 0 | 0 | 0 | 0 | 0 | 0 | 0 | 0 | 0 | 0 |
| 卡方检验 | 466.676 | 437.642 | 359.561 | 92.191 | 185.595 | 218.816 | 86.995 | 107.881 | 238.138 | 131.717 | 140.689 | 117.770 | 89.713 | 122.080 |
| P | 0 | 0 | 0 | 0 | 0 | 0 | 0 | 0 | 0 | 0 | 0 | 0 | 0 | 0 |

表2-13　三省打算承担的低碳行为对比

| 低碳行为 省份 | 低碳设计 | 可再生材料 | 低消耗材料 | 新能源 | 清洁生产 | 保持卫生 | 节能产品 | 新能源产品 | 节能建筑 | 低碳包装 | 制定成本 | 营销低碳化 | 运输油耗 |
|---|---|---|---|---|---|---|---|---|---|---|---|---|---|
| 吉林省 | 0.322 | 0.244 | 0.196 | 0.291 | 0.197 | 0.246 | 0.236 | 0.242 | 0.234 | 0.404 | 0.260 | 0.356 | 0.491 |
| 辽宁省 | 0.527 | 0.548 | 0.629 | 0.476 | 0.539 | 0.523 | 0.459 | 0.449 | 0.448 | 0.368 | 0.574 | 0.430 | 0.397 |
| 黑龙江省 | 0.151 | 0.209 | 0.175 | 0.233 | 0.264 | 0.231 | 0.305 | 0.309 | 0.318 | 0.228 | 0.166 | 0.215 | 0.112 |
| 卡方检验 | 56.306 | 106.631 | 392.289 | 15.720 | 205.010 | 101.257 | 70.440 | 65.887 | 76.425 | 37.020 | 84.466 | 4.765 | 166.622 |
| P | 0 | 0 | 0 | 0 | 0 | 0 | 0 | 0 | 0 | 0 | 0 | 0 | 0 |

| 低碳行为 省份 | 运输布局 | 废弃物回收 | 分销信息 | 供应商信息 | 环境供应商 | 环境分销商 | 废水处理 | 工业除尘 | 废气净化 | 尾气检测 | 油烟净化 | 脱硫 | 节能设备 | 垃圾处理 |
|---|---|---|---|---|---|---|---|---|---|---|---|---|---|---|
| 吉林省 | 0.381 | 0.399 | 0.673 | 0.674 | 0.727 | 0.724 | 0.585 | 0.693 | 0.729 | 0.685 | 0.662 | 0.671 | 0.693 | 0.631 |
| 辽宁省 | 0.438 | 0.382 | 0.168 | 0.135 | 0.144 | 0.179 | 0.09 | 0.093 | 0.100 | 0.093 | 0.102 | 0.097 | 0.102 | 0.144 |
| 黑龙江省 | 0.181 | 0.219 | 0.159 | 0.19 | 0.128 | 0.096 | 0.325 | 0.215 | 0.171 | 0.222 | 0.236 | 0.232 | 0.205 | 0.225 |
| 卡方检验 | 18.685 | 23.803 | 284.428 | 234.547 | 318.977 | 252.853 | 267.740 | 262.947 | 385.189 | 246.665 | 209.064 | 221.817 | 273.398 | 176.206 |
| P | 0 | 0 | 0 | 0 | 0 | 0 | 0 | 0 | 0 | 0 | 0 | 0 | 0 | 0 |

表2-14 重点城市打算承担的低碳行为对比

| 低碳行为 / 城市 | 低碳设计 | 可再生材料 | 低消耗材料 | 新能源 | 清洁生产 | 保持卫生 | 节能产品 | 新能源产品 | 节能建筑 | 低碳包装 | 制定成本 | 营销低碳化 | 运输油耗 |
|---|---|---|---|---|---|---|---|---|---|---|---|---|---|
| 哈尔滨 | 0.200 | 0.260 | 0.205 | 0.283 | 0.306 | 0.259 | 0.343 | 0.345 | 0.347 | 0.262 | 0.191 | 0.261 | 0.136 |
| 长春 | 0.270 | 0.204 | 0.149 | 0.252 | 0.164 | 0.226 | 0.207 | 0.206 | 0.207 | 0.380 | 0.250 | 0.301 | 0.449 |
| 沈阳 | 0.440 | 0.536 | 0.482 | 0.338 | 0.475 | 0.415 | 0.367 | 0.365 | 0.363 | 0.359 | 0.387 | 0.354 | 0.416 |
| 大连 | 0.090 | 0 | 0.163 | 0.127 | 0.055 | 0.101 | 0.082 | 0.083 | 0.083 | 0 | 0.172 | 0.084 | 0 |
| 卡方检验 | 143.222 | 744.279 | 595.522 | 38.113 | 610.344 | 291.470 | 112.374 | 111.618 | 1110.075 | 215.254 | 86.590 | 56.765 | 365.246 |
| P | 0 | 0 | 0 | 0 | 0 | 0 | 0 | 0 | 0 | 0 | 0 | 0 | 0 |

| 低碳行为 / 城市 | 运输布局 | 废弃物回收 | 分销信息 | 供应商信息 | 环境供应商 | 环境分销商 | 废水处理 | 工业除尘 | 废气净化 | 尾气检测 | 油烟净化 | 脱硫 | 节能设备 | 垃圾处理 |
|---|---|---|---|---|---|---|---|---|---|---|---|---|---|---|
| 哈尔滨 | 0.236 | 0.250 | 0.215 | 0.246 | 0.171 | 0.124 | 0.367 | 0.241 | 0.199 | 0.249 | 0.268 | 0.262 | 0.235 | 0.269 |
| 长春 | 0.318 | 0.404 | 0.756 | 0.709 | 0.797 | 0.838 | 0.617 | 0.749 | 0.792 | 0.740 | 0.721 | 0.727 | 0.756 | 0.709 |
| 沈阳 | 0.446 | 0.346 | 0.029 | 0.045 | 0.032 | 0.037 | 0.016 | 0.010 | 0.008 | 0.010 | 0.011 | 0.011 | 0.010 | 0.022 |
| 大连 | 0 | 0 | 0 | 0 | 0 | 0 | 0 | 0 | 0 | 0 | 0 | 0 | 0 | 0 |
| 卡方检验 | 209.380 | 188.436 | 418.503 | 291.970 | 418.799 | 402.740 | 362.159 | 395.984 | 566.424 | 370.614 | 321.837 | 336.185 | 416.728 | 302.992 |
| P | 0 | 0 | 0 | 0 | 0 | 0 | 0 | 0 | 0 | 0 | 0 | 0 | 0 | 0 |

任相对较多。在分销信息（75.6%）、供应商信息（70.9%）、环节供应商（79.7%）、环境分销商（83.8%）、废水处理（61.7%）、工业除尘（74.9%）、废气净化（79.2%）、尾气检测（74%）、油烟净化（72.1%）、脱硫（72.7%）、节能设备（75.6%）、垃圾处理（70.9%）方面都有提升低碳责任的可能。沈阳市中小企业在低碳设计（44%）、可再生材料（53.6%）、低消耗材料（48.2%）、清洁生产（47.5%）、运输布局（44.6%）方面较多。和其他城市相比，沈阳市在打算承担的低碳行为方面占据优势，也表明沈阳市中小企业对低碳社会责任的理解也更多些。

## 四、有助于承担低碳社会责任的管理措施

根据前面的分析，我们发现，东北中小企业虽然面临不同的压力和困难，但随着经济全球化的发展以及中国与国际市场的接轨，对低碳社会责任方面有了一定程度的认识。为了了解哪些管理措施能够有助于中小企业承担低碳社会责任，本调查中针对企业有助于承担低碳社会责任的管理措施问题包括：

（1）企业建立起完善的环境影响绩效评价体系；

（2）企业制定减少排放污染责任制度；

（3）企业向政府部门交纳减少排放保证金；

（4）征收环境税，如煤电消耗税，燃料消耗税，水、矿产等资源税；

（5）通过环境法规与标准促进低碳发展；

（6）政府部门奖励节能和开发新能源的企业；

（7）政府部门惩罚污染排放超标的企业；

（8）政府部门给予补贴：能耗，环保，清洁生产；

（9）通过利益相关方对企业施压：来自供应商，来自分销商，来自消费者，来自政府部门，来自当地社区。

表2-15表明，不同行业提高企业社会责任管理的措施存在显著差异（P＜0.05）。总的来说，57.6%的企业认为建立起完善的环境影响绩效评价

表 2-15　不同行业认为可以提高企业社会责任的管理措施

| 低碳行为 / 行业 | 评价体系 | 责任制度 | 排放保证金 | 环境税 | 环境法规 | 奖励新能源 | 惩罚超标 | 能耗补贴 | 环保补贴 | 清洁生产补贴 | 供应商施压 | 分销商施压 | 消费者施压 | 政府施压 | 社区施压 |
|---|---|---|---|---|---|---|---|---|---|---|---|---|---|---|---|
| 化工 | 0.297 | 0.381 | 0.368 | 0.350 | 0.244 | 0.271 | 0.336 | 0.433 | 0.395 | 0.425 | 0.405 | 0.408 | 0.418 | 0.374 | 0.405 |
| 建筑建材 | 0.312 | 0.177 | 0.269 | 0.125 | 0.262 | 0.164 | 0.132 | 0.105 | 0.106 | 0.115 | 0.294 | 0.325 | 0.317 | 0.320 | 0.323 |
| 农牧渔业和食品加工 | 0.007 | 0.025 | 0.004 | 0.004 | 0.004 | 0.018 | 0.003 | 0.040 | 0.064 | 0.074 | 0 | 0 | 0 | 0.008 | 0 |
| 生产加工制造 | 0.247 | 0.360 | 0.257 | 0.299 | 0.319 | 0.405 | 0.340 | 0.337 | 0.289 | 0.322 | 0.255 | 0.254 | 0.251 | 0.242 | 0.261 |
| 物流交通和服务业 | 0.032 | 0.006 | 0.043 | 0.063 | 0.065 | 0.046 | 0.087 | 0.008 | 0.008 | 0.008 | 0.015 | 0.010 | 0.010 | 0.009 | 0.010 |
| 制药 | 0.049 | 0.032 | 0.042 | 0.037 | 0.031 | 0.011 | 0.030 | 0.034 | 0.029 | 0.034 | 0.028 | 0.003 | 0.001 | 0.030 | 0 |
| 电力 | 0.026 | 0.017 | 0.016 | 0.044 | 0.060 | 0.085 | 0.034 | 0.043 | 0.051 | 0.022 | 0.001 | 0 | 0.003 | 0.016 | 0 |
| 造纸印刷 | 0.030 | 0.001 | 0.001 | 0.020 | 0.013 | 0.001 | 0.034 | 0 | 0.059 | 0 | 0 | 0 | 0 | 0 | 0 |
| 采掘/资源型生产 | 0 | 0.001 | 0.001 | 0.059 | 0.002 | 0 | 0.004 | 0 | 0 | 0 | 0.001 | 0 | 0 | 0 | 0 |
| 卡方检验 | 630.896 | 560.913 | 649.826 | 367.226 | 355.175 | 253.175 | 503.492 | 524.093 | 480.020 | 408.667 | 413.376 | 410.323 | 457.362 | 328.773 | 397.011 |
| P | 0 | 0 | 0 | 0 | 0 | 0 | 0 | 0 | 0 | 0 | 0 | 0 | 0 | 0 | 0 |

表 2-16 三省对于提高企业社会责任的管理措施对比

| 低碳行为 / 省份 | 评价体系 | 责任制度 | 排放保证金 | 环境税 | 环境法规 | 奖励新能源 | 惩罚超标 | 能耗补贴 | 环保补贴 | 清洁生产补贴 | 供应商施压 | 分销商施压 | 消费者施压 | 政府施压 | 社区施压 |
|---|---|---|---|---|---|---|---|---|---|---|---|---|---|---|---|
| 吉林省 | 0.402 | 0.383 | 0.304 | 0.267 | 0.333 | 0.278 | 0.371 | 0.329 | 0.306 | 0.208 | 0.152 | 0.038 | 0.096 | 0.090 | 0.030 |
| 辽宁省 | 0.473 | 0.373 | 0.476 | 0.504 | 0.488 | 0.425 | 0.420 | 0.472 | 0.455 | 0.513 | 0.634 | 0.717 | 0.674 | 0.682 | 0.722 |
| 黑龙江省 | 0.125 | 0.244 | 0.219 | 0.229 | 0.179 | 0.296 | 0.209 | 0.199 | 0.239 | 0.279 | 0.213 | 0.245 | 0.230 | 0.228 | 0.248 |
| 卡方检验 | 234.896 | 56.233 | 10.182 | 36.155 | 86.052 | 67.840 | 23.766 | 6.603 | 2.568 | 57.181 | 196.700 | 394.175 | 283.607 | 307.080 | 407.207 |
| P | 0 | 0 | 0.006 | 0 | 0 | 0 | 0 | 0.037 | 0.277 | 0 | 0 | 0 | 0 | 0 | 0 |

表 2-17 重点城市对于提高企业社会责任的管理措施对比

| 低碳行为 / 城市 | 评价体系 | 责任制度 | 排放保证金 | 环境税 | 环境法规 | 奖励新能源 | 惩罚超标 | 能耗补贴 | 环保补贴 | 清洁生产补贴 | 供应商施压 | 分销商施压 | 消费者施压 | 政府施压 | 社区施压 |
|---|---|---|---|---|---|---|---|---|---|---|---|---|---|---|---|
| 哈尔滨 | 0.148 | 0.311 | 0.240 | 0.262 | 0.216 | 0.415 | 0.244 | 0.234 | 0.286 | 0.340 | 0.227 | 0.253 | 0.239 | 0.240 | 0.255 |
| 长春 | 0.371 | 0.345 | 0.317 | 0.264 | 0.275 | 0.150 | 0.381 | 0.335 | 0.295 | 0.162 | 0.130 | 0.033 | 0.088 | 0.083 | 0.024 |
| 沈阳 | 0.383 | 0.343 | 0.443 | 0.346 | 0.343 | 0.362 | 0.268 | 0.351 | 0.419 | 0.298 | 0.644 | 0.714 | 0.673 | 0.677 | 0.720 |
| 大连 | 0.098 | 0 | 0 | 0.129 | 0.166 | 0.073 | 0.107 | 0.081 | 0 | 0 | 0 | 0 | 0 | 0 | 0 |
| 卡方检验 | 454.118 | 311.163 | 746.133 | 37.993 | 162.352 | 282.852 | 117.156 | 77.132 | 195.942 | 274.314 | 822.346 | 1017.993 | 895.482 | 906.512 | 1038.824 |
| P | 0 | 0 | 0 | 0 | 0 | 0 | 0 | 0 | 0 | 0 | 0 | 0 | 0 | 0 | 0 |

体系有助于企业承担低碳社会责任。环境影响绩效评价是环境监管体系的一部分，对企业进行环境影响绩效评价可以促使企业更加重视环境管理，并能够加强社会对企业的环境监督。

46.8%的企业认为制定减少排放污染责任制度有助于企业承担低碳社会责任。根据国家有关部门公布的行业能耗和排放标准制定的减少污染排放责任体系和管理办法，不仅需要企业严格遵守，也需要各级地方政府监督执行，以维护本地区节能减排的责任与权利。

52.1%的企业认为企业向政府部门交纳减少排放保证金有助于企业承担低碳社会责任。我国环境保护的基本原则是"谁开发，谁保护；谁污染，谁治理"，保证金制度可以保障这一原则得以贯彻。

42.8%的企业认为征收环境税有助于企业承担低碳社会责任。环境税是把环境污染和生态破坏的社会成本内化到生产成本和市场价格中去，再通过市场机制来分配环境资源的一种经济手段，它包括煤电消耗税，燃料消耗税，水、矿产等资源税等。随着我国税制改革的进一步深化和污染问题的进一步加剧，仅凭行政手段来解决环境问题，已不能适应市场经济发展的客观需要，通过征收环境税来进行环境管理是环境管理法制化的需要。

70.4%的企业认为通过环境法规与标准促进低碳发展有助于企业承担低碳社会责任。我国现行的环境法规和标准对环境的保障十分有限，只有不断完善我国环境法律法规以适应环境管理快速发展的需要。作为环境管理的核心，环境标准对低碳经济的发展、维护消费者合法权益和推动环境健康的发展起着重要的作用。严格的环境法规和标准不仅能够改善环境问题，也是地区软实力的体现。

46.4%的企业认为政府部门奖励节能和开发新能源的企业有助于企业承担低碳社会责任。获取商业利益是企业履行社会责任的内在动力，而政策引导则是企业社会责任的外部推动力量。为了维护社会整体的利益，政府需要建立有效的制度来引导企业履行低碳社会责任，制定企业社会责任政策，通过对企业给予奖励或惩罚，进一步规范企业管理方式，为企业履行低碳社会责任营造积极的环境和氛围。

52.4%的企业认为政府部门惩罚污染排放超标的企业有助于企业承担低碳社会责任。在当今社会中，存在着"违法成本低，守法成本高"的病态现象，这也是导致法律威严弱化、随意超标排污的重要原因之一。政府部门采取有效措施惩罚污染排放超标的企业，可以增大企业违法成本，转变企业的错误认识，从而减少工业污染现象的发生。

35.1%的企业认为政府部门给予能耗补贴有助于企业承担低碳社会责任；29.2%的企业认为环保补贴有助于企业承担低碳社会责任；25%的企业认为清洁生产补贴有助于企业承担低碳社会责任。政府部门在能耗、环保、清洁生产等方面多给予企业适当的补贴，可以部分减少企业经济方面的压力，也更愿意履行自身的低碳职责。

30.6%的企业认为供销商对企业施压有助于企业承担低碳社会责任；26.7%的企业认为分销商对企业施压有助于企业承担低碳社会责任；28.3%的企业认为消费者对企业施压有助于企业承担低碳社会责任；28.6%的企业认为政府部门对企业施压有助于企业承担低碳社会责任；26.3%的企业认为社区对企业施压有助于企业承担低碳社会责任。企业是多元化利益相关者的联结，企业的环境责任不仅受到多元化利益相关者的影响，而且各方面利益相关者的参与对于企业能否达到良好的环境绩效也至关重要。因此，通过诸利益相关方，如分销商、消费者、政府部门、当地社区等对企业的环境影响施压，有利于企业更好地进行绿色生产，保持生态平衡。

我们从表2-15中可以看出，各行业对评价体系这一措施都不重视；但是建立规范的中小企业环境影响绩效评价体系，把承担社会责任列入评价内容，形成从经济、社会、环境三方面全方位评价的指标体系，一直是各国促进中小企业社会责任全面发展的重要方法。

从三省对于提高企业社会责任的管理措施对比（表2-16）来看，吉林省在责任制度（38.3%）方面高于其他省。辽宁省在评价体系（47.3%）、排放保证金（47.6%）、环境税（50.4%）、环境法规（48.8%）、奖励新能源（42.5%）、惩罚超标（42%）、能耗补贴（45.5%）、清洁生产（51.3%）、供应商施压（63.4%）、分销商施压（71.1%）、消费者施压（67.4%）、政府施压（68.2%）、社区施压（72.2%）方面均高于其他省。

从重点城市对于提高企业社会责任的管理措施对比（表2–17）来看，长春市中小企业的认识还处于以罚代管方面，在罚款超标（38.1%）方面高于其他重点城市；哈尔滨中小企业更倾向于补贴，在清洁生产补贴（34%）方面高于其他城市；沈阳中小企业在评价体系（38.3%）、排放保证金（44.3%）、环保补贴（41.9%）、供应商施压（64.4%）、分销商施压（71.4%）、消费者施压（67.3%）、政府部门施压（67.7%）、社区施压（72%）方面高于其他省份。

虽然现在已经有了一些以中小企业为主要受惠对象的税收减免政策，但覆盖面不广。对于中小企业的税收优惠方式，也仅提供了降低税率和减免税两种，没有国际通行的加速折旧、投资抵免、延期纳税等做法，对中小企业的创办、发展、科技开发等的针对性不强，难以适应不同情况下中小企业的发展要求。因此，健全相关法律法规，加大普法力度、执法力度和对财税扶持的力度，是解决中小企业融资难问题，推动中小企业实现结构调整和产业升级，开拓国内和国际市场的关键。

综上所述，东北中小企业在发展过程中无论是在资金、技术、人才以及创新方面都面临着各种各样的困难，仅仅依靠企业自身来实现低碳发展是相当困难的。上述分析也表明，东北地区中小企业的低碳发展离不开政府在各个方面的大力支持。

## 第三节 经验和态度——低碳影响内外因素分析

进入21世纪，企业社会责任已经逐渐发展成为政府实现其治理目标的一部分。西方政府和企业社会责任的关系经历了由企业自治、政府认可和鼓励，到政府与企业合作、强化企业社会责任，最后通过立法规制企业社会责任这几个阶段的变迁。但东北地区中小企业的现状让企业几乎无力承担低碳社会责任，在经济全球化和低碳发展背景下，如何转变东北中小企业的发展模式是地方政府当前最迫切的任务。为了了解东北中小企业在低碳发展要求下，其社会责任方面的经验掌握程度和应对态度，本研究设计了《低碳发展经验和态度量表》，从发展条件（包括政府的扶持程度、企业自身的发展需要、创新能力和宏观经济条件）、低碳意识（包括低碳发展对企业的促进作用和企业期望达成的目标）和行为动机（包括企业主动性程度和工作性程度或被动性程度）三个方面衡量当前东北中小企业低碳社会责任的发展程度，为政府制定企业低碳发展政策提供依据。

董华斌认为企业文化在某种意义上其实就是一种群体行为习惯，塑造企业文化重在培养企业内部良好的群体行为习惯，而且企业文化塑造的第一环节是要让员工形成新的思维模式，自觉地认同企业文化，并自愿去体现在实际行动中。赵敏认为企业文化是用来统一员工对企业目标、价值、信念、道德的总和，是企业的灵魂和精神支柱，是企业组织的群体意识的外在表现，反映着企业的核心价值观。员工群体意识是企业文化的实质体现。企业文化是员工内化于心的一种价值取向，是员工自觉遵守、共同维护的一种规范，反映了员工群体的共同意识。而这种员工群体意识正是企业文化的实质体现，它贯穿于企业管理理念及生产经营活动中，正如"一只看不见的手"，在完成企业日常经营管理工作中，悄悄地发挥着作用。

职业群体低碳社会责任意识是企业文化的重要组成部分，企业文化对职业群体行为能够起到指引和规范作用，职业群体行为和意识也能对企业文化产生重要影响。研究表明，企业文化和企业绩效之间有比较显著的正相关关系，而企业社会责任则在文化和绩效之间起中介作用。坚持以低碳企业文化为指导的中小企业，其价值观与传统企业价值观不同，不仅关注企业与消费者的关系，还会更多地考虑企业与社会、环境的利益。当企业职工形成统一的低碳价值观之后，企业的运行和发展也会适应国内和国际市场对低碳环保的要求，减少贸易摩擦，促进中小企业和区域经济的可持续发展。当职业群体低碳社会责任意识形成之后，其表现会贯彻在整个生产过程之中，职工会自发、主动地创新，以实现企业生产过程中的节能减排，对所在企业一些的污染问题也会自发地进行抵制，这在一定程度上推动了企业承担社会责任。

在低碳经济发展背景之下，低碳企业文化也正在逐步形成，使职工逐渐接受企业的绿色文化，增强职工的低碳社会责任意识。根据双因素理论，影响职业群体行为的因素可分为激励因素和保健因素。职业群体会对企业文化的认同度提高，职工认识到自己所从事的工作不仅能够为企业获得一定的经济效益，同时能够对社会作出一定的贡献，有助于职工增强自我认同以及对目前所做工作的认同度。职工认同度提高之后，会更加关注企业的发展，积极参与到企业的变革发展之中去，并形成对企业进一步发展的期望目标、低碳价值观、低碳经验分享、群体激励等，由己及人、由职业群体到企业再到社会层层推进的促进效应，从而进一步提升职业群体的低碳意识，进而达到推动企业承担低碳社会责任的作用。

《低碳发展经验和态度量表》包含三个分量表共计 53 个题项（变量），累计可解释低碳发展经验和态度变异量的 60.329%，具有很好的结构效度。此外，从量表 53 个保留题项的含义来看，也具有很好的表面效度。在保证效度不降低的情况下，本量表各项经过筛选后信度 α 系数为 0.89，且各项信度 α 系数均在 0.6 以上，说明用本量表收集的数据进行分析具有较高的可信度。

表 2-18  低碳发展经验和态度分量表指标信度效度检验

| 量表层面名称 | 代号 | 包含的题项 | 题数 | 信度 α 系数 | 解释的变异量 |
|---|---|---|---|---|---|
| 1. 发展条件分量表 | | | | | |
| 低碳与政府扶持 | gov | D1 D2 D3 D4 D5 D6 D7 D8 | 6 | 0.600 | 48.438% |
| 低碳与企业发展 | ind | D9 D10 D11 D12 D14 D15 D16 D17 | 8 | 0.614 | 48.759% |
| 低碳与创新学习 | study | D19 D20 D22 | 3 | 0.690 | 61.700% |
| 低碳与宏观经济发展 | eco | D23 D24 D25 D26 D28 | 5 | 0.660 | 74.233% |
| 发展条件分量表得分 | dev | | 22 | 0.790 | 61.804% |

| 量表层面名称 | 代号 | 包含的题项 | 题数 | 信度 α 系数 | 解释的变异量 |
|---|---|---|---|---|---|
| 2. 低碳意识分量表 | | | | | |
| 促进效应 | push | D29 D30 D31 D32 D33 D34 D35 D36 | 8 | 0.640 | 66.770% |
| 期望目标 | goal | D37 D39 D40 D41 D42 D43 D44 D45 | 8 | 0.655 | 70.688% |
| 低碳意识分量表得分 | cons | | 16 | 0.756 | 62.989% |
| 3. 行为动机分量表 | | | | | |
| 自我投入 | self | D46 D47 D49D50 D51 D52 | 6 | 0.679 | 47.010% |
| 工作投入 | work | D53 D54 D58 D59 D60 D61D62D63D64 | 9 | 0.628 | 51.830% |
| 行为动机分量表总分 | moti | | 15 | 0.778 | 52.302% |
| 低碳发展经验和态度总量表 | atti | | 53 | 0.890 | 60.329% |

## 一、低碳与政府扶持分量表分析

企业实现低碳发展，承担低碳社会责任，主要是通过企业生产方式的变革，改变原有落后的技术设备以及管理方法。这对中小企业来说，无疑会增加企业发展成本，使原本就面临发展瓶颈的中小企业雪上加霜，尤其是在改革之初。为了促使中小企业主动转变生产方式，承担低碳社会责任，政府的扶持作用是不可或缺的。在政府承诺的低碳经济发展问题上，政府与企业之间存在代理关系。作为委托人，政府往往设立一套激励机制来引导和激励企业的行动；企业作为代理人，在获得利益的同时愿意主动从事低碳生产。

东北地区中小企业在发展过程中，普遍面临着资金缺乏、技术设备落后以及人才缺乏等发展困境，企业低碳发展主要依靠技术的创新来实现。这就要求政府具有一定的创新精神，敦促企业及时改进技术，淘汰落后的生产设备。对于一些投资较大的创新项目，政府要切实起到引导与桥梁的作用，促成企业之间、地区之间甚至于国际间的交流与合作，最大效度地利用有效资源。对于主动承担技术创新的企业，政府要对这种类型的企业予以一定的财政补贴以及税收优惠政策，吸引更多的中小企业参与到技术创新当中去。由于东北地区整体经济水平相对沿海地区落后较多，加之自然资源优势减少，所以东北地区整体上对人才的吸引能力较弱，这就需要政府给出一定的承诺，采取一定的措施，为东北地区中小企业的发展引进和培养相关专业的人才，加速企业的转型发展。

当普遍的企业社会责任水平偏离最优时，公共政策问题就被提上了日程，社会需要借助一些政策工具来改变企业的生产和消费方式。当前各国政府与社会纷纷推行适合本国国情的企业社会责任措施，以期借助企业的力量实现各种治理目标。在低碳社会责任推进中，政府和企业互为倚重，政府需要借助企业的力量实现低碳治理目标，那么企业低碳发展需要政府哪些扶持呢？关于企业低碳发展需要政府扶持的量表内容包括：

D1 企业低碳发展需要政府支持；

D2 企业低碳发展需要政府主导相关科研项目研究；

D3 企业低碳发展需要政府促进企业间合作；

D4 企业低碳发展需要政府具备创新精神（抛弃旧的，创造新的）；

D5 企业低碳发展需要政府加强地区间的合作；

D6 企业低碳发展需要政府加强国际间（跨国境）的合作；

D7 企业低碳发展需要政府出台相关减免税政策；

D8 企业低碳发展需要政府培养和引进相关专业人才。

表 2-19　不同行业对政府扶持的认同程度分析

| 变量<br>行业 | D1 | D2 | D3 | D4 | D5 | D6 | D7 | D8 |
|---|---|---|---|---|---|---|---|---|
| 化工 | 1 | 0.986 | 0.991 | 0.980 | 0.989 | 0.979 | 0.979 | 0.984 |
| 建材/建筑 | 0.936 | 0.979 | 0.966 | 0.972 | 0.977 | 0.991 | 0.977 | 0.954 |
| 农牧渔业和食品加工 | 0.983 | 0.966 | 0.983 | 0.879 | 1 | 0.638 | 0.897 | 0.983 |

| 行业＼变量 | D1 | D2 | D3 | D4 | D5 | D6 | D7 | D8 |
|---|---|---|---|---|---|---|---|---|
| 生产加工／制造 | 0.984 | 0.888 | 0.769 | 0.785 | 0.949 | 0.951 | 0.952 | 0.910 |
| 物流交通和服务行业 | 1 | 0.965 | 0.524 | 0.951 | 0.965 | 0.531 | 0.972 | 0.524 |
| 制药／医药 | 0.922 | 1 | 0.933 | 0.922 | 0.967 | 1 | 0.956 | 0.956 |
| 电力 | 0.942 | 0.950 | 0.942 | 0.914 | 0.806 | 0.892 | 0.950 | 0.899 |
| 造纸／印刷 | 1 | 0.978 | 0.978 | 0.978 | 0.978 | 1 | 0.978 | 0.957 |
| 采掘／资源型生产 | 0.980 | 1 | 0.955 | 0.940 | 0.925 | 0.985 | 0.940 | 0.030 |
| 卡方值 | 69.936 | 101.844 | 390.452 | 213.729 | 107.472 | 542.073 | 19.678 | 823.486 |
| 显著性 | 0 | 0 | 0 | 0 | 0 | 0 | 0 | 0 |

表 2-20　不同城市对政府扶持的认同程度分析

| 城市＼变量 | D1 | D2 | D3 | D4 | D5 | D6 | D7 | D8 |
|---|---|---|---|---|---|---|---|---|
| 哈尔滨 | 0.980 | 0.969 | 0.918 | 0.929 | 0.959 | 0.959 | 0.949 | 1 |
| 长春 | 0.997 | 0.977 | 0.971 | 0.958 | 0.944 | 0.964 | 0.967 | 0.958 |
| 沈阳 | 0.990 | 0.985 | 0.974 | 0.969 | 0.985 | 0.974 | 0.995 | 0.974 |
| 大连 | 1 | 0.800 | 0.400 | 0.600 | 1 | 0.800 | 1 | 0.400 |
| 四平 | 0.984 | 0.934 | 0.918 | 0.918 | 0.951 | 1 | 0.967 | 0.951 |
| 铁岭 | 0.830 | 0.940 | 0.898 | 0.881 | 0.915 | 0.838 | 0.889 | 0.902 |
| 本溪 | 0.714 | 0.714 | 0.357 | 0.643 | 0.500 | 0.714 | 0.571 | 0.500 |
| 鞍山 | 1 | 1 | 1 | 1 | 1 | 1 | 1 | 1 |
| 阜新 | 1 | 1 | 0 | 1 | 1 | 1 | 0.500 | 0.500 |
| 辽阳 | 1 | 0.750 | 0.500 | 1 | 0.750 | 0.750 | 0.750 | 0.500 |
| 卡方值 | 256.251 | 185.281 | 811.982 | 376.623 | 117.061 | 191.243 | 146.656 | 983.636 |
| 显著性 | 0 | 0 | 0 | 0 | 0 | 0 | 0 | 0 |

表 2-21　不同省份对政府扶持的认同程度分析

| 省份＼变量 | D1 | D2 | D3 | D4 | D5 | D6 | D7 | D8 |
|---|---|---|---|---|---|---|---|---|
| 吉林 | 0.993 | 0.965 | 0.956 | 0.946 | 0.946 | 0.974 | 0.967 | 0.956 |

| 变量<br>省份 | D1 | D2 | D3 | D4 | D5 | D6 | D7 | D8 |
|---|---|---|---|---|---|---|---|---|
| 辽宁 | 0.956 | 0.922 | 0.793 | 0.848 | 0.968 | 0.895 | 0.968 | 0.796 |
| 黑龙江 | 0.980 | 0.969 | 0.918 | 0.929 | 0.959 | 0.959 | 0.949 | 1 |
| 卡方值 | 26.646 | 26.008 | 132.085 | 59.923 | 5.736 | 57.679 | 4.451 | 221.882 |
| 显著性 | 0 | 0 | 0 | 0 | 0.057 | 0 | 0.108 | 0 |

整体来看，企业在发展的过程中无论是在资金、技术、人才以及创新方面都面临着各种各样的困难，仅仅依靠企业自身来实现低碳发展是相当困难的，因此东北地区中小企业的低碳发展离不开政府在各个方面的大力支持。

虽然中小企业是整个东北地区经济增长的重要力量，但多为资源密集型或劳动密集型企业，经济增长方式粗放，在生产方式转变过程中面临的最大问题就是资金问题。在调查中，绝大多数企业认为企业低碳发展需要政府财政扶持，有100%的化工、物流交通和服务行业、造纸印刷业，92.2%的制药／医药行业认同这一观点。

企业实现低碳发展必然要有相关技术的改变，需要一定科技项目研究，但东北地区市场化程度低，中小企业对政府过度依赖。如很多企业认为企业低碳发展需要政府主导相关科研项目研究，尤其有100%的制药／医药、采掘／资源型生产行业，88.8%生产加工／制造行业认同这一观点。

企业之间既有竞争也有合作，当所有企业处于一条较为完整、稳定的供应链上时，就能够共享很多有效信息，防范市场风险。东北中小企业间尚未形成一条完整的供应链，很多企业都十分渴望与其他企业合作，以增加信息共享性，但相互间缺少合作的媒介，因此寄希望于政府主导来促进企业间合作。98%化工、农牧渔业和食品加工业，52.4%的物流交通和服务行业认为企业低碳发展需要政府促进企业间合作。从运营管理的角度来看，化工、农牧渔业和食品加工业生产相对独立，而物流交通和服务行业需要彼此间较多的合作，由此导致行业间对由政府主导的合作产生了不同的认同度。

面对低碳发展的需求，在普遍存在资金匮乏、科研能力低下和企业间合作不紧密等情况下，东北地区中小企业对政府提出了更高的要求，要求政府别再按照传统观念去引导企业发展。在本次调查中，有超过97%的化工、建筑/建材和造纸/印刷业，78.5%的生产制造业认为企业低碳发展需要政府具备创新精神。

东北地区地域辽阔、资源丰富多样、各地区的优势不尽相同，如何发挥政府的作用，整合区域优势，打破地域界限，实现区域经济协同发展是可持续增长的关键。调查显示，农牧渔业和食品加工行业100%的企业，化工、建材/建筑、生产加工/制造、物流交通和服务行业、制药/医药、电力、造纸/印刷、采掘/资源型生产行业中超过92%的企业都认为企业低碳发展需要政府加强地区间的合作。由于是垄断行业，电力行业有80.6%的企业认同这一观点。

由于历史的原因，东北老工业基地对外开放的时间比东部地区晚，但随着市场经济和全球化的推进，与国际市场接轨迫在眉睫，加强国际间合作成为政府责任之一。与此同时，中小企业低碳责任问题亦成为东北地区经济国际化的发展障碍。调查显示，100%的制药/医药和造纸/印刷行业，99.1%的建材/建筑行业，98.5%的采掘/资源型生产行业都认为企业低碳发展需要政府加强国际间的合作，发展相对薄弱的物流交通和服务行业有53.1%的企业认同这一观点。

资金和技术是企业低碳发展的基础。东北中小企业在实现低碳发展的过程中面临着许多困难，不仅需要技术和资金上的支持，还需要一定的税收优惠和减免政策，以提高企业低碳发展的积极性。调查显示，89.7%的农牧渔业和食品加工业，超过90%的化工、建材/建筑、生产加工/制造、物流交通和服务行业、制药/医药、电力、造纸/印刷、采掘/资源型生产业认为企业低碳发展需要政府出台相关减免税政策。

企业低碳发展不仅需要科技创新，还需要专业人才。相对于沿海地区，东北地区经济发展水平较低，加上自然环境的原因，该地区人才的吸引力较弱，许多企业希望政府能够承担培养和引进相关专业人才的责任。

在化工、建筑/建材、农牧渔业和食品加工、制药/医药、和造纸/印刷五个行业中分别有98.4%、95.4%、98.3%、95.6%和95.7%的样本企业赞同这观点，但在发展时间较长、人才相对充足的采掘/资源生产行业中仅有3%的企业赞同这一观点。

除了必备的科技条件，低碳发展还需要大量的资金投入，东北地区中小企业在这方面也寄希望于政府从财政政策上进行支持。对重点城市的调查显示（表2–20），100%的大连市企业、99.7%的长春企业、99%的沈阳企业、98%的哈尔滨企业，企业发展也需要其他方面的资金支持，71.4%的本溪市企业认为企业低碳发展需要政府的财政支持。

低碳发展仅靠少数中小企业的力量是难以实现的，不同企业、地区之间，以及国际间（跨国境）的合作也很重要。调查显示，重点城市中哈尔滨、长春、沈阳和四平分别有91.8%、97.1%、97.4%和91.8%的中小企业认为企业低碳发展需要政府促进企业间合作，大连、哈尔滨、长春、沈阳和四平五个城市中分别有100%、95.9%、94.4%、98.5%和95.1%的中小企业认为企业低碳发展需要政府加强地区间的合作。但也有企业认为促进企业间的合作不只是政府的事，在经济开放程度较高的大连市就仅有40%的中小企业认为企业低碳发展需要由政府促进企业间合作。对于国际间合作的认同方面，重点城市中哈尔滨、长春、沈阳和大连分别有95.9%、96.4%、97.4%和80%的中小企业认为企业低碳发展需要加强国际间的合作，而开放程度较低的本溪市仅有71.4%的中小企业认同这一观点。

企业低碳发展需创新精神和培养人才，不仅是企业，政府也同样存在这两方面的需要。在依赖政府程度较高的东北地区，重点城市中哈尔滨、长春、沈阳和四平分别达到92.9%、95.8%、96.9%和91.8%的企业认为企业低碳发展需要政府具备创新精神（抛弃旧的、创造新的），但在开放较早、国际化程度较高的大连市，只有60%的中小企业样本认同这一观点；哈尔滨、长春、沈阳和四平四个城市中分别有100%、95.8%、97.4%和95.1%的中小企业认为企业低碳发展需要政府培养和引进相关专业人才，大连市仅有40%的中小企业认为这是政府的事。

企业要求政府能够给予更多的优惠政策如减免税，适当的减免税也能让更多的中小企业参与到低碳变革之中，也可以促进该地区中小企业尽快实现低碳发展。重点城市调查显示，大连、哈尔滨、长春和沈阳和四平分别有100%、94.9%、96.7%、99.5%和96.7%的中小企业认为企业低碳发展需要政府出台相关减免税收政策，但有些城市也存在政策失效现象，本溪市只有57.1%的中小企业对此有认同感。

相对于发达国家，我国低碳理念的传播及实践开始时间较晚，其发展也与国际先进水平有一定差距。推进国内企业开展国际合作，可以不断地汲取先进企业在低碳发展和低碳社会责任承担方面的优秀经验，对于国内企业尤其是中小企业来说十分重要。但中小企业自身能力不足，很难自主实现与国外企业的合作，东北中小企业习惯性的依赖让它们再次寄希望于政府。调查显示，吉林、辽宁和黑龙江三省分别有97.4%、89.5%和95.9%的中小企业认为企业低碳发展需要政府加强国际间（跨国境）的合作。此外，三省分别有八成以上的中小企业认为企业低碳发展，还需要政府的财政支持、需要政府主导相关科研项目研究、需要政府促进企业间合作、需要政府具备创新精神、需要政府培养和引进相关专业人才。

促成企业间跨地区合作的因素众多，一般企业会出于自身发展需要去寻求合作，而非由政府一力促成。统计分析亦显示，企业低碳发展与政府加强地区间合作的关系并不显著（P＝0.057）。

是否出台低碳发展方面的税收优惠和政策措施要依据当地企业的发展情况而定，东北三省情况各不相同，省份不同与减免税政策出台之间并非必然联系。统计数据亦显示，二者之间的关系不显著（P＝0.108）。

## 二、低碳与企业发展分量表分析

企业获取盈利，除了依靠先进的技术、科技、产品质量等自身的因素，能否得到社会的认可，是否有固定的消费群体等在一定程度上也决定了企业发展的程度。勒秉强等研究发现，企业承担社会责任可以打造持久竞争优势，有利于企业实现价值链创新，树立良好的企业形象。企业承担低碳社会责任不仅能够迎合市场和消费者的需要，也能够为企业赢得环境友好型企业的标签，这些对企业提高市场占有率都有一定的影响。随着经济全球化的进一步扩展，世界市场一体化的程度提高，国际市场对环保以及企业社会责任水平的要求越来越高，实现低碳发展也有利于企业实现与国际市场的接轨，提高企业的国际竞争力。

低碳发展是中小企业国际化的必然选择，除了需要地方政府在低碳发展方面的扶持，自身的发展需要将成为企业低碳发展的内部推动力。关于企业低碳发展与企业发展方面的量表内容包括：

D9 企业低碳发展能够让企业获得更大收益；

D10 企业低碳发展能够降低负债率；

D11 企业低碳发展能够提高产品的市场占有率；

D12 企业低碳发展能够更好地与客户沟通；

D14 企业低碳发展能够提高投标成功率/资金支持；

D15 企业低碳发展主要是考虑生产/产品的安全性；

D16 企业低碳发展主要是考虑员工的人身安全；

D17 企业低碳发展能够提高企业内部的管理水平。

表 2-22　不同行业企业低碳发展与企业发展需要分析

| 变量<br>行业 | D9 | D10 | D11 | D12 | D14 | D15 | D16 | D17 |
|---|---|---|---|---|---|---|---|---|
| 化工 | 0.991 | 0.979 | 0.980 | 0.996 | 0.977 | 0.982 | 0.986 | 0.982 |
| 建材/建筑 | 0.906 | 0.929 | 0.973 | 0.910 | 0.973 | 0.926 | 0.917 | 0.935 |
| 农牧渔业和食品加工 | 0.983 | 0.776 | 0.931 | 0.983 | 0.948 | 0.966 | 0.914 | 0.897 |
| 生产加工/制造 | 0.915 | 0.901 | 0.874 | 0.931 | 0.800 | 0.870 | 0.967 | 0.835 |
| 物流交通和服务行业 | 0.517 | 0.972 | 0.965 | 0.538 | 0.965 | 0.951 | 0.510 | 0.510 |
| 制药/医药 | 0.600 | 0.856 | 0.967 | 0.900 | 0.889 | 0.822 | 0.833 | 0.889 |
| 电力 | 0.914 | 0.885 | 0.849 | 0.921 | 0.453 | 0.921 | 0.885 | 0.885 |

| 变量<br>行业 | D9 | D10 | D11 | D12 | D14 | D15 | D16 | D17 |
|---|---|---|---|---|---|---|---|---|
| 造纸/印刷 | 1 | 0.978 | 0.978 | 1 | 1 | 1 | 0.957 | 1 |
| 采掘/资源型生产 | 0.985 | 0.985 | 0.955 | 0.925 | 0.955 | 0.970 | 0.045 | 0.030 |
| 卡方值 | 397.674 | 69.782 | 104.373 | 334.683 | 416.290 | 81.511 | 893.080 | 633.711 |
| 显著性 | 0 | 0 | 0 | 0 | 0 | 0 | 0 | 0 |

**表 2-23　不同城市企业低碳发展与企业发展需要分析**

| 变量<br>城市 | D9 | D10 | D11 | D12 | D14 | D15 | D16 | D17 |
|---|---|---|---|---|---|---|---|---|
| 哈尔滨 | 0.908 | 0.867 | 0.949 | 0.929 | 0.939 | 0.929 | 0.980 | 0.980 |
| 长春 | 0.938 | 0.977 | 0.944 | 0.967 | 0.967 | 0.967 | 0.974 | 0.967 |
| 沈阳 | 0.969 | 0.985 | 0.974 | 0.990 | 0.979 | 0.990 | 0.969 | 0.979 |
| 大连 | 0.800 | 1 | 0.800 | 0.800 | 0.400 | 0.800 | 0.600 | 0.200 |
| 四平 | 0.934 | 0.934 | 0.967 | 0.934 | 0.934 | 0.967 | 0.951 | 0.984 |
| 铁岭 | 0.749 | 0.732 | 0.911 | 0.770 | 0.868 | 0.736 | 0.723 | 0.749 |
| 本溪 | 0.643 | 0.429 | 0.714 | 0.429 | 0.643 | 0.429 | 0.571 | 0.429 |
| 鞍山 | 0 | 0 | 0 | 0 | 1 | 0 | 0 | 0 |
| 阜新 | 0.500 | 0.500 | 0.500 | 1 | 0.500 | 1 | 0.500 | 0.500 |
| 辽阳 | 0.750 | 0.750 | 0.250 | 1 | 0.250 | 0.750 | 0.500 | 0.750 |
| 卡方值 | 164.442 | 307.536 | 169.178 | 246.757 | 829.135 | 289.341 | 548.345 | 1394.177 |
| 显著性 | 0 | 0 | 0 | 0 | 0 | 0 | 0 | 0 |

**表 2-24　不同省份企业低碳发展与企业发展需要分析**

| 变量<br>省份 | D1 | D2 | D3 | D4 | D5 | D6 | D7 | D8 |
|---|---|---|---|---|---|---|---|---|
| 吉林 | 0.993 | 0.965 | 0.956 | 0.946 | 0.946 | 0.974 | 0.967 | 0.956 |
| 辽宁 | 0.956 | 0.922 | 0.793 | 0.848 | 0.968 | 0.895 | 0.968 | 0.796 |
| 黑龙江 | 0.980 | 0.969 | 0.918 | 0.929 | 0.959 | 0.959 | 0.949 | 1 |
| 卡方值 | 26.646 | 26.008 | 132.085 | 59.923 | 5.736 | 57.679 | 4.451 | 221.882 |
| 显著性 | 0 | 0 | 0 | 0 | 0.057 | 0 | 0.108 | 0 |

企业低碳发展只靠政府支持和优惠政策是不够的，只有切实感到低碳发展给企业带来的利益和机会，才能促使企业主动寻求自主创新模式，在创新中不断学习，发展独具特色的低碳技术，达成低碳社会责任的目标。不同行业、省份和重点城市的调查均显示（表2–22、2—23、2–24），企业低碳发展与企业发展需要之间存在相关关系（显著性为0）。

研究表明，通过技术创新、制度创新以及新能源开发等低碳发展方式可以让企业减少能源消耗，减少温室气体排放。企业的首要目标是获取经济利益，能源消耗的降低可以让企业生产成本下降，变相增加企业的收益，有一定经济基础的企业才更有能力去承担较多的社会责任，实现企业经济经济效益与环境保护双赢。针对"企业低碳发展能够让企业获得更大收益"的观点，在行业调查中，高耗能的造纸/印刷、化工和采掘/资源型生产行业中分别有100%、99.1%和98.5%的企业认同这一观点；在重点城市的调查中，哈尔滨、长春和沈阳三个省会城市中分别有90.8%、93.8%和96.9%的企业持认同态度，大连、四平和铁岭三个城市中分别有80%、93.4%和74.9%的企业认同这一观点。针对"企业低碳发展能够降低负债率"的观点，在行业调查中，采掘/资源型生产、造纸/印刷、物流交通和服务行业以及化工行业中分别有98.5%、97.8%、97.2%和97.9%的企业认为企业低碳发展能够降低负债率；在重点城市的调查中，大连市100%的中小企业都认同这一观点，哈尔滨、长春和沈阳三个省会城市分别有86.7%、97.7%和98.5%的中小企业认同这一观点，但是在生产结构相对单一的本溪市只有42.9%的中小企业对这一观点有认同感。

对于企业来说，消费者对企业的认可程度对买卖的达成起着决定性作用。随着环保观念的日益深入人心，消费者对产品的环保要求也在不断提高，企业低碳发展能够更好地与客户进行沟通，提高消费者对企业的认可度，提高产品的市场占有率。针对"企业低碳发展能够提高产品的市场占有率"、"企业低碳发展能够提高投标成功率/资金支持"和"企业低碳发展能够更好地与客户沟通"这三个观点，在行业调查中，化工、建材/建筑、物流运输和服务行业、制药/医药、造纸/印刷、采掘/资源型生产行业和电力行业中分别有 98%、97.3%、96.5%、96.7%、97.8%、95.5% 和 84.9% 的企业同意企业低碳发展能够提高产品的市场占有率的观点，对于企业低碳发展能够提高投标成功率/资金支持的观点也有较高的认同度。除了物流交通和服务行业，其他八个行业都有超过 90% 的样本认为企业低碳发展能够更好地与客户沟通，尤其在造纸/印刷行业中，100% 的样本都同意这一观点。

物流交通和服务行业中仅有 51.7% 的企业认为企业低碳发展能够让企业获得更大收益，53.8% 的企业认为企业低碳发展能够更好地与客户沟通。物流行业低碳发展需要对交通运输工具进行大规模的更新换代，短期内会让企业成本增加、收益下降，但从长远来看，低消耗会让企业运营效率提高，将更加有利于企业的发展。

农牧渔业和食品加工行业中有 77.6% 的企业认为企业低碳发展能够降低负债率，而处于垄断地位的电力行业中仅有 45.5% 的企业认为企业低碳发展能够提高投标成功率/资金支持。相对于其他高碳行业，农牧渔业和电力行业碳减排压力较小，负债率和投标成功率更多由供给和需求决定，供给和需求弹性均较小，电力行业缺少竞争，国家对农牧渔业补贴的力度也大于其他行业，因此这两个行业发展中存在的低碳压力不大。

东北老工业基地中小企业对低碳发展的概念有一定的了解，但还存在一些片面性和认识误区。在此次调查中，造纸/印刷、化工和制药/医药行业分别有 100%、98.2% 和 82.2% 的企业认为企业低碳发展主要是考虑生产/产品的安全性；化工、生产加工/制造两个行业中分别有 98.6% 和 96.7% 的企业认为企业低碳发展主要是考虑员工的人身安全；造纸/印刷、化工和建筑/建材三个行业中分别有 100%、98.2% 的企业认为企业低碳发展能够提高企业内部管理水平。

采掘/资源型生产行业是安全事故的高发行业，该行业仅有 4.5% 的企业认为企业低碳发展主要是考虑员工的人身安全，3% 的企业认为企业低碳发展能够提高企业内部管理水平。除了不可控的风险因素外，该行业中小企业对安全的漠视也是主要根源。

　　企业所生产商品的市场占有率，不仅决定着企业的经营效益，也在一定程度上影响着企业的发展战略。企业低碳发展不仅能够降低生产成本，提高环境友好程度，还能提高企业的知名度、树立良好的企业形象，提高企业产品的市场占有率。在哈尔滨、长春和沈阳三个省会城市中，分别有94.9%、94.4%和97.4%的中小企业认为企业低碳发展能够提高产品的市场占有率，在大连和四平也分别有80%和96.7%的中小企业对此有认同感。在本溪市相对较低，但仍然有71.4%的中小企业样本对此有认同感。

　　壮大企业的发展规模需要赢得更多的客户，良好的沟通是关键，东北地区的大部分企业都认为企业的低碳发展能够更好地与客户沟通。在省会城市中，沈阳表现得最为明显，有99%的中小企业认为企业低碳发展能够更好地与客户沟通，哈尔滨和长春分别有92.9%和96.7%的中小企业对此有认同感，在大连和四平两个城市中也分别有80%和93.4%的认同率。不过在本溪市，其产业类型相对较为单一，主要以资源采掘型产业为主，属于稀缺资源市场，对客户沟通程度与企业是否低碳发展的认同率就相对低一些，仅有42.9%的中小企业同意企业低碳发展能够更好地与客户沟通。

　　东北地区的中小企业都面临着不同程度的资金问题，如果企业的低碳理念可以吸引到资金支持或者是提高投标成功率，那么一定会吸引很多企业加入到低碳发展之中。随着人们环保意识的提升，对产品的环保要求也越来越高。在本次调查中，大部分中小企业都同意企业低碳发展能够提高投标成功率／资金支持的观点，在哈尔滨、长春、沈阳和四平四个城市中，分别有93.9%、96.7%、97.9%和93.4%的中小企业认同这一观点。但与国际接轨较早的大连市，只有40%的中小企业认同企业低碳发展能够提高投标成功率／资金支持。大连市开放时间相对较早，开放程度相对深入，国际化程度也相对较高，加之大连的旅游产业也较为发达，所以大连市对环保和企业低碳方面的要求也较高。

　　生产安全是企业发展的前提，如果企业不能保证安全生产，也会影响其他的经营活动。除了生产安全，产品的安全性也十分重要。缺少安全性的产品不仅会影响消费使用，对消费者造成不必要的伤害，也会影响产品的市场占有量，影响企业的市场形象。企业通过技术创新、制度改革等一系列措施实现低碳发展，既是企业的发展战略，也是出于对生产安全和产品安全的考虑。东北地区很多职工对低碳的认识还有待提高，在哈尔滨、长春、沈阳和四平四个城市中分别有92.9%、96.7%、99%和96.7%的中小企业认为企业低碳发展需要考虑生产/产品的安全性。大连市中小企业对此认同程度相对较低，但认同比率仍然达到了80%。

员工的人身安全，对内关系到企业的稳定与团结，对外关系到企业的形象，无论企业如何发展都要以员工的人身安全为前提。企业低碳发展的目标是实现经济发展与环境的和谐与可持续性，保证员工的人身安全，它不仅是企业可持续发展的需求，也是企业社会责任的保证。在哈尔滨、长春、沈阳和四平四个城市中，分别有98%、97.4%、96.9%和95.1%的中小企业认为企业低碳发展需要考虑员工的人身安全，大连市认同度较低，但仍有60%的中小企业认同此观点。

中小企业的内部管理水平在很大程度上决定着企业的发展方向和企业成败，企业实现低碳发展需要经过一系列的改革与转型，在这一过程中，企业内部的管理水平也就必须跟上企业改革发展的步伐，否则会严重阻碍企业的正常发展。在哈尔滨、长春、沈阳和四平四个城市中，分别有98%、96.7%、97.9%和98.4%的中小企业认为企业低碳发展能够提高企业内部的管理水平。但在大连市，只有20%的中小企业对此有认同感。

东北地区中小企业面临着各种各样不同程度的问题，如资金短缺、环保压力、成本压力以及来自政府方面的节能减排压力等等，企业就更加希望政府能够在原有支持措施的基础上，给予更多的支持，以帮助企业能够顺利度过发展转型期。东北三省多数中小企业认为企业低碳发展希望得到政府更多的支持。从统计资料来看，低碳与政府发展扶持分量表中的大部分指标交叉分析的显著性趋近于0，呈成高度相关关系。

东北地区中小企业的发展优势更多在于丰富的资源和廉价的劳动力，增加原材料的投入是企业提高效益的主要方式，低成本成为企业的产品优势。但东北地区的中小企业在发展过程中都面临着资金问题，企业更希望政府能够给予财政上的支持。在吉林、辽宁和黑龙江三个省份中，分别有99.3%、95.6%和98%的中小企业认为企业低碳发展需要政府的财政支持。

企业实现低碳发展需要采用先进技术，才有可能实现企业的转型发展。在发展相关科研项目过程中，需要资金、人员、技术和资源的投入，企业很多时候力不从心，希望能够得到政府的支持，相关科研项目也希望由政府主导完成。在吉林、辽宁和黑龙江三省中，分别有96.5%、92.2%和96.9%的中小企业认为企业低碳发展需要政府主导相关科研项目研究。

全球化背景下企业选择自我封闭的发展模式已经行不通，单独依靠一个企业来完成一个产品的全部生产是很难实现的，这个时候企业间合作十分重要。企业与企业之间不仅是竞争关系，也存在合作或潜在合作的关系。在吉林和黑龙江两省中分别有95.6%和91.8%的中小企业认为企业低碳发展需要政府促进企业间合作，在经济相对较为发达的辽宁省对此的认同度较低，但仍然有79.3%的中小企业同意这一观点。

创新对于企业来说十分重要，对于政府也是如此。如果政府能对一个率先进行低碳改革创新的企业给予支持或表扬，在某种程度上会为其他企业提供一种榜样，鼓励更多企业从事低碳创新。因此，企业低碳发展不仅需要企业的创新精神，也需要政府具有创新精神。在吉林和黑龙江两省中分别有94.6%和92.9%的中小企业样本认为企业低碳发展需要政府具备创新精神（抛弃旧的，创造新的），在经济发展较快的辽宁省对此观点的认同度相对于黑龙江和吉林两省来说较低，但仍然有84.8%的中小企业认同这一观点。

一个地区的资源和市场是十分有限的，如果企业发展仅限于本地区，那么企业的规模永远不会太大。企业之间往往会更加主动地寻求跨地区合作，而非政府意愿行为。根据统计资料显示，企业低碳发展与政府加强地区间的合作关系并不显著，其显著性仅为0.057，可见二者之间关系不大。

我国开始低碳理念传播及实践的时间相对于国外来说较晚，发展水平与发达国家也有一定差距，加强国内企业的国际合作，对于我国企业尤其是中小企业来说十分重要。在与国外先进企业的合作中，可以不断汲取低碳发展和低碳社会责任方面的先进经验，再结合东北地区企业自身的状况吸收消化，以提高企业自身承担低碳社会责任的能力。在吉林、辽宁和黑龙江三省中，分别有97.4%、89.5%和95.9%的中小企业认为企业低碳发展需要政府加强国际间（跨国境）的合作。

目前政府出台了很多低碳发展方面的优惠措施，根据统计资料显示，低碳发展与政府出台相关减免税政策之间相关性分析的P值为0.108，二者之间的关系并不显著，可见企业是否低碳发展并非政策所能左右。

人才对于企业的发展至关重要。由于自然和经济原因，东北地区对人才的吸引力不如发达地区，中小企业希望政府能承担起培养和引进相关低碳人才的重任，给予丰厚有利的条件将其留在东北地区，为东北地区的低碳发展提供技术支持。黑龙江的表现最为明显，100%的中小企业都认为企业低碳发展需要政府培养和引进相关专业人才，吉林省有95.6%的中小企业同意这一观点，辽宁省的认同感相对较低，有79.6%的中小企业样本同意这一观点。

## 三、低碳与创新学习分量表分析

企业实现低碳发展，需要通过一系列的创新和改革，改变落后的管理方式和生产技术。创新是企业发展的灵魂，是中小企业保持市场竞争力的法宝之一，李新达认为，在企业创新发展过程中，管理创新是前提，产品创新是基础，技术创新是保障，创新与变革是企业发展的永恒规律。

中小企业低碳发展需要将竞争机制引入到企业管理中，将工作小组绩效与工作考评联系在一起，促进工作组的创新能力，激发企业职工的创新潜能。同时，由于企业低碳改革需要引进新的技术和理念，就要对企业职工进行相关培训，以促进职工更快地适应企业的变化，加快度过企业改革阵痛期。低碳与创新学习分量表内容包括：

D19 企业低碳发展需要与员工的业绩及个人发展相结合；

D20 企业低碳发展需要与部门的业绩考评相结合；

D22 企业低碳发展需要对员工进行相关业务培训。

表 2–25　不同行业与创新学习交叉表

| 变量<br>行业 | D19 | D20 | D22 |
|---|---|---|---|
| 化工 | 0.991 | 0.984 | 0.980 |
| 建材／建筑 | 0.961 | 0.970 | 0.958 |
| 农牧渔业和食品加工 | 1 | 0.914 | 0.983 |
| 生产加工／制造 | 0.946 | 0.948 | 0.833 |
| 物流交通和服务行业 | 0.958 | 0.965 | 0.517 |
| 制药／医药 | 0.978 | 0.900 | 0.900 |
| 电力 | 0.906 | 0.906 | 0.892 |
| 造纸／印刷 | 0.978 | 0.978 | 0.978 |
| 采掘／资源型生产 | 0.985 | 1 | 0.060 |
| 卡方值 | 34.868 | 37.190 | 649.507 |
| 显著性 | 0 | 0 | 0 |

虽然东北地区中小企业的低碳发展水平还处于较低的发展阶段，但各行业中小企业都认为企业低碳发展与创新学习密切相关，企业也愿意制定相关的工作、学习和考核目标。绩效考核是企业在已制定好的目标之下，采取一系列指标和标准，对员工的工作和取得的成绩进行测量和评估，评价结果将对员工今后的工作和努力方向起到引导作用。为了更好地实现企业目标，企业会将目标逐级分化到每一个部门、每一个人，让企业中的每一个员工都有责任感，每一份付出都对任务的完成起着重要的作用。此次调查的九个行业中有 90% 的样本企业认为企业低碳发展需要与员工的业绩及个人发展相结合，在农牧渔业和食品加工行业中表现最为明显，100%的企业都同意这一观点。

企业低碳发展需要部门与部门之间、员工与员工之间形成良好的协作关系，任务逐级分解让每个部门、每个职工都产生责任感，从而达成企业的最终目标。与此同时，各个部门之间也能形成良好的竞争氛围和工作效率。调查显示，九个行业中超过 90% 的企业认为企业低碳发展需要与部门的业绩考评相结合，采掘 / 资源型生产行业中 100% 的企业都同意这一观点。

企业实现低碳发展，就要对企业各方面进行一系列改革。企业中的生产技术、管理技术等都会发生变化，只有对员工进行培训才能使企业在变革中实现正常的运转。在化工和生产加工 / 制造两个行业中分别有 98% 和 98.3% 的中小企业认为企业低碳发展需要对员工进行相关业务培训。东北地区资源丰富，采掘 / 资源型生产行业企业较多且机械化程度较高，调查发现，国家对采掘 / 资源生产行业管制较强，这类行业对员工的业务培训较为成熟，低碳培训也在其中，所以在该行业中仅有 6% 的企业认为企业低碳发展需要对员工进行相关业务培训。

表 2-26　不同城市与创新学习交叉表

| 城市 ＼ 变量 | D19 | D20 | D22 |
|---|---|---|---|
| 哈尔滨 | 0.980 | 0.959 | 0.990 |
| 长春 | 0.977 | 0.971 | 0.967 |
| 沈阳 | 0.984 | 0.979 | 0.979 |
| 大连 | 1 | 1 | 0.200 |
| 四平 | 0.836 | 0.951 | 0.918 |
| 铁岭 | 0.932 | 0.860 | 0.860 |
| 本溪 | 0.571 | 0.500 | 0.571 |
| 鞍山 | 0 | 0 | 1 |
| 阜新 | 0.500 | 1 | 0.500 |
| 辽阳 | 0.750 | 1 | 0.750 |
| 卡方值 | 237.274 | 178.184 | 1397.827 |
| 显著性 | 0 | 0 | 0 |

东北地区的经济结构对企业的战略发展至关重要，中小企业的低碳态度以及创新学习能力也受其影响。在东北地区主要城市中，多数中小企业都认为低碳发展与企业的创新学习有着密切的关系。统计资料显示，企业低碳发展与创新学习各指标之间呈现出存在相关关系（显著性趋近于0）。

当企业发展与员工自身利益结合时，员工会更愿意完成任务。研究表明，大部分中小企业都认为企业低碳发展需要与员工的业绩及个人发展结合，尤其在大连市，100%的中小企业都赞同这一观点，在哈尔滨、长春和沈阳三个省会城市中对此的认同率也较高，分别有98%、97.7%和98.4%的中小企业样本对此有认同感。但在经济结构相对单一的本溪市，仅有57.1%的中小企业这样认为。

只有当企业的各个部门都发挥出自己应有的作用，并且部门之间的配合协调时企业才能协调运行，而部门之间的竞争也能促进企业不断进步。调查显示，多数中小企业认为企业低碳发展需要与部门的业绩考评相结合，大连市有100%的中小企业都认为企业低碳发展需要与部门的业绩考评相结合，在哈尔滨、长春、沈阳和四平四个城市中分别有95.9%、97.1%、97.9和95.1%的中小企业样本对此有认同感。

企业的低碳发展，技术创新是关键，只有让所有的员工都接受这一新技术，企业才能实现正常的运转。调查城市中多数中小企业都认为企业低碳发展需要对员工进行相关业务培训，在哈尔滨、长春、沈阳和四平分别有99%、96.7%、97.9%和91.8%的中小企业样本认同这一观点。但是，在人才优势相对较高的大连市仅有20%的中小企业认同这一观点。

表2–27　不同省份与创新学习交叉表

| 省份 ＼ 变量 | D19 | D20 | D22 |
|---|---|---|---|
| 吉林 | 0.937 | 0.965 | 0.953 |
| 辽宁 | 0.970 | 0.954 | 0.736 |
| 黑龙江 | 0.980 | 0.959 | 0.990 |

| 变量　　省份 | D19 | D20 | D22 |
|---|---|---|---|
| 卡方值 | 21.505 | 1.567 | 298.711 |
| 显著性 | 0 | 0 | 0 |

　　企业的创新学习能力在一定程度上决定着这个企业的发展高度。从整体上来说，东北地区经济发展水平相对落后，其科研和创新水平也不如东部沿海地区，这些因素对企业低碳发展至关重要，所以企业的低碳发展与创新学习之间存在密切的联系。统计数据显示，低碳与创新分量表中的全部指标呈高度相关关系（显著性趋近于0）。

　　企业低碳发展不仅需要员工掌握低碳技术，接受低碳理念，也需要与员工的业绩相关联，让员工更愿意发挥自己的能动性，提高工作业绩，促进企业和个人的发展。在吉林、辽宁和黑龙江三省中分别有93.7%、97%和98%的中小企业认为企业低碳发展需要与员工的业绩及个人发展相结合。

　　企业整体目标的达成需要各个部门间的相互协作，企业的低碳发展也是如此。只有每个部门都能够按照低碳的发展要求做，企业才能顺利实现低碳目标。对各个部门最有效的监督和激励手段就是将低碳发展与部门的业绩考评相结合，在吉林、辽宁和黑龙江三省中分别有96.5%、95.4%和95.9%的中小企业认为企业低碳发展需要与部门的业绩考评相结合。

　　低碳发展需要一系列的改革和创新，需要员工在很大程度上抛弃原来的旧观念、旧技术等，重新掌握新的生产技术和发展理念。东北地区低碳人才匮乏，职工的低碳教育水平不高，所以需要对员工进行相关业务培训。在吉林和黑龙江两省中分别有95.3%和99%的中小企业认为企业低碳发展需要对员工进行相关业务培训，在开放程度、经济发展水平以及自然条件相对较好的辽宁省对此的认同感相对较低。辽宁省的人才优势相对于黑、吉两省较为明显，但仍然有73.6%的中小企业同意这一观点。

## 四、低碳与宏观经济发展分量表分析

企业应当对国际国内的经济形势有深入的了解。企业发展除了受自身因素的制约，也会受宏观经济环境的影响。较好的宏观经济环境有利于企业的发展，当宏观经济不景气时，企业应正确调整自己的目标定位，改变战略，保障企业发展。当前东北地区整体经济下滑较大，不同地区、不同城市的经济形势也不尽相同，但是不可否认，企业实现低碳发展是符合市场发展需求的。企业不能因为地区经济落后，就保留传统、落后的生产方式，这样不仅让企业发展不占优势，造成环境污染，也会对地方发展形成阻滞。

通过以上分析可以发现，企业低碳发展需要一定的促进条件。东北地区经济技术实力较弱，如何从企业内部发掘动力，使现有的条件发挥最大的作用，推进企业承担低碳社会责任，是本节研究的主要内容。低碳与宏观经济发展分量表包含内容如下：

D23 低碳是政府的口号，和企业没啥关系；

D24 低碳是大企业的事，和中小企业没啥关系；

D25 本地经济发展水平低，企业谈不上低碳发展；

D26 即使经济水平低也应该低碳发展；

D28 低碳发展是企业国际化的必然趋势。

表 2-28　不同行业与宏观经济发展交叉表

| 变量\行业 | D23 | D24 | D25 | D26 | D28 |
|---|---|---|---|---|---|
| 化工 | 0.345 | 0.318 | 0.338 | 0.944 | 0.964 |
| 建材／建筑 | 0.613 | 0.570 | 0.616 | 0.930 | 0.968 |
| 农牧渔业和食品加工 | 0.948 | 0.983 | 1 | 0.914 | 0.966 |
| 生产加工／制造 | 0.342 | 0.415 | 0.251 | 0.832 | 0.950 |
| 物流交通和服务行业 | 0.443 | 0.601 | 0.909 | 0.490 | 0.510 |
| 制药／医药 | 0.178 | 0.178 | 0.111 | 0.922 | 0.989 |

| 行业＼变量 | D23 | D24 | D25 | D26 | D28 |
|---|---|---|---|---|---|
| 电力 | 0.561 | 0.561 | 0.540 | 0.812 | 0.913 |
| 造纸／印刷 | 0.978 | 0.022 | 1 | 0.957 | 0.978 |
| 采掘／资源型生产 | 0.955 | 0.015 | 0.060 | 0.985 | 0.030 |
| 卡方值 | 340.491 | 274.579 | 574.512 | 256.049 | 975.079 |
| 显著性 | 0 | 0 | 0 | 0 | 0 |

调查显示，东北中小企业认为企业低碳发展跟宏观经济有很大的关系，但并不能完全由宏观经济发展决定。

随着经济全球化范围不断的扩大与市场经济的全面发展，人们的环保意识也在不断提高。一方面政府对企业环保措施的落实进行规制，另一方面消费者的监督对企业也起到一定作用。在农牧渔业和食品加工及造纸／印刷两个行业中分别有94.8%和97.8%的中小企业认为"低碳是政府的口号，和企业没啥关系"；只有在制药／医药行业中对此观点的支持率相对较低，但仍有17.8%的中小企业选择同意；其他六个行业中持有此观点的企业在20%—60%之间。这说明企业对于低碳责任的认识还有待于进一步提升。

东北地区仅靠大企业是无法完成地区节能减排的重任。《中小企业统计年鉴》（2012）显示，中小企业的数量占规模企业数量的95%左右，是东北地区经济增长的中坚力量。中小企业低碳发展是东北地区经济实现可持续发展的关键，但在东北地区仍有企业对此缺乏正确的认识。在农牧渔业和食品加工行业中有98.3%的企业认为"低碳是大企业的事，和中小企业没啥关系"。不过值得欣慰的是大部分行业的中小企业是反对这一观点的，在造纸／印刷和采掘／资源型生产两个行业中分别仅有2.2%和1.5%的中小企业同意这一观点。

企业发展对于一个地区的经济水平有着重要的影响，如果一个地区的企业生产方式比较落后，该地区经济也很难实现快速发展。该地区企业越落后，实现低碳发展的历程就越艰难，前期投资也越大，因而往往会认为

"本地经济发展水平低，企业谈不上低碳发展"。调查显示，在农牧渔业和食品加工、造纸印刷以及物流交通和服务三个行业中分别有100%、100%和90.9%的样本企业认为"本地经济发展水平低，企业谈不上低碳发展"，但还是有部分中小企业反对这一观点，如在制药/医药和采掘/资源型生产两个行业中分别仅有11.1%和6%的中小企业认同这一观点。

船小好调头，指的就是中小企业更善"思变"，通过技术和制度创新转变粗放型经济增长方式，提高企业的效益，实现企业效益、地区经济和环保目标三赢的局面。采掘/资源型生产、医药/制药和化工三个行业中分别有98.5%、92.2%和94.4%的中小企业认为"即使经济水平低也应该低碳发展"，但物流交通和服务行业中同意这个观点的比例较低，仅有49%。

中国加入世贸组织后，企业社会责任的涵盖范围不断扩大、标准不断提高，惩罚措施愈加严厉，这也是近几年东北地区中小企业在国际贸易中摩擦不断增多的原因之一。经济全球化和中国市场经济完善已经成为不可阻挡的潮流，关起门来生产已不可能，低碳发展是企业国际化的必然趋势。在制药/医药、造纸/印刷、建材/建筑、农牧渔业和食品加工以及化工五个行业中分别有98.9%、97.8%、96.8%、96.6%、和96.4%的中小企业认为"低碳发展是企业国际化的必然趋势"。不过，在采掘/资源型生产行业中仅有3%的中小企业样本同意这一观点，这一行业的生产对象是稀缺资源，企业即使不实现低碳发展仍然有很大的市场占有率。

表2-29　不同城市与宏观经济发展交叉表

| 变量<br>城市 | D23 | D24 | D25 | D26 | D28 |
|---|---|---|---|---|---|
| 哈尔滨 | 0.245 | 0.224 | 0.235 | 0.939 | 0.969 |
| 长春 | 0.529 | 0.330 | 0.562 | 0.928 | 0.964 |
| 沈阳 | 0.471 | 0.484 | 0.469 | 0.932 | 0.958 |
| 大连 | 0.600 | 0.800 | 0.400 | 0.600 | 0.600 |

| 城市 \ 变量 | D23 | D24 | D25 | D26 | D28 |
|---|---|---|---|---|---|
| 四平 | 0.393 | 0.410 | 0.295 | 0.803 | 0.967 |
| 铁岭 | 0.600 | 0.613 | 0.540 | 0.830 | 0.868 |
| 本溪 | 0.429 | 0.643 | 0.571 | 0.615 | 0.615 |
| 鞍山 | 1 | 1 | 1 | 1 | 0 |
| 阜新 | 1 | 1 | 1 | 0 | 1 |
| 辽阳 | 0.500 | 0.500 | 0.750 | 0.750 | 0.500 |
| 卡方值 | 172.611 | 344.830 | 176.466 | 294.046 | 469.393 |
| 显著性 | 0 | 0 | 0 | 0 | 0 |

东北地区中小企业认可低碳发展，但对低碳认识理念还有一定的局限性。分城市统计分析显示，低碳与宏观经济发展之间存在相关关系（显著性趋近于0）。

低碳生活、低碳发展跟每个人都有关系，已经成为人们的共识，但也有企业认为"低碳是政府的口号，和企业没啥关系"。在重点城市的统计中，哈尔滨仅有24.5%的中下企业样本认为"低碳是政府的口号，跟企业没啥关系"。但是由于东北地区的企业面临的问题和压力不同，所以在长春、大连和铁岭市分别有52.9%、60%和60%的中小企业同意这一观点。

对于多数企业来说，低碳发展会增加企业的生产成本，对于资金压力较大的东北中小企业来说比较困难重重，所以一部分企业就会认为"低碳是大企业的事，和中小企业没啥关系"。在竞争压力相对较大的大连市，有80%的中小企业认为"低碳是大企业的事，和中小企业没啥关系"。哈尔滨和长春认同的比例相对低一些，仅有22.4%和33%的企业这么认为。

经济发展水平在一定程度上制约着一个地区的低碳发展，但人们对于低碳发展的认识程度并不受此限制。东北地区的大部分企业都不同意"本地经济发展水平低，企业谈不上低碳发展"的观点，在哈尔滨和四平仅有23.5%和29.5%的中小企业样本同意这一观点，长春和本溪市有56.2%和57.1%的中小企业同意这一观点。

整体经济水平的滞后让东北地区在低碳发展中有很多方面需要提升，中小企业也认识到了这一点。调查显示，很多中小企业都认为"即使经济水平低也应该低碳发展"，在哈尔滨、长春和沈阳三个城市中分别有93.9%、92.8%和93.2%的中小企业认同这一观点。

经济全球化背景下，东北地区经济也成为国际供应链的一环，多数中小企业都认可"低碳发展是企业国际化必然趋势"的观点。在哈尔滨、长春、沈阳和四平市四个城市中分别有96.9%、96.4%、95.8%和96.7%的中小企业样本都赞同这一观点。

表 2-30　不同省份与宏观经济交叉表

| 变量<br>省份 | D23 | D24 | D25 | D26 | D28 |
|---|---|---|---|---|---|
| 吉林 | 0.491 | 0.353 | 0.486 | 0.893 | 0.965 |
| 辽宁 | 0.534 | 0.600 | 0.468 | 0.815 | 0.836 |
| 黑龙江 | 0.245 | 0.224 | 0.235 | 0.939 | 0.969 |
| 卡方值 | 137.630 | 256.044 | 109.108 | 58.792 | 132.265 |
| 显著性 | 0 | 0 | 0 | 0 | 0 |

经济发展水平不仅影响区域经济政策的制定，也制约着该地区企业的发展理念。随着国家政策的倾斜、经济的改善，以及与国际企业合作与交流的增加，东北地区中小企业对低碳宏观经济的认识也有所改观。统计资料显示，低碳与宏观经济分量表中的全部指标的相关系数呈高度相关关系，且显著性小于0.05。

企业是产业结构升级和增长方式转变的关键。在西方发达国家，政府制定了许多政策与法规来规范或强制企业去承担社会责任。在中国亦须如此，低碳发展的理念最初是由政府提出来的，但实施的主体还是企业，需要给予企业一定的支持。由于东北地区中小企业在发展上面临各种压力，加之对低碳的理解也不够深入，所以有很多中小企业仍然认为低碳只是停留在政府口号层面上。分省统计显示，在吉林和辽宁两省中仍分别有49.1%和53.4%的中小企业认为"低碳是政府口号，与企业没啥关系"，只有在黑龙江省对此观点的认同率较低，仅 24.5% 的中小企业样本同意这一观点。

企业实现低碳发展需要一定的资金、技术和资源投入，仅仅依靠中小企业是很难办到的，大企业发挥其带头作用更重要。但仅仅依靠大企业也不可能实现低碳经济发展模式的彻底转型，中小企业也必须积极地尽到自己的义务，为承担低碳社会责任尽一份力。无论在数量上，还是对环境保护的贡献上，东北地区的中小企业都是地区低碳发展的重要成员，对加快整个地区的低碳经济转型起着至关重要的作用。在吉林和黑龙江两省分别有 35.3% 和 22.4% 的中小企业认为"低碳是大企业的事，和中小企业没啥关系"，但是经济发展相对较好、竞争更为激烈的辽宁省，有 60% 的中小企业同意这一观点。

除了自然和政策原因，困扰东北经济的主要问题是经济的增长方式。东北地区地广人稀、资源丰富，但振兴东北老工业基地并未改变多少长期以来的粗放经营方式，导致该地区的经济发展已经到了一个瓶颈期，实现经济的可持续发展只能通过创新来改变。虽然东北地区中小企业在发展过程中面临着各种问题，但以本地区经济发展水平落后为借口，延缓或拒绝企业低碳发展是一种惰性表现。在吉林和辽宁两省中分别有 48.6% 和 46.8% 的中小企业样本认为"本地经济发展水平低，企业谈不上低碳发展"，黑龙江省对此观点的认同率相对较低，有 23.5% 的中小企业样本认同这一观点。

低碳经济模式，不仅能够实现政府节能减排的目标，也迎合了市场和消费者的诉求。企业不仅能够获得政府方面的政策倾斜与扶持，也能够获得更高的市场占有率，提升企业效益。在吉林、辽宁和黑龙江三省中分别有 89.3%、81.5% 和 93.9% 的中小企业认为"即使经济发展水平低也应该低碳发展"。

全球变暖问题日益引起世界各国的关注，西方发达国家制定了很多企业社会责任标准来强制各国企业遵守。目前，国际市场一体化的趋势已形成，中小企业低碳发展的滞后性让企业不断碰壁，近些年来与欧盟关于企业社会责任认证的贸易摩擦不断增加，因此，要想快速地融入国际市场，在国际市场上占据一定的份额，企业必须实现低碳发展，承担低碳社会责任。在吉林、辽宁和黑龙江三省分别有 96.5%、83.6% 和 96.9% 的中小企业认为"低碳发展是企业国际化的必然趋势"。

## 五、促进效应分量表分析

市场对企业发展不断提出新要求。在低碳背景下，企业应当切实承担低碳社会责任，但从本质上来说，企业仍然是一个经济组织，其首要目标仍然是获取经济效益。所以，要推动中小企业实现低碳发展，需要让企业深入了解承担低碳社会责任的利弊，实现企业近期利益和远期利益的结合，也需要中小企业职业群体低碳意识的转变。职业群体低碳意识促进效应量表主要内容包括：

D29 产品好就行，是否低碳不重要；

D30 低碳发展可以促进企业间合作；

D31 低碳发展能促进地区经济发展；

D32 低碳发展能提高本地企业国际竞争力；

D33 低碳发展能改善本地环境；

D34 提高企业竞争力不一定要低碳；

D35 企业低碳有利于个人发展；

D36 企业低碳有利于我所在部门的发展。

表 2-31　不同行业促进效应交叉表

| 变量<br>行业 | D29 | D30 | D31 | D32 | D33 | D34 | D35 | D36 |
|---|---|---|---|---|---|---|---|---|
| 化工 | 0.307 | 0.961 | 0.948 | 0.954 | 0.966 | 0.323 | 0.900 | 0.931 |
| 建材/建筑 | 0.271 | 0.916 | 0.893 | 0.955 | 0.950 | 0.409 | 0.852 | 0.868 |
| 农牧渔业和食品加工 | 0.638 | 0.931 | 0.897 | 0.966 | 0.931 | 0.793 | 0.845 | 0.983 |
| 生产加工/制造 | 0.371 | 0.930 | 0.866 | 0.883 | 0.887 | 0.359 | 0.819 | 0.857 |

| 变量<br>行业 | D29 | D30 | D31 | D32 | D33 | D34 | D35 | D36 |
|---|---|---|---|---|---|---|---|---|
| 物流交通和服务行业 | 0.622 | 0.531 | 0.979 | 0.972 | 0.930 | 0.154 | 0.958 | 0.238 |
| 制药/医药 | 0.178 | 0.889 | 0.844 | 0.978 | 0.944 | 0.189 | 0.889 | 0.878 |
| 电力 | 0.638 | 0.920 | 0.912 | 0.460 | 0.921 | 0.626 | 0.964 | 0.892 |
| 造纸/印刷 | 0.020 | 0.978 | 1 | 0.978 | 0.978 | 0.022 | 0.978 | 0.978 |
| 采掘/资源型生产 | 0.940 | 0.940 | 0.925 | 1 | 0.075 | 0.075 | 0.955 | 0.955 |
| 卡方值 | 263.455 | 278.457 | 46.539 | 385.738 | 588.156 | 184.144 | 57.014 | 476.218 |
| 显著性 | 0 | 0 | 0 | 0 | 0 | 0 | 0 | 0 |

职业群体低碳意识分量表包括促进效应和期望目标两个分量表，在双因素（激励因素和保健因素）作用下，将形成群体的低碳责任期望目标，并产生低碳价值观、群体认同、群体激励、知识分享等由己及人，由企业到社会层层递进的促进效应，由此实现职业群体低碳意识的提升。东北地区各行业中小企业基本上都认为企业的低碳发展能够产生促进效应，不仅有利于职工个人发展，也有利于企业发展，并进而促进本地区经济的可持续发展。

产品质量是企业的生存之道，质量好的产品更能得到消费者的认可。随着消费者环保意识的不断地提高，对于商品的要求也越来越高，是否低碳已成为重要元素。调查显示，高能耗、高污染的造纸/印刷行业仅有2%的中小企业样本认为产品好就行，是否低碳不重要；由于行业的特殊性，在采掘/资源型生产行业中有94%的中小企业都同意这一观点，这势必会成为该行业提高生产率和可持续发展的一大障碍。

处于供应链中不同位置的企业所承担的低碳社会责任也不尽相同。由于东北地区中小企业受其自身缺点的限制，一家企业承担低碳责任绝不可能保证整条供应链的低碳环保，这就需要企业之间的合作。同时，低碳发展仅靠一家企业的创新也不够，企业之间的合作，不仅提高了资源的利用率，而且能够扬长避短，加快企业实现低碳发展的步伐。在化工、农牧渔业和食品加工、生产加工／制造、造纸／印刷以及采掘／资源型生产行业中，分别有96.1%、93.1%、93%、97.8%和94%的中小企业认为低碳发展能促进企业间合作。但在物流交通和服务行业中，低碳发展可以极大降低生产成本，这一行业中仅有53.1%的中小企业认同这一观点。

低碳发展需要创新。在低碳发展过程中，企业会发生质的转变，不仅效益得到提高，也可以为当地增加就业机会，提高政府的财政收入，促进该地区的经济发展。在造纸／印刷、物流交通和服务行业、化工、采掘和电力五个行业中分别有100%、97.9%、94.8%、92.5%和91.2%的中小企业认为低碳发展能促进地区经济发展，在制药／医药行业中有84.4%的企业认同这一观点。

作为全球市场的一部分，低碳经济能够促进本地企业的转型发展，提高本地企业的国际竞争力。除电力行业外，超过95%的中小企业都认为低碳发展能提高本地企业国际竞争力，尤其在采掘／资源型生产行业中，100%的中小企业都认同这一观点。电力行业在中国处于垄断地位，没有外资企业竞争，这一行业中仅有46%的中小企业样本认同这一观点。

低碳发展是经济增长方式的转变，其最终目的是为了实现个人、企业、地区经济和环境的共赢发展。在本次东北地区中小企业低碳社会责任调查中发现，大部分中小企业都认为低碳发展能改善本地环境，但是在采掘／资源型生产行业中仅有7.5%的中小企业认同这一观点。

提高企业竞争力可以从多个方面着手，但无一例外都需要进行改革和创新。企业竞争力包括产品竞争力，不仅包括产品质量，也包括产品的环境信息或环境友好程度。调查发现，仅仅在农牧渔业和食品加工和电力这两个行业中，就有相对较多的中小企业认为提高企业竞争力不一定要低碳，分别占比79.3%和62.6%，大部分企业还是反对这一观点的。但在造纸／印刷和采掘／资源型生产两个行业中，还是有2.2%和7.5%的中小企业认为提高企业竞争力不一定要低碳。

企业承担低碳社会责任不仅是对企业和环境负责，也要使企业员工的发展得到保障，如提高职工的福利水平等，所以企业实现低碳发展也有利于个人的发展。在造纸／印刷、采掘／资源型生产、电力以及物流交通和服务行业等四个行业中，分别有 97.8%、95.5%、96.4% 和 95.8% 的中小企业认为企业低碳有利于个人发展。仅在生产加工／制造行业中比率较低，但认同企业实现低碳发展也有利于个人的发展的占比仍达到 81.9%。

企业低碳发展需要把目标逐级分配，并促进各部门的发展。在农牧渔业和食品加工、化工、造纸／印刷、采掘／资源型生产四个行业中分别有 98.3%、93.1%、97.8% 和 95.5% 的中小企业认为企业低碳发展有利于我所在的部门发展，但在物流交通和服务行业中仅有 23.8% 的中小企业认同这一观点。

表 2-32 不同城市与促进效应交叉表

| 变量<br>城市 | D29 | D30 | D31 | D32 | D33 | D34 | D35 | D36 |
|---|---|---|---|---|---|---|---|---|
| 哈尔滨 | 0.194 | 0.939 | 0.939 | 0.949 | 0.969 | 0.163 | 0.918 | 0.969 |
| 长春 | 0.353 | 0.938 | 0.954 | 0.951 | 0.971 | 0.343 | 0.908 | 0.843 |
| 沈阳 | 0.203 | 0.953 | 0.927 | 0.974 | 0.953 | 0.292 | 0.880 | 0.926 |
| 大连 | 1 | 0.800 | 0.800 | 0.600 | 0.600 | 0.600 | 0.800 | 0.600 |
| 四平 | 0.230 | 0.984 | 0.951 | 0.934 | 0.918 | 0.279 | 0.836 | 0.820 |
| 铁岭 | 0.562 | 0.766 | 0.705 | 0.919 | 0.877 | 0.770 | 0.757 | 0.766 |
| 本溪 | 0.692 | 0.538 | 0.750 | 0.500 | 0.643 | 0.500 | 0.714 | 0.786 |
| 鞍山 | 1 | 1 | 1 | 1 | 0 | 0 | 0 | 0 |
| 阜新 | 1 | 0 | 1 | 1 | 0.500 | 0.500 | 0.500 | 0.500 |
| 辽阳 | 0.750 | 0.750 | 0.750 | 0.500 | 0.750 | 0.500 | 0.500 | 1 |
| 卡方值 | 745.593 | 191.011 | 182.256 | 437.455 | 440.922 | 371.488 | 79.093 | 269.178 |
| 显著性 | 0 | 0 | 0 | 0 | 0 | 0 | 0 | 0 |

东北地区各城市中的大部分企业都认为企业低碳发展能够产生促进效应，能够促进本地区经济、企业和职工个人的共同发展。根据统计资料分析显示，低碳与促进效应之间存在相关关系，且显著性小于 0.05。

针对"产品好就行，是否低碳不重要"的观点，在哈尔滨、长春、沈阳和四平四个城市中分别仅有 19.4%、35.3%、20.3% 和 23% 的中小企业样本认同这一观点。但在经济发展相对较好的大连市，样本企业关注更多的是经济效益，这就导致大连市100%的中小企业样本都赞同这一观点。

由于东北地区中小企业在发展过程中都存在不同程度的问题，仅依靠国有企业或少数中小企业是难以实现区域经济提升的，这就需要企业之间相互合作。本次调查发现东北城市中许多中小企业都认为"低碳发展可以促进企业间的合作"，在哈尔滨、长春、沈阳和大连四个城市中分别有93.9%、93.8%、95.3%和98.4%的中小企业认同这一观点。但在产业结构较为单一的本溪市，仅有53.8%的中小企业样本认同这一观点。

随着消费者环境意识的增强，对产品的环保标准也越来越高。低碳发展不仅会降低企业的生产成本，减少能源消耗，也能促进该地区的经济发展，并产生良好的环境效益。在哈尔滨、长春、沈阳和四平四个城市中分别有93.9%、95.4%、92.7%和95.1%的中小企业认为"低碳发展能促进本地区经济发展"，只有本溪市的认同率相对较低，但仍然有75%的中小企业对此观点有认同感。

全球变暖的问题日益严重，低碳发展理念日益受到世界各国的认可。中国的企业想获得更为广阔的市场，就需要改变原来粗放型的经济增长方式，接受先进的发展理念，促进经济发展方式的转变。在哈尔滨、长春、沈阳和四平四个城市中分别有94.9%、95.1%、97.4%和93.4%的中小企业认为"低碳发展能提高本地企业国际竞争力"。在与国际接轨的程度高于东北其他地区的大连市，却仅有60%的中小企业样本对此观点有认同感。

低碳发展不是通过减少生产来达到能源消耗减少的目标。低碳经济是在可持续发展理念指导下，通过技术创新、制度创新、产业转型、新能源开发等多种手段，尽可能地减少煤炭石油等高碳能源消耗，减少温室气体排放，达到经济社会发展与生态环境保护双赢的一种经济发展形态。在哈尔滨、长春、沈阳和四平四个城市中，分别有96.9%、97.1%、95.3%和95.3%的中小企业认为"低碳发展能改善本地环境"。大连市的经济发展水平略高于东北其他城市，还是一个旅游城市，其开放程度也相对较大，但大连市对此观点的认同度相对较低，仅有60%的中小企业认同这一观点。

随着全球变暖问题的加剧，消费者的环保意识增强，国内消费者的消费观念也在发生改变，由此带来企业发展观念的改变。这也是我们测量实现低碳发展是提高企业竞争力必由之路观点的主要原因。在哈尔滨、长春、沈阳和四平四个城市中，分别仅有 16.3%、34.3%、29.2% 和 27.9% 的中小企业认为"提高企业竞争力不一定要低碳"。而在大连市，有 60% 的中小企业认同这一观点。

企业低碳发展必然会引进新技术、改善新工艺，通过一系列的改革才能够实现。在这个过程中，需要企业职工不断地掌握新技术、新工艺，需要全体职工集思广益，发挥自身的能动性，只有集全体员工的力量才能实现企业的全面发展。在这一过程中，也促进了企业职工自身目标的实现。在哈尔滨、长春、沈阳、大连和四平五个城市中，分别有 91.8%、90.8%、88%、80% 和 83.6% 的中小企业认为"企业低碳有利于个人发展"。在本溪市的中小企业样本中认同率相对较低，但仍然有 71.4% 的中小企业样本认同这一观点。

一个企业由众多部门构成，企业的正常运转需要各部门的协同，在实现低碳发展的过程中，一系列新技术和工艺都需要各部门去消化。在哈尔滨、长春、沈阳和四平四个城市中分别有 96.9%、84.3%、92.6% 和 82% 的中小企业认为"企业低碳有利于我所在部门的发展"，但在大连市仅有 60% 的中小企业认同这一观点。

表 2–33　不同省份与促进效应交叉表

| 变量<br>省份 | D29 | D30 | D31 | D32 | D33 | D34 | D35 | D36 |
|---|---|---|---|---|---|---|---|---|
| 吉林 | 0.318 | 0.951 | 0.953 | 0.946 | 0.956 | 0.325 | 0.888 | 0.836 |
| 辽宁 | 0.503 | 0.866 | 0.845 | 0.854 | 0.835 | 0.477 | 0.828 | 0.801 |
| 黑龙江 | 0.194 | 0.939 | 0.939 | 0.949 | 0.969 | 0.163 | 0.918 | 0.969 |
| 卡方值 | 174.656 | 50.856 | 76.941 | 65.654 | 118.953 | 172.255 | 31.716 | 88.850 |
| 显著性 | 0 | 0 | 0 | 0 | 0 | 0 | 0 | 0 |

职业群体的低碳意识是企业文化塑造的重要成分，企业文化的目标是

塑造一种群体行为习惯，其重点在于培养企业内部良好的职业群体意识。良好的企业文化，有利于形成良好的职业群体行为，低碳的企业文化会推动职业群体按照这种理念约束自己的行为。统计资料显示，低碳与促进效应分量表中的全部指标存在相关关系，其显著性趋近于 0。

企业低碳发展就是要通过一系列的措施实现经济与环境的可持续发展，这不仅能够降低企业的生产成本，而且能够迎合市场上的消费诉求。低碳理念在东北职业群体普及较晚，在宣传和教育方面有很多地方需要提高，原来粗放的生产观念在一些企业中依然存在。调查显示，在吉林和辽宁两省中分别有 31.8% 和 50.3% 的中小企业样本认为"只要产品好就行，是否低碳不重要"，只有黑龙江省对此认同感相对较低，有 19.4% 的中小企业样本同意这一观点。

东北地区的中小企业在发展的过程中面临着很多困难，企业会更加倾向于寻求合作伙伴，以获得共同发展。在吉林、辽宁和黑龙江三省中，分别有 95.1%、86.6% 和 93.9% 的中小企业认为低碳发展需要促进企业间合作。

低碳发展能够使企业降低生产成本，提高产品的市场占有率，树立良好的企业形象，这不仅会使企业获得更多的收益，也能够带动当地的就业，为本地经济发展作出应有的贡献。调查显示，在吉林、辽宁和黑龙江三省中分别有 95.3%、84.5% 和 93.9% 的中小企业认为低碳发展能够促进地区经济发展。

全球化让任何一个企业在发展的过程中不仅要面临国内市场上的竞争，同时也面临来自国际市场上的竞争。近些年来，我国中小企业因为社会责任认证而导致的贸易摩擦越来越多。这在一定程度上也敦促我国中小企业尽快承担社会责任，这样才能在竞争更加激烈的国际市场上占据一席之地。企业实现低碳发展有助于企业更好地承担社会责任，在吉林、辽宁和黑龙江三省中分别有 94.6%、85.4% 和 94.9% 的中小企业认为"低碳发展能提高本地企业国际竞争力"。

低碳的目标是减低或者控制温室气体排放，温室气体排放的主要渠道主要包括交通运输、产品生产和消费、能源使用以及各类生产过程。低碳经济的最终目的是为了实现经济与环境的可持续发展，在吉林、辽宁和黑龙江三省中分别有95.6%、83.5%和96.9%的中小企业认为"低碳发展能改善本地环境"。

实现低碳发展不仅符合国家政策的要求，也迎合市场对产品的低碳要求。在东北地区仍然有一部分中小企业认为提高企业竞争力并不一定要低碳，说明低碳发展理念在东北地区中小企业中的认识仍需进一步提升。吉林和辽宁两省分别有47.7%和32.5%的中小企业认为"提高企业竞争力不一定要低碳"，黑龙江省中小企业的认同率相对较低，有16.3%的中小企业认同这一观点。

企业实现低碳发展需要职工掌握新技术，接受新理念，只有这样才能适应企业发展的需要，对职工自身也是一次新的发展机会。吉林、辽宁和黑龙江三省中分别有88.8%、82.8%和91.8%的中小企业认为"低碳发展有利于个人发展"。

企业低碳发展需要技术创新等一系列改革，企业中的各个部门也要随着企业改革而发生变化。在吉林、辽宁和黑龙江三省中分别有83.6%、80.1%和96.1%的中小企业样本认为"企业低碳发展有利于我所在的部门发展"。


## 六、期望目标分量表分析

中小企业是东北地区经济、社会发展中的重要力量，让高耗能企业尤其是数量众多的中小企业践行节能减排已成为全社会的目标。企业低碳发展的期望目标既包括个人层面，也包括企业层面。测量内容如下：

D37 我看过低碳知识宣传；

D39 低碳和科学技术没什么关系；

D40 企业需要低碳管理技术；

D41 企业管理人员需要接受低碳培训；

D42 企业工人需要接受低碳培训；

D43 企业需要低碳人才；

D44 企业只要不违法就行，是否低碳不重要；

D45 企业只要挣钱就行，是否低碳不重要。

**表 2-34　不同行业与期望目标交叉表**

| 变量＼行业 | D37 | D39 | D40 | D41 | D42 | D43 | D44 | D45 |
|---|---|---|---|---|---|---|---|---|
| 化工 | 0.948 | 0.320 | 0.952 | 0.955 | 0.954 | 0.930 | 0.332 | 0.357 |
| 建材／建筑 | 0.936 | 0.629 | 0.963 | 0.968 | 0.908 | 0.846 | 0.370 | 0.320 |
| 农牧渔业和食品加工 | 0.931 | 0.931 | 0.983 | 0.966 | 0.914 | 0.879 | 0.845 | 0.845 |
| 生产加工／制造 | 0.917 | 0.403 | 0.936 | 0.892 | 0.777 | 0.926 | 0.436 | 0.352 |
| 物流交通和服务行业 | 0.958 | 0.441 | 0.958 | 0.951 | 0.503 | 0.510 | 0.923 | 0.902 |
| 制药／医药 | 0.989 | 0.133 | 0.911 | 0.900 | 0.944 | 0.889 | 0.211 | 0.078 |
| 电力 | 0.799 | 0.194 | 0.871 | 0.885 | 0.914 | 0.504 | 0.619 | 0.633 |
| 造纸／印刷 | 1 | 0.978 | 0.957 | 1 | 1 | 0.978 | 0.022 | 0.522 |
| 采掘／资源型生产 | 0.970 | 0.030 | 1 | 0.955 | 0.940 | 0.985 | 0.045 | 0.925 |
| 卡方值 | 53.656 | 344.553 | 28.158 | 50.534 | 264.474 | 373.389 | 323.445 | 371.851 |
| 显著性 | 0 | 0 | 0 | 0 | 0 | 0 | 0 | 0 |

低碳生活、低碳发展已经众所周知，东北地区中小企业员工也接受过低碳知识宣传。调查发现，在所调查的九个行业中超过 90% 的中小企业员工看过低碳知识宣传，在造纸／印刷行业中 100% 的企业都看过低碳知识宣传，电力行业相对较低，只有 79.9% 的中小企业看过低碳宣传。

科学技术是低碳发展的核心。在采掘／资源型生产行业中仅有 3% 的中小企业认为"低碳和科学技术没什么关系"，但仍有一些行业中的企业对此没有足够的认识。在农牧渔业和食品加工以及造纸／印刷两个行业中，分别有 93.1% 和 97.8% 的中小企业样本认为"低碳和科学技术没有关系"。

　　企业低碳发展也带来制度创新，企业管理模式和技术也会适应这种新制度而发生变化。从调查数据中可以看出，大部中小企业都认为"企业需要低碳管理技术"。在采掘/资源型生产行业中100%的企业持有这样的观点，电力行业中有87.1%的企业认同这一观点。

　　为了实现企业的低碳发展，企业也需要引进先进的低碳管理技术，需要对管理人员进行相关的低碳培训。在造纸/印刷、物流交通和服务、采掘/资源型生产、农牧渔业和食品加工、建材/建筑以及化工行业中，分别有100%、95.1%、95.5%、96.6%、96.8%和95.5%的中小企业认为"企业管理人员需要接受低碳培训"。电力行业中同意占比相对最少，但仍有88.5%的中小企业认同这一观点。

　　如果只有先进技术以及机器，但是无人去操作，一切先进的手段都会成为摆设。企业要实现低碳发展，光有技术、有资金以及先进的管理技术是不行的，还需要先进技术的执行者，企业的一线员工，所以企业组要对职工进行低碳技术培训。在造纸/印刷、化工和制药/医药三个行业中分别有100%、95.4%以及94.4%的中小企业认为"企业工人需要接受低碳培训"。合理的规划配送和车辆减排是物流业低碳发展的关键，员工培训对企业低碳发展的影响不大，因此物流交通和服务行业中仅有50.3%的中小企业认同这一观点。

　　科技创新是企业低碳发展的关键，科技创新需要大量的相关人才。相对于发达地区，东北地区对于人才的吸引力较弱，低碳人才较为匮乏，企业尤其需要相关的低碳人才。在采掘/资源型生产、造纸/印刷、生产加工/制造和化工四个行业中分别有98.5%、97.8%、92.6%和93%的中小企业样本认为"企业需要低碳人才"；物流业对人才要求相对较低，在物流交通和服务行业中仅有51%的中小企业认同这一观点。国内电力行业处于垄断地位，对人才的重视远不如其他企业，仅有50.4%的中小企业样本同意这一说法。

　　在很多中小企业的观念中，只要不违法就可以。企业发展首先需要遵纪守法，但不违法并不表示企业会低碳发展，企业的发展观念不应该局限于此。在农牧渔业和食品加工、物流交通和服务行业中分别有 84.5% 和 92.3% 的中小企业认为"企业只要不违法就行，是否低碳不重要"。也有企业并不认同这种观点，在造纸／印刷和采掘／资源型生产两个行业中分别仅有 2.2% 和 4.5% 的中小企业认同这一观点。

企业的首要目标是获取利益，但低碳社会发展趋势下，只为获取经济利益已经不符合人类社会发展的需要。社会责任已经获得了越来越广泛的认可，然而东北地区中小企业对于这一概念的认识仍然比较狭隘，甚至把企业社会责任当成被迫遵守的问题，企业常常会选择最低限度去遵守这些行为规范或掩盖不规范的行为，企业主把这种遵守视为高成本。他们认为，多做企业社会责任要求的行为规范只会增加企业成本，甚至有些企业认为"企业只要挣钱就行，是否低碳不重要"。在采掘／资源型生产和物流交通和服务行业分别有 92.5% 和 90.2% 的中小企业样本认为"企业只要挣钱就行，是否低碳不重要"，在制药／医药行业中相对较好，只有 7.8% 的中小企业样本认同这一观点。

表 2–35　不同城市与期望目标交叉表

| 变量<br>城市 | D37 | D39 | D40 | D41 | D42 | D43 | D44 | D45 |
|---|---|---|---|---|---|---|---|---|
| 哈尔滨 | 0.908 | 0.184 | 0.939 | 0.980 | 0.898 | 0.939 | 0.245 | 0.224 |
| 长春 | 0.935 | 0.533 | 0.948 | 0.967 | 0.958 | 0.954 | 0.507 | 0.572 |
| 沈阳 | 0.938 | 0.495 | 0.953 | 0.932 | 0.937 | 0.896 | 0.172 | 0.152 |
| 大连 | 1 | 0.400 | 1 | 0.800 | 0.400 | 0.600 | 0.800 | 0.800 |
| 四平 | 0.934 | 0.410 | 0.967 | 0.951 | 0.902 | 0.902 | 0.410 | 0.393 |
| 铁岭 | 0.877 | 0.643 | 0.885 | 0.889 | 0.826 | 0.689 | 0.723 | 0.574 |
| 本溪 | 0.643 | 0.571 | 0.500 | 0.571 | 0.571 | 0.714 | 0714 | 0.643 |
| 鞍山 | 0 | 0 | 0 | 0 | 1 | 1 | 0 | 0 |
| 阜新 | 0.500 | 0.500 | 0.500 | 1 | 0.500 | 0.500 | 0.500 | 0.500 |
| 辽阳 | 0.750 | 0.750 | 0.250 | 0.500 | 1 | 0.750 | 0.750 | 1 |
| 卡方值 | 76.600 | 230.477 | 153.383 | 176.578 | 619.817 | 329.250 | 518.753 | 538.499 |
| 显著性 | 0 | 0 | 0 | 0 | 0 | 0 | 0 | 0 |

　　东北地区的职业群体对于低碳发展有自己的期望目标，尽管对于低碳的认识程度还有待提高，但也能从一定程度上说明东北地区中小企业的低碳发展意愿。分析显示，低碳与期望目标之间存在相关关系，其显著性趋近于 0。

　　东北地区城市的开放程度不同，对于低碳的宣传程度也不同，在经济较为发达、开放程度较高的大连市中 100% 的中小企业都看过低碳知识的宣传，在哈尔滨、长春、沈阳和四平四个城市中分别有 90.8%、93.5%、93.8% 和 93.4% 的中小企业都看过低碳知识的宣传，在经济发展相对落后的本溪市只有 64.3% 的中小企业看过低碳知识的宣传。

　　企业实现低碳发展是发展方式的一种转型，其中最重要的就是依靠科技创新。没有创新就很难有进步，企业低碳发展更是如此。只有通过科技创新，带动生产设备的更新换代，才能够真正实现企业的低碳发展。调查发现，在哈尔滨市中小企业中仅有 18.4% 的中小企业认为"低碳和科学技术没什么关系"，在所调查城市中所占比例最少。在长春、沈阳、大连和四平四个城市中分别有 53.3%、49.5%、40% 和 41% 的中小企业认为"低碳和科学技术没什么关系"，这说明很多中小企业虽然对低碳有一定的了解，但还不够科学与深入，对低碳的认识还亟待提高。

　　企业低碳发展需要相应的低碳管理技术。如果在技术层面上达到了低碳发展的要求，而管理方法仍旧停留在原先的水平，企业是无法达到预期的低碳发展目标的。在本次调查中，大连市表现得最为明显，100% 的中小企业都认为"企业低碳发展需要低碳管理技术"，在哈尔滨、长春、沈阳和四平四个城市中分别有 93.9%、94.8%、95.3% 和 96.7% 的中小企业认同这一观点。

　　企业管理人员需接受相关的培训，掌握全新的低碳管理技术，才能完成对企业低碳运行的管理，促成企业目标的达成。在哈尔滨、长春和沈阳三个省会城市中分别有 98%、96.7% 和 93.2% 的中小企业认可"企业管理人员需要接受低碳培训"，在四平和大连两个城市中分别有 95.1% 和 80% 的中下企业认为"企业管理人员需要接受低碳培训"，但本溪市仅有 57.1%

的中小企业认同这一观点。

新技术要成功的转化为生产力，还需要普通员工掌握最基本的技术。东北地区大部分中小企业都赞同企业工人需要接受低碳培训，在哈尔滨、长春、沈阳和四平四个城市中分别有89.8%、95.8%、93.7%和90.2%的中小企业认为"企业工人需要接受低碳培训"，然而在人才吸引力相对较强的大连市，仅有40%的企业认同这一观点。

企业低碳发展的关键是依靠技术创新和低碳人才。在东北这一人才吸引力相对较弱的地区，对人才的需求就显得更加强烈。在哈尔滨、长春、沈阳和四平四个城市中，分别有93.9%、95.4%、89.6%和90.2%的中小企业认为"企业低碳发展需要低碳人才"。在区位优势较好的大连市，吸引人才的优势相对于东北地区其他城市较为明显，在大连市仅有60%的中小企业认同这一观点。

对于如何具体地实现低碳发展，东北地区中小企业对此认识还不够充分，呈现出低碳发展简单化的趋势。在大连、铁岭和本溪市分别有80%、72.3%和71.4%的中小企业认为"企业只要不违法就行，是否低碳不重要"。沈阳市表现较好，但也有17.2%的中小企业认同这一观点。

即使大部分企业对低碳发展的好处有所了解，但仍受种种压力所困。在东北地区有相当一部分企业还认为，"企业只要挣钱就行，是否低碳不重要"，在大连市有80%的中小企业认同这一观点，不过在沈阳和哈尔滨两个城市中分别有15.2%和22.4%的中小企业认同这一观点。

表2-36 不同省份与期望目标交叉表

| 变量<br>省份 | D37 | D39 | D40 | D41 | D42 | D43 | D44 | D45 |
|---|---|---|---|---|---|---|---|---|
| 吉林 | 0.935 | 0.498 | 0.953 | 0.963 | 0.942 | 0.939 | 0.479 | 0.521 |
| 辽宁 | 0.936 | 0.501 | 0.942 | 0.881 | 0.763 | 0.770 | 0.465 | 0.425 |
| 黑龙江 | 0.908 | 0.184 | 0.939 | 0.980 | 0.898 | 0.939 | 0.245 | 0.224 |
| 卡方值 | 5.155 | 185.152 | 1.739 | 79.229 | 136.624 | 155.912 | 95.737 | 128.201 |
| 显著性 | 0.076 | 0 | 0.419 | 0 | 0 | 0 | 0 | 0 |

根据双因素理论，影响职业群体行为的因素可分为激励因素和保健因素，职业群体在双因素作用下，将形成低碳责任的期望目标，并产生低碳价值观、群体认同、群体激励、知识分享等由己及人、由企业到社会层层递进的促进效应，从而逐步提升职业群体的低碳意识，产生促进企业低碳社会责任的作用。根据统计资料显示，低碳与期望目标分量表中的多数指标存在相关关系，且显著性小于0.05。

在东北地区中小企业中，虽然很多职工都听过有关低碳的宣传，但职工对低碳的认识程度仍然有待提高。统计资料显示，企业低碳发展与看过低碳知识宣传的相关性并不显著（P＝0.076）。

企业低碳发展并不是通过减少产量来实现，必须要通过先进的科学技术和一系列创新来实现，但东北地区中小企业对低碳发展的认识还存在很大的局限性。在吉林和辽宁省仍然有49.8%和50.1%的中小企业认为"低碳和科学技术没什么关系"，黑龙江省的表现相对较好，有18.4%的中小企业认同这一观点。

统计数据显示，低碳发展和低碳管理技术之间并无关联（P＝0.419）。当企业引进新的生产技术或新的管理方式之后，需要先对管理人员进行培训，掌握先进的低碳技术和理念，才能更好地管理企业。在吉林、辽宁和黑龙江三省中分别有96.3%、88.1%和98%的中小企业认为"企业管理人员需要接受低碳培训"。

新技术引进之后，必须落实到生产中去，才能为企业带来切实的效益，在此之前需要对员工进行必要的培训。在吉林和黑龙江两省中分别有94.2%和89.8%的中小企业样本认为"企业工人需要接受低碳培训"，在地域优势相对较为明显的辽宁省对此的认同感较低，但仍然有76.3%的中小企业认同这一观点。

科学技术是创新的关键，而人才则是科学技术发展的核心。由于种种原因，东北地区对人才的吸引力相对较弱，在低碳方面的人才更加紧缺。在吉林和黑龙江两省中分别都有93.9%的中小企业认为"企业需要低碳人才"，辽宁省的人才优势相对较好，但仍然有77%的中小企业认同这一观点。

东北地区中小企业对低碳的认识存在一定的局限性。在吉林和辽宁两省中分别有 52.1% 和 42.5% 的中小企业认为"企业只要不违法就行，是否低碳不重要"，黑龙江省的表现相对好一些，但仍然有 22.4% 的中小企业认同这一观点。

企业的首要目的是为了获得经济效益，在获得一定的经济效益之后，才有能力去承担更多的社会责任。通过增加原材料、增加劳动力等一系列粗放方式实现的经济增长都会对环境造成一定的破坏，低碳发展是唯一能够实现经济与环境可持续发展的方式。但在吉林和辽宁仍然有 52.1% 和 42.5% 的中小企业认为"企业只要挣钱就行，是否低碳不重要"，只有黑龙江相对较好，有 22.4% 的中小企业认同这一观点。

## 七、自我投入分量表分析

斯柯菲力（Schaufeli）认为投入度是一种持续的、与工作绩效相关的、积极的、充满正面情绪与动机的激活状态。企业领导力委员会（CLC）将员工投入度划分为两类：理性投入和情感投入。职业群体的投入度也可以分为情感投入和理性投入两个方面，这种投入是建立在企业文化认同以及对企业强烈归属感基础之上的，是员工发自内心的、自愿的，表现在行动中就是职业群体的工作投入程度。这种情感投入是建立在职业群体对企业文化的认同基础上的，主动坚持以企业文化作为指导自己工作的价值观，能够使自己有一个良好的工作环境。这种情感投入，可以使自己更容易融入到企业当中，成为企业的一分子，增强自己的归属感。企业的发展也会为自己带来报酬、地位和荣誉方面的满足，这样增加了职业群体对自己、对工作、对企业的认同，而这又会促进职业群体的情感投入。当职业群体自我投入度较高的时候，反映在工作方面就能够主动、自愿以及高效的投入到工作当中去，并具有一定的持续性，对企业绩效的提升具有一定的促进作用。在这两种投入动机之中，直接有利于促进工作绩效提升的工作投入动机比侧重关注职业也群体自身利益的自我投入，对提升企业低碳发展条件效应、推进承担低碳社会责任，更有促进作用。自我投入量表内容包括：

D46 为了我自身的安全，我会按企业要求去做；

D47 为了集体 / 部门的荣誉，我会按企业要求去做；

D49 因为领导和员工关系好（看在好领导的面子上）；

D50 不想被领导刁难（领导命令不得不执行）；

D51 为了和同事处好关系，我会按企业要求去做；

D52 不想被孤立，我会按企业要求去做。

表 2-37　不同行业与自我投入分量表交叉表

| 行业 ＼ 变量 | D46 | D47 | D49 | D50 | D51 | D52 |
|---|---|---|---|---|---|---|
| 化工 | 0.929 | 0.980 | 0.548 | 0.514 | 0.927 | 0.523 |
| 建材 / 建筑 | 0.939 | 0.966 | 0.837 | 0.865 | 0.862 | 0.528 |
| 农牧渔业和食品加工 | 0.983 | 0.879 | 0.138 | 0.379 | 0.655 | 0.638 |
| 生产加工 / 制造 | 0.909 | 0.891 | 0.746 | 0.919 | 0.878 | 0.776 |
| 物流交通和服务行业 | 0.486 | 0.958 | 0.986 | 0.944 | 0.930 | 0.930 |
| 制药 / 医药 | 0.922 | 0.933 | 0.978 | 0.933 | 0.911 | 0.867 |
| 电力 | 0.827 | 0.914 | 0.367 | 0.964 | 0.799 | 0.878 |
| 造纸 / 印刷 | 0.957 | 1 | 1 | 0.500 | 0.022 | 0.478 |
| 采掘 / 资源型生产 | 1 | 0.950 | 0.955 | 0.061 | 0.061 | 0.015 |
| 卡方值 | 300.760 | 67.489 | 421.453 | 698.942 | 609.415 | 365.006 |
| 显著性 | 0 | 0 | 0 | 0 | 0 | 0 |

职工对低碳发展的投入动机可分为自我投入和工作投入，当这种投入能够给员工带来金钱（提职、加薪等）、荣誉、人缘、个人发展或者职业安全方面的利益时，就会产生"自我投入"。当一个员工的自我投入度高的时候，才会对自己现在所做的工作的产生认同感。根据统计资料分析显

示，低碳与自我投入量表中的各指标之间关系的显著性趋近于 0，说明低碳与自我投入之间存在相关关系。

这一分量表主要测量职工的自我投入程度。研究表明，东北地区大部分企业员工都有较高的自我投入度，说明这种投入能够给员工带来金钱（提职、加薪等）、荣誉、人缘、个人发展或者职业安全等方面的利益，职工对企业会产生较强烈的归属感，对企业的低碳发展也有积极的促进作用。

企业为了保障职工的安全制定了一系列的规章与制度，职工遵守企业的规章制度就能获得安全保障。除了物流交通和服务行业，其他八种行业中每一行业都有超过 80% 的中小企业认为"为了我自身的安全，我会按企业要求去做"，尤其在危险系数较高的采掘／资源型生产行业中 100% 的中小企业都这样认为，但物流交通和服务行业中仅有 48.6% 的中小企业认同这一观点。

由于历史等多方面原因，东北地区有较强的集体主义精神，集体有较强的向心力。在调查"为了集体／部门的荣誉，我会按照企业要求去做"的观点时，九种行业中农牧渔业和食品加工行业的企业占比最少，但仍然达到了 87.9%，在造纸／印刷行业中 100% 的中小企业都认同这一观点。

现代的企业管理基本上都是科层制，领导的个人魅力及领导与职工之间的关系对职工的工作效率影响较大，这就要求领导具备较好的人际关系处理能力。调查中很多企业员工认为，对工作自我投入度较高的原因是与领导的关系比较好。在造纸／印刷、物流交通和服务行业、制药／医药、采掘／资源型生产四个行业中分别有 100%、98.6%、97.8% 和 95.5% 的中小企业认为工作投入是"因为领导和员工关系好（看在好领导的面子上）"，不过在农牧渔业和食品加工行业仅有 13.8% 的样本企业认同这种说法。

在东北中小企业中，领导具有绝对权威，职工的表现由领导来评定，职工违反企业规章制度不仅会受到惩罚，还会给领导留下坏印象，导致评价降低，影响职业发展，不想受惩罚的职工会按照企业要求去做。在电力、物流交通和服务行业、制药/医药、生产加工/制造行业中分别有96.4%、94.4%、93.3%和91.9%的中小企业员工承认遵守制度是"不想被领导为难（领导命令不得不执行）"，但在采掘/资源型生产行业中仅有6.1%的中小企业员工认同这一观点。

东北地区集体主义盛行让同事之间较容易形成一些非正式团体，在这些团体中，成员会有强烈的归属感，而且有机会实现在正式群体中无法实现的个人组织目标。与同事之间的关系会影响一个人工作的积极性，在制药/医药、物流交通和服务行业中分别有93%和91.1%的中小企业认同"为了和同事处好关系，我会按照企业要求去做"的观点，但在采掘/资源型生产行业中仅有2.2%的企业认同这一观点。

当个人在某个集体中被孤立，就会在这个群体中迷失自我，想逃离这个群体，所以很多企业员工都认同"不想被孤立，会按照企业要求去做"的观点。在物流交通和服务行业中有93%的中小企业员工认为"不想被孤立，我会按照企业要求去做"，但在采掘/资源型生产行业中只有1.5%的样本员工认同这一观点。

表2-38 不同城市与自我投入交叉表

| 变量<br>城市 | D46 | D47 | D49 | D50 | D51 | D52 |
|---|---|---|---|---|---|---|
| 哈尔滨 | 0.918 | 0.959 | 0.898 | 0.959 | 0.980 | 0.939 |
| 长春 | 0.925 | 0.984 | 0.941 | 0.925 | 0.853 | 0.925 |
| 沈阳 | 0.953 | 0.942 | 0.508 | 0.492 | 0.901 | 0.168 |
| 大连 | 0.800 | 0.800 | 0.400 | 0.800 | 0.600 | 0.400 |
| 四平 | 0.836 | 0.967 | 0.738 | 0.754 | 0.770 | 0.787 |
| 铁岭 | 0.868 | 0.906 | 0.631 | 0.695 | 0.751 | 0.670 |
| 本溪 | 0.429 | 0.714 | 0.429 | 0.571 | 0.571 | 0.286 |
| 鞍山 | 0 | 0 | 0 | 1 | 1 | 1 |
| 阜新 | 1 | 1 | 1 | 1 | 0.500 | 1 |

| 变量<br>城市 | D46 | D47 | D49 | D50 | D51 | D52 |
|---|---|---|---|---|---|---|
| 辽阳 | 0.500 | 0.750 | 1 | 0.500 | 1 | 0.500 |
| 卡方值 | 120.368 | 160.885 | 546.462 | 482.648 | 271.720 | 1130.565 |
| 显著性 | 0 | 0 | 0 | 0 | 0 | 0 |

在一个企业中工作，最为首要的是要能够保证员工的人身安全，这是职工能够安心为这个企业工作的前提。如果连最起码的人身安全都无法保证，那么职工对这个企业的投入度一定也不会太高。分城市统计显示，在哈尔滨、长春和沈阳三个城市中分别有91.8%、92.5%和95.3%的中小企业员工认为"为了我自身的安全，我会按照企业要求去做"。

东北人好"面子"、集体主义盛行，如果按照企业要求做能够为自己所在的集体或者部门带来荣誉，个人会更愿意去做。分城市统计显示，在哈尔滨、长春和沈阳三个省会城市中分别有95.9%、98.4%和94.2%的中小企业员工认同"为了集体/部门的荣誉，我会按照企业要求去做"，在四平和大连两个城市中分别有96.7%和80%的中小企业员工对这一观点有认同感。本溪市中小企业员工的认同度相对较低，但仍然有71.4%的中小企业员工认同这一观点。

东北地区的官僚主义相对于南部城市较为严重，在一些企业中也是如此。东北地区一些中小企业员工会认同"不想被领导为难，会按照企业要求去做"的观点。分城市统计显示，在哈尔滨、长春和大连三个城市中分别有95.9%、92.5%和80%的中小企业员工认同"不想被领导刁难（领导命令不得不执行）"的观点，不过在沈阳这种现象相对较弱，但仍然有接近半数的中小企业员工对此有认同感。

利用好同事这个非正式的群体，就可以在这个群体中获得在正式群体中所不能得到的东西，所以很多企业员工认同"为了和同事处好关系，会按照企业要求去做"。分城市统计显示，在哈尔滨、长春和沈阳三个城市中，分别有98%、85.3%和90.1%的中小企业样本认为"为了和同事处好关系，我会按照企业的要求去做"。在经济条件较好的大连市，更多是与个人的工作绩效相联系，所以在大连市仅有60%的中小企业员工认同这一观点。

被周围人孤立的员工会觉得在这个集体中得不到需要的东西，也会拒绝按照企业的要求去做事。分城市统计显示，在哈尔滨和长春市分别有93.9%和92.5%的中小企业员工认同这一观点，但也有企业持反对观点，在沈阳市和本溪市分别仅有16.8%和28.6%的中小企业认同这一观点。

表2-39　不同省份与自我投入交叉表

| 变量<br>省份 | D46 | D47 | D49 | D50 | D51 | D52 |
|---|---|---|---|---|---|---|
| 吉林 | 0.900 | 0.979 | 0.883 | 0.876 | 0.829 | 0.886 |
| 辽宁 | 0.885 | 0.892 | 0.505 | 0.620 | 0.784 | 0.339 |
| 黑龙江 | 0.918 | 0.959 | 0.898 | 0.959 | 0.980 | 0.939 |
| 卡方值 | 4.785 | 68.780 | 466.400 | 328.008 | 114.624 | 916.635 |
| 显著性 | 0.091 | 0 | 0 | 0 | 0 | 0 |

当职工从自己所在企业的工作中实现获得一定的物质报酬、安全保障、地位提升时，就会对自己的工作投入更多，即自我的投入度会增强，也会更加努力地实现企业目标。统计资料显示，低碳与自我投入分量表中的绝大多数指标存在相关关系（显著性趋近于0）。企业低碳发展与"为了自身的安全，我会按照企业要求去做"的相关性并不明显（$P = 0.091 > 0.05$）。

东北地区个人的群体归属感是个体区别于他人的一种标志，个体很重视所在集体的荣誉感，为了集体荣誉，他们会按企业的要求去做，以为部门争光为荣。分省统计显示，在吉林、辽宁和黑龙江三省中分别有97.9%、89、2%和95.9%的中小企业样本认为"为了集体/部门的荣誉，我会按照企业要求去做"。

领导是一门艺术，当领导的魅力和亲和力足够强大，而且有一定权威的时候，职工对于领导的指示就会更积极地遵守。分省统计显示，在吉林和黑龙江两省中，分别有88.3%和89.8%的中小企业员工认同"因为领导和员工关系好，会按企业要求去做"的观点，但辽宁省有50.5%的中小企业员工认同这一观点。

工作中一个细小的失误可能会对整个企业目标的达成产生影响。为了避免失误，员工通常会按企业的要求去做。分省统计显示，在吉林和黑龙江两省中分别有87.6%和95.9%的中小企业员工认同"不想被领导为难，会按照企业要求做"，在辽宁省只有62%的中小企业认同这一观点。

同事之间的关系在一个群体中十分重要。研究发现，不是所有人都能够在正式组织中实现的自己目标，非正式群体对于这些职工来说是一个很好的弥补。分省统计显示，在吉林、辽宁和黑龙江三个城市中分别有82.9%、78.4%和98%的中小企业样本认为"为了和同事处好关系，我会按照企业的要求去做"；在吉林和黑龙江两省中分别有88.6%和93.9%的中小企业样本认为"不想被孤立，我会按企业要求去做"。在企业中，员工如同企业这一机器中的齿轮，每个人都有自己的位置，需要与他人合作，完全隔离是不现实的，然而在辽宁省仅有33.9%的中小企业认同这一观点。

## 八、工作投入分量表分析

当一个职工能够从自己的工作当中获得一定的荣誉、奖励、良好的人际关系和个人发展机会的时候，职工才会更加对自己现在所做的工作产生更高的认可度，才会转换成为工作投入。而工作投入对企业低碳社会责任的促进，比更侧重实际利益的自我投入更高。工作投入量表内容包括如下：

D53 企业低碳发展会挣更多钱；

D54 不低碳就会被同行排挤；

D58 不低碳就接不到国内订单；

D59 原来叫节约，现在叫低碳；

114

D60 低碳产品更好推销；

D61 低碳成本太高，企业做不来；

D62 为改善周围小区的环境，从我企业做起；

D63 为改善本地区环境，从我企业做起；

D64 为改善全球变暖，从我企业做起。

表 2-40 不同行业与工作投入交叉表

| 变量 / 行业 | D53 | D54 | D58 | D59 | D60 | D61 | D62 | D63 | D64 |
|---|---|---|---|---|---|---|---|---|---|
| 化工 | 0.963 | 0.520 | 0.530 | 0.914 | 0.929 | 0.173 | 0.971 | 0.961 | 0.966 |
| 建材 / 建筑 | 0.890 | 0.542 | 0.587 | 0.619 | 0.935 | 0.548 | 0.959 | 0.962 | 0.944 |
| 农牧渔业和食品加工 | 0.586 | 0.448 | 0.276 | 0.466 | 0.879 | 0.741 | 0.897 | 0.966 | 0.931 |
| 生产加工 / 制造 | 0.904 | 0.811 | 0.778 | 0.751 | 0.887 | 0.204 | 0.860 | 0.811 | 0.819 |
| 物流交通和服务行业 | 0.524 | 0.916 | 0.448 | 0.888 | 0.986 | 0.161 | 0.517 | 0.972 | 0.958 |
| 制药 / 医药 | 0.944 | 0.933 | 0.933 | 0.944 | 0.956 | 0.189 | 0.867 | 0.922 | 0.889 |
| 电力 | 0.871 | 0.942 | 0.921 | 0.899 | 0.906 | 0.554 | 0.446 | 0.863 | 0.892 |
| 造纸 / 印刷 | 0.500 | 0.522 | 0.978 | 0.500 | 0.500 | 0.522 | 0 | 0.500 | 0.978 |
| 采掘 / 资源型生产 | 0.955 | 0.970 | 0.970 | 0.940 | 0.075 | 1 | 0.015 | 0.015 | 0.075 |
| 卡方值 | 328.373 | 347.857 | 305.344 | 242.132 | 551.630 | 497.536 | 929.423 | 616.059 | 510.866 |
| 显著性 | 0 | 0 | 0 | 0 | 0 | 0 | 0 | 0 | 0 |

长远来看，低碳发展会使一个企业成本下降，企业的效益得到提高。分行业统计显示，在化工、生产加工 / 制造、制药 / 医药和采掘 / 资源型生产四个行业中分别有 96.3%、90.4%、94.4% 和 95.5% 的中小企业认为"企业低碳发展会挣更多钱"。企业低碳发展前期需要有大量的投入，包括资金与技术等，对于一些高能耗、高污染的小型企业来说，短期内很难实现效益的大幅度提升，所以在造纸 / 印刷行业中仅有 50% 的企业认同这一观点。

一损俱损、一荣俱荣，当一个企业出现严重环境污染问题时，就会引来社会各界的质问，也会影响到行业的发展。当同行业企业已实现低碳发展时，那些没实现低碳发展的企业就会受到排挤。分行业统计显示，在物流交通、制药／医药、电力和生产加工／制造四种行业中分别有91.6%、93.3%、94.2、和81.1%的中小企业认为"不低碳就会被同行排挤"。但是企业低碳发展在中国刚处于一个起步阶段，所以在其他几个行业中仅有50%左右的中小企业认同这一观点。

目前中国的低碳发展仍处于一个起步阶段，各行业对低碳的认识也不尽相同的。分行业统计显示，在造纸／印刷、采掘／资源型生产、制药／医药和电力四个行业中分别有97.8%、97%、93.3%和92.1%的中小企业认为"不低碳就接不到国内订单"，但在农牧渔业和食品加工以及物流交通和服务行业中分别仅有27.6%和44.8%的中小企业认同这一观点。

低碳发展对企业来说是多方面、多维度的发展，低碳并不完全等同于节约，而是要通过一系列创新来达成经济与环境的共赢。东北地区中小企业虽然对低碳理念有一定程度认同，但还有待提高。分行业统计显示，东北地区仍然有一些中小企业认为低碳就是以前提倡的节约。在制药／医药、采掘／资源型生产和化工行业中仍分别有94.4%、94.4%和91.4%的中小企业认为"原来叫节约，现在叫低碳"，只有在农牧渔业和食品加工行业中表现得稍好一点，但仍然有46.6%的中小企业认同这一观点。由此可见，多数东北中小企业对于低碳发展的认识仅局限于片面的理解，对其真正的含义还没完全的认识，这也成为东北地区低碳发展以及承担低碳社会责任的一大障碍。

低碳生活以及环保理念，越来越受到大众的认可，人们对低碳产品的接受程度也逐渐提高。分行业统计显示，在物流交通和服务行业、制药／医药、建材／建筑和化工行业中分别有98.6%、95.6%、93.5%和92.9%的中小企业认为"低碳产品更好推销"。但一些稀缺产品对低碳因素的考虑并不多，在采掘／资源型生产行业中只有7.5%的中小企业认同这一观点。

企业低碳发展，需要进行一系列的创新及改革，必然会淘汰一些过时、老化的生产设备，引进先进设备技术和相关人才。对于大部分面临资金压力的东北地区中小企业来说，前期的投入过大，有些企业会因为成本压力而"做不来"。虽然实现低碳发展会给企业带来成本压力，但也是大势所趋，是与国际市场接轨的必然要求，是企业实现可持续发展的必由之路。分行业统计显示，在采掘/资源型生产行业以及农牧渔业和食品加工行业中分别有100%和74.1%的中小企业认为"低碳成本太高，企业做不来"；在物流交通和服务业、化工和制药/医药三个行业中分别只有16.1%、17.3%和18.9%的中小企业认同这一观点。

作为所在小区的一分子，改善周边环境是每个人的责任，企业也不例外。分行业统计显示，在化工和建材/建筑两个行业中分别有97.1%和95.9%的中小企业认同"为改善周围小区的环境，从我企业做起"，但一些高能耗、高污染的企业并不这样认为。尤其是造纸行业，在本次调查中竟然没有一家企业认同这一观点。

当地政府为中小企业提供了很多优惠和支持政策，企业也应该为本地环境的改善出一分力。分行业统计显示，东北地区大部分的中小企业都认为改善环境要从我做起。在化工、建材/建筑、农牧渔业和食品加工、物流交通和服务业以及制药/医药行业中分别有96.1%、96.2%、96.6%、97.2%和92.2%的中小企业认同"改善本地区环境，从我企业做起"，但在采掘/资源型生产行业中仅仅有1.5%的企业认同这一观点。

气候变暖是一个全球性的问题，国际社会都在寻求合作，以控制全球变暖的速度，减少碳排放也成为企业社会责任的内容之一。更好地履行低碳社会责任、实现低碳发展，不仅可以减少贸易摩擦，也可以为全球变暖的改善作出应有的贡献。分行业统计显示，在化工、造纸/印刷、物流交通和服务业以及建材/建筑行业中分别有96.8%、97.8%、95.8%和94.4%的中小企业认同"为改善全球变暖，从我企业做起"，但采掘/资源型生产行业中仅有7.5%的中小企业认同这一观点。

表 2-41 不同城市与工作投入交叉表

| 变量<br>城市 | D53 | D54 | D58 | D59 | D60 | D61 | D62 | D63 | D64 |
|---|---|---|---|---|---|---|---|---|---|
| 哈尔滨 | 0.880 | 0.806 | 0.806 | 0.776 | 0.888 | 0.122 | 0.949 | 0.949 | 0.959 |
| 长春 | 0.941 | 0.935 | 0.964 | 0.905 | 0.918 | 0.072 | 0.908 | 0.912 | 0.974 |
| 沈阳 | 0.921 | 0.162 | 0.189 | 0.623 | 0.911 | 0.545 | 0.937 | 0.963 | 0.942 |
| 大连 | 0.800 | 1 | 0.800 | 0.800 | 0.800 | 0.400 | 0.200 | 0.400 | 0.400 |
| 四平 | 0.918 | 0.852 | 0.770 | 0.902 | 0.934 | 0.393 | 0.885 | 0.951 | 0.967 |
| 铁岭 | 0.685 | 0.553 | 0.511 | 0.664 | 0.833 | 0.770 | 0.834 | 0.894 | 0.842 |
| 本溪 | 0.500 | 0.714 | 0.643 | 0.286 | 0.500 | 0.429 | 0.643 | 0.429 | 0.357 |
| 鞍山 | 1 | 1 | 1 | 1 | 1 | 1 | 1 | 0 | 1 |
| 阜新 | 1 | 1 | 1 | 0.500 | 1 | 0.500 | 0.500 | 1 | 0.500 |
| 辽阳 | 0.500 | 0.750 | 0.500 | 0.750 | 1 | 1 | 0.750 | 0.750 | 0.750 |
| 卡方值 | 162.099 | 1161.794 | 955.205 | 195.565 | 66.638 | 650.754 | 1006.121 | 734.240 | 830.824 |
| 显著性 | 0 | 0 | 0 | 0 | 0 | 0 | 0 | 0 | 0 |

随着消费者环保意识增强，人们对产品的环保要求也不断提高，对产品生产过程的环保关注也在不断提高。企业低碳发展，不仅能够降低生产成本，也能赢得更多消费者的支持，企业效益也会得到提高。分城市统计显示，在哈尔滨、长春和沈阳三个城市中分别有88%、94.1%和92.1%的中小企业认为"企业低碳发展会挣更多钱"，在四平和大连两个城市中分别有91.8%和80%的中小企业对此观点有认同感。但是在经济结构相对单一的本溪市，只有50%的中小企业认同这一观点。

同行业企业既存在竞争关系，也存在合作关系，有影响的企业还担负着维护行业规范和秩序的责任。要想在市场占有一定的份额，就必须要迎合消费者的需求。当整个行业中的大多数企业都采取了低碳发展，那些仍沿用落后生产方式的少数或个别企业，不仅会导致消费者的排斥，也会被同行业企业孤立。分城市统计显示，大连市100%的中小企业都认为"不低碳就会被同行排挤"，在哈尔滨、长春和四平三个城市中分别有80.6%、93.5%和85.2%的中小企业对此有认同感。

消费需求决定着产品供给，随着人们消费观念的改变，国内对于企业产品的低碳性有了较高要求。分城市统计显示，在哈尔滨、长春、大连和四平四个城市中分别有80.6%、96.4%、80%和77%的中小企业认为"不低碳就接不到国内订单"，但沈阳仅有18.9%的中小企业这么认为，对消费理念的变化和市场环境改变的敏锐度较低。

东北地区多数企业对低碳的真正含义缺乏深入的认识，这对东北地区中小企业承担低碳社会责任是一个很大的障碍。分城市统计显示，在哈尔滨、长春、四平和大连四个城市中分别有77.6%、90.5%、90.2%和77.6%的中小企业认同"原来叫节约，现在叫低碳"的观点。由此可见，东北地区中小企业的低碳认识亟须得到提升。

随着低碳理念的深入人心，消费者的理念和宏观的市场环境也在发生变化，企业的产品必须迎合这些变化才能赢得市场。分城市统计显示，在哈尔、长春、沈阳和四平四个城市中分别有88.8%、91.8%、91.1%和93.4%的中小企业认为"低碳产品更好推销"，但本溪市仅有50%的中小企业认同这一观点。

东北地区很多中小企业都意识到低碳发展是必然趋势，即使成本高，企业也要去做。分城市统计显示，在哈尔滨和长春两个城市中分别有12.2%和7.2%的中小企业认为"低碳成本太高，企业做不来"，但是在经济发展水平相对落后的铁岭市，有77%的中小企业认同这一观点。

改善本地环境需要企业有主人翁意识。分城市统计显示，东北很多企业都认为"改善本地区环境，应从我企业做起"，尤其是在沈阳和四平两个城市中有超过95%的中小企业认同这一观点，但大连和本溪市分别仅有40%和42.9%的中小企业认同这一观点。

大部分企业都赞同为改善全球变暖，应从我企业做起。分城市统计显示，在哈尔滨、长春、沈阳和四平四个城市中分别有95.9%、97.4%、94.2%和96.7%的中小企业认为"为改善全球变暖，从我企业做起"，但大连和本溪市分别仅有40%和35.7%的中小企业认同这一观点。

表 2-42　不同省份与工作投入交叉表

| 变量 省份 | D53 | D54 | D58 | D59 | D60 | D61 | D62 | D63 | D64 |
|---|---|---|---|---|---|---|---|---|---|
| 吉林 | 0.935 | 0.911 | 0.909 | 0.904 | 0.923 | 0.164 | 0.902 | 0.923 | 0.972 |
| 辽宁 | 0.833 | 0.482 | 0.431 | 0.676 | 0.860 | 0.552 | 0.710 | 0.788 | 0.765 |
| 黑龙江 | 0.888 | 0.806 | 0.806 | 0.776 | 0.888 | 0.122 | 0.949 | 0.949 | 0.959 |
| 卡方值 | 47.832 | 469.332 | 567.139 | 145.598 | 19.341 | 479.322 | 204.173 | 121.401 | 242.375 |
| 显著性 | 0 | 0 | 0 | 0 | 0 | 0 | 0 | 0 | 0 |

职工对工作有较高的认同度，就会增加自我投入，能够切实把企业利益与自身利益相联系，促进企业目标更好、更快地实现。根据统计资料显示，低碳与工作投入分量表中的全部指标存在相关关系，且显著性小于0.05。

企业低碳发展在短期内无法看到明显的经济回报，但长期来看，其经济效益可观。分省统计显示，吉林、辽宁和黑龙江三省中分别有93.5%、83.3%和88.8%的中小企业认为"企业低碳发展会挣更多钱"。

地区的行业协会不仅会促进本行业内企业之间的合作，在该行业也有一定号召力。当该行业中绝大多数企业都实现了低碳发展，此时如有个别企业仍采用非低碳的生产方式，就会受到供应链上其他企业的排挤。分省统计显示，吉林和黑龙江两省中分别有91.1%和80.6%的中小企业认为"不低碳就会被同行排挤"，不过在竞争相对更加激烈的辽宁省仅有48.2%的中小企业认同这一观点。

目前企业都是订单式生产，订单量增加才能够扩大生产，才有机会增加企业的收益，企业订单量对中小企业尤其重要。目前消费者对产品的环保需求越来越高，对生产过程的关注度也越来越大，企业是否低碳发展对于订单量的影响也越来越大。分省统计显示，吉林和黑龙江两省中分别有90.9%和80.6%的中小企业样本认为"不低碳就接不到国内订单"，而在辽宁省仅有43.1%的中小企业样本认同这一观点。

东北地区中小企业职工虽然对低碳以及低碳发展理念有一定认识，但这种认识还仅仅停留在表面，存在很多误区。分省统计显示，在吉林和黑龙江两省中分别有90.4%和77.6%的中小企业认同"原来叫节约，现在叫低碳的观点"，辽宁省有67.6%的中小企业认同这一观点。

企业只有生产符合消费者需求的产品才能获得一定的市场。分省统计显示，在吉林、辽宁和黑龙江三省中，分别有92.3%、86%和88.8%的中小企业认为"低碳产品更好推销"。

企业低碳发展需要采取一系列技术创新和改革，在前期投入一定的资金和资源，对目前面临种种压力的中小企业来说是增加了成本，但从长远发展的角度看，有利于企业发展的可持续性。分省统计显示，吉林和黑龙江两省中分别有16.4%和12.2%的中小企业认为"低碳成本太高，企业做不来"；在竞争更加激烈的辽宁省，有55.2%的中小企业样本认同这一观点。

作为一个生产企业，应该对该地区环境的保护承担一定的责任，在本小区内起到一个带头作用。分省统计显示，在吉林和黑龙江两省中，分别有90.2%和94.9%的中小企业认为"为改善周围小区环境，从我企业做起"。但是在辽宁省对此观点的认同度相对较低，只有71%的中小企业认同这一观点。

企业低碳发展的最终目标就是为了实现经济与环境的可持续发展。一个地区环境的改善需要多方面的努力，仅依靠个别企业是无法实现的。如果每个企业都能够做到从我做起，该地区的环境一定会得到改善。分省统计显示，在吉林和黑龙江两省中，分别有92.3%和94.9%的中小企业认为"为改善本地区环境，从我企业做起"。

全球变暖问题，发达国家应承担更多的责任，但发展中国家也需要尽到自己应有的义务，承担低碳社会责任。在吉林和黑龙江分别有97.2%和95.9%的中小企业样本认同"为改善全球环境，从我企业做起"。

# 第四节 群体力量——职业群体低碳责任行为分析

## 一、互动程度分量表分析

企业的工作氛围对职工的工作状态会有一定的影响。Bommer、Miles和 Grover 研究发现，工作群体中同事的组织公民行为对员工的组织公民行为具有正向影响，当该群体公民行为水平较高时，职工个人也就更容易形成组织公民行为。

企业在进行生产的过程中，会根据工作的目标进行划分，需要每个工作小组的分工合作来实现组织目标。在企业整体发展目标之下，每个工作小组都会有自己的子目标，不同工作小组也会形成各自的利益集合。各工作小组在企业组织规范下进行生产，工作小组之间的沟通与互动可以随时了解工作进度，避免重复无效的工作，减少资源的浪费。职工个人之间或工作小组之间的互动，会将企业文化及在生产过程中的经验推己及人，分享经验有利于形成一些新的想法，提高企业的创新水平和管理水平，加快企业改革速度。由于东北地区集体主义文化盛行，所以频繁的互动可以让所在群体和企业及时地了解职工的困难，让职工对该群体和企业有更强的归属感，从而提高该职业群体的公民行为水平。目前，有很多研究已经证实，职工个人的组织公民行为水平与其工作绩效呈正相关关系。职工之间的互动，有利于形成一种良好的职业氛围，发展企业文化，促进企业目标的达成。职业群体互动程度量表包括：

D65 我的工作小组不会为了本小组利益而损害企业利益；

D66 我的工作小组不会为了本小组利益而损害其他小组的利益；

D67 我的工作小组的行为规范符合企业要求；

D70 我的工作小组会参加并支持企业的各种联谊、会议等；

D71 我的工作小组会主动参与企业的变革行动；

D72 我的工作小组会向企业提供相关的意见建议；

D73 与其他工作小组相比，我的工作小组出勤率较高；

D74 我的工作小组会主动向其他小组介绍自己的工作经验；

D76 我的工作小组会与其他工作小组联络与沟通；

D77 我的工作小组关心小组成员的个人生活问题；

D78 我的工作小组会帮助小组成员解决生活中遇到的困难；

D80 我的工作小组会帮助遇到困难的其他工作小组的成员。

表 2-43 不同行业与互动程度交叉表

| 变量\行业 | D65 | D66 | D67 | D70 | D71 | D72 | D73 | D74 | D76 | D77 | D78 | D80 |
|---|---|---|---|---|---|---|---|---|---|---|---|---|
| 化工 | 0.975 | 0.977 | 0.991 | 0.975 | 0.962 | 0.966 | 0.973 | 0.969 | 0.980 | 0.971 | 0.957 | 0.960 |
| 建材/建筑 | 0.955 | 0.973 | 0.957 | 0.948 | 0.923 | 0.964 | 0.957 | 0.962 | 0.939 | 0.958 | 0.964 | 0.944 |
| 农牧渔业和食品加工 | 0.983 | 1 | 0.983 | 0.931 | 0.776 | 0.759 | 0.914 | 0.966 | 0.897 | 0.897 | 0.739 | 0.966 |
| 生产加工/制造 | 0.932 | 0.964 | 0.956 | 0.971 | 0.883 | 0.821 | 0.872 | 0.882 | 0.931 | 0.867 | 0.943 | 0.976 |
| 物流交通和服务行业 | 0.979 | 0.951 | 0.538 | 0.965 | 0.951 | 0.517 | 0.986 | 0.545 | 0.965 | 0.979 | 0.531 | 0.951 |
| 制药/医药 | 0.989 | 0.989 | 0.944 | 0.922 | 0.956 | 0.922 | 0.911 | 0.933 | 0.978 | 0.956 | 0.911 | 0.844 |
| 电力 | 0.906 | 0.914 | 0.899 | 0.906 | 0.468 | 0.928 | 0.935 | 0.885 | 0.921 | 0.489 | 0.899 | 0.906 |
| 造纸/印刷 | 1 | 1 | 0.978 | 0.978 | 1 | 0.978 | 0.478 | 0.522 | 0.957 | 1 | 0.522 | 1 |
| 采掘/资源型生产 | 0.985 | 1 | 0.030 | 0.030 | 0.970 | 0.970 | 1 | 0.985 | 0.955 | 0.030 | 0.060 | 0.030 |
| 卡方值 | 31.746 | 24.135 | 1005.130 | 958.710 | 328.295 | 308.587 | 198.369 | 338.558 | 25.321 | 758.213 | 814.162 | 909.933 |
| 显著性 | 0 | 0 | 0 | 0 | 0 | 0 | 0 | 0 | 0 | 0 | 0 | 0 |

东北地区职工对群体有较强的向心力，职业群体内部的互动程度也较高。作为企业中的一个部门，只有做好自己的分内工作才能达成整个企业目标，但不排除部门利益与企业整体利益相互冲突的可能，此时是以企业利益为重还是以部门利益为重，就需要作出选择。在本次调查中，绝大部分企业员工在这个时候都不会因为小组的利益而去损害整个企业的利益，每一个行业中都超过90%的企业员工认为"我的工作小组不会为了本小组利益而损害企业利益"，尤其在造纸/印刷行业中，有100%的企业员工都

同意这种观点。

在现代企业中，企业为了提高工作效率，每个部门之间既存在合作关系，也存在竞争关系。所有人都清楚，只有相互协作才能达成企业的最终目标。如果每个小组之间只顾维护自己的利益，而不去管其他工作小组，结果可能不仅会影响到自己小组的工作，还会导致企业目标延期甚至无法实现，每个员工的利益也都会受到损害。在农牧渔业和食品加工、造纸／印刷以及采掘／资源型生产行业，100%的企业员工认为"我的工作小组不会为了本小组利益而损害其他小组的利益"，只有在电力行业中表现得相对较低，有91.4%的样本企业员工认同这一观点。

无规矩不成方圆，只有当一个企业有明确的规范，处于每个职位上的职工才知道应该做什么，什么能做、什么不能做以及做了以后会有什么后果。企业规范可以使职工更加团结，对这个企业有更强的归属感，也有利于企业提升生产效率。在化工、农牧渔业和食品加工、采掘／资源型生产三个行业中分别有99.1%、98.3%和97.8%的中小企业认为"我的工作小组行为规范符合企业要求"，在采掘／资源型生产行业仅有3%的企业员工认同这一观点，这个行业也是安全事故高发领域。

企业中的各种联谊会是为了丰富员工的业余活动，增强各部门之间的沟通与联系，宣传企业的政策，同时也能了解职工最近的状况，体现企业对职工的人文关怀。在化工、生产加工／制造以及造纸／印刷行业中分别有97.5%、97.1%和97.8%的中小企业员工认为"我的工作小组会参加并支持企业的各种联谊、会议等"，但采掘／资源型生产行业中仅有3%的企业员工认同这一观点。

在对未来发展预测不明的情况下，企业职工不情愿接受企业变革，甚至阻挠企业的变革，导致企业改变的难度加大。因此，企业在实现低碳发展变革时职工的态度十分重要。东北地区很多员工会因为同伴的观点而支持或反对企业的变革，在造纸印刷、采掘／资源型生产、化工、制药／医药以及物流交通和服务业五个行业中分别有100%、97%、96.2%、95.6%和95.1%的中小企业员工认为"我的工作小组会主动参与企业变革行动"。

但是在处于垄断的电力行业，由于企业效益好，员工福利待遇高，很多职工不愿意变革，仅有 46.8% 的员工愿意主动参与企业的变革行动。

在实施企业发展目标过程中，会遇到很多意想不到的困难，且多为基层员工第一时间发现并在实践中找到解决对策，因此基层工作小组的意见与建议十分重要。在化工、建筑／建材、造纸／印刷和采掘／资源型生产行业中分别有 96.6%、96.4%、97.8% 和 97% 的中小企业员工认为"我的工作小组会给企业提供相关的意见建议"，但在物流交通和服务行业中只有 51.7% 的中小企业员工认同这一观点。

出勤率反映职工工作的积极性和对企业的责任感，只有当工作积极性比较高时，职工才更愿意为企业付出，出勤率也会提高。在采掘／资源型生产、物流交通和服务业、化工三种行业中分别有 100%、98.6% 和 97.3% 的中小企业员工认为"与其他工作小组相比，自己的工作小组出勤率较高"，但造纸／印刷行业中仅有 47.8% 的中小企业员工认同这一说法。

工作之间的经验分享十分重要。每个工作小组的分工不同，所遇到的问题也会有所不同，如果各个部门之间保持相互联系，当一个工作小组在实际生产中解决了问题后，就积累了一定的生产经验，其他部门再遇到此类问题时，就可以利用已有的经验去解决。这不仅提升了工作效率，也提高了资源的利用率。在采掘／资源型生产、化工、农牧渔业和商品加工以及建筑／建材四个行业中，分别有 98.5%、96.9%、96.6% 和 96.2% 的中小企业员工认为"我的工作小组会主动向其他小组介绍自己的工作经验"。在物流交通和服务业以及造纸／印刷行业中，分别只有 54.5% 和 52.2% 的中小企业员工认同这一说法。

企业中各部门之间的交流也十分重要。每个工作组在特定时间内的工作是相对封闭的，相互间的关系既有竞争又有合作。每个部门都不可能孤立地工作，需要及时了解各自的工作进度、交流工作中的问题及经验，提高部门的工作效率，减少资源的浪费，降低企业成本。东北地区中小企业员工中绝大多数都认同"我的工作小组会与其他工作小组联络与沟通"的观点，其中 98% 的化工行业企业认同这一说法，占比最高；农牧渔业和食品加工行业中企业的认同率最低，只有 89.7%。

东北地区员工对集体较为依赖。在现代社会中，工作占据了人们生活的大部分时间，企业关注职工的生活，不仅体现企业的人文关怀，也是提高员工对企业的归属感和工作积极性的有效管理方式。在本次调查中发现，在造纸／印刷、物流交通和服务业、化工、建材／建筑以及制药／医药五种行业中分别有 100%、97.9%、97.1%、95.8% 和 95.6% 的中小企业认为"我的工作小组关心小组成员的个人生活问题"，但采掘／资源型生产行业中仅有 3% 企业样本认同这一说法。

当一个群体凝聚力较高时，群体中的成员会被视为"家庭"中的一员，如果有职工遇到困难，群体就会汇聚资源帮助其度过难关。"患难见真情"，如果组织在其成员遇到困难时施以援手，会让他对该组织有强烈的归属感、信任感和责任感，也更愿意为这个组织做贡献。在建材／建筑、化工、生产加工／制造和制药／医药行业中分别有 96.4%、95.7%、94.3% 和 91.1% 的中小企业认为"我的工作小组会帮助小组成员解决生活中遇到的困难"，但在采掘／资源型生产行业中仅有 6% 的中小企业样本认同这种说法。

小组之间的互帮互助有助于良好企业文化的形成，也有助于企业的良性发展。在造纸／印刷、生产加工／制造、化工、农牧渔业和服务业以及物流五种行业中，分别有 100%、97.6%、96%、96.6% 和 95.1% 的中小企业员工认同"我工作的小组会帮助遇到困难的其他工作小组的成员"的观点。

表 2-44 不同城市与互动程度交叉表

| 变量<br>城市 | D65 | D66 | D67 | D70 | D71 | D72 | D73 | D74 | D76 | D77 | D78 | D80 |
|---|---|---|---|---|---|---|---|---|---|---|---|---|
| 哈尔滨 | 0.929 | 0.969 | 0.959 | 0.980 | 0.959 | 0.969 | 0.949 | 0.939 | 0.918 | 0.949 | 0.969 | 1 |
| 长春 | 0.967 | 0.984 | 0.987 | 0.984 | 0.958 | 0.980 | 0.944 | 0.941 | 0.993 | 0.967 | 0.928 | 0.971 |
| 沈阳 | 0.953 | 0.968 | 0.953 | 0.942 | 0.963 | 0.958 | 0.942 | 0.968 | 0.947 | 0.968 | 0.942 | 0.957 |
| 大连 | 1 | 1 | 0.600 | 0.800 | 0.600 | 0.400 | 0.800 | 0.600 | 1 | 0.400 | 0.600 | 0.800 |

| 变量<br>城市 | D65 | D66 | D67 | D70 | D71 | D72 | D73 | D74 | D76 | D77 | D78 | D80 |
|---|---|---|---|---|---|---|---|---|---|---|---|---|
| 四平 | 0.967 | 0.967 | 0.951 | 0.934 | 0.902 | 0.951 | 0.951 | 0.951 | 0.918 | 0.869 | 0.934 | 0.902 |
| 铁岭 | 0.923 | 0.923 | 0.932 | 0.889 | 0.813 | 0.804 | 0.885 | 0.898 | 0.877 | 0.919 | 0.838 | 0.847 |
| 本溪 | 0.643 | 0.500 | 0.571 | 0.571 | 0.500 | 0.643 | 0.643 | 0.500 | 0.643 | 0.643 | 0.500 | 0.286 |
| 鞍山 | 1 | 0 | 0 | 1 | 1 | 1 | 0 | 0 | 1 | 1 | 0 | 0 |
| 阜新 | 1 | 0.500 | 0.500 | 1 | 1 | 0 | 1 | 1 | 0.500 | 0.500 | 0.500 | 0.500 |
| 辽阳 | 0.750 | 1 | 0.250 | 1 | 0.500 | 0.500 | 0.750 | 0.750 | 0.750 | 1 | 0.750 | 1 |
| 卡方值 | 65.707 | 176.945 | 519.988 | 178.134 | 412.259 | 870.396 | 111.688 | 401.739 | 116.323 | 799.500 | 375.049 | 289.398 |
| 显著性 | 0 | 0 | 0 | 0 | 0 | 0 | 0 | 0 | 0 | 0 | 0 | 0 |

东北地区中小企业职工对企业的归属感一般较强，职工之间的互动程度也相对较为频繁。职业群体之间的互动有助于提高职工的低碳社会责任意识，从职业群体角度推动企业承担低碳社会责任。统计资料显示，低碳与互动程度分量表各指标之间存在相关关系，且显著性小于 0.05。

企业的正常运转离不开每个部门的相互协调，当工作小组与企业利益出现冲突时，需要工作小组作出权衡，为企业目标的有效达成作出舍弃或者让步。分城市统计显示，大连市有 100% 的中小企业员工都认为"我的工作小组不会为了本小组利益而损害企业利益"，在哈尔滨、长春、沈阳和四平四个城市中分别有 92.9%、96.7%、95.3% 和 96.7% 的中小企业员工认同这一观点。

在企业中，各部门如机器中的齿轮，只有相互配合好才能实现企业的正常运转。每个部门的工作都是为了企业最终目标的达成，在合作过程中难免会出现一些冲突，此时就需要工作小组之间的相互协调，而不是只顾自己小组的利益。分城市统计显示，大连市有 100% 的中小企业认为"我的工作小组不会为了本小组利益而损害其他小组的利益"，在哈尔滨、长春和沈阳三个省会城市中，分别有 96.9%、98.4% 和 96.8% 的中小企业认同这一观点。

遵守企业的行为规范能够减少意外的发生。工作规范是一个单位正常运行的保证，对基本的日常工作具有很强的指导作用，所以大部分企业认同"我的工作小组行为规范要符合企业要求"。在哈尔滨、长春、沈阳和四平四个城市中分别有95.9%、98.7%、95.3%和95.1%的中小企业认为同"我的工作小组行为规范符合企业要求",大连市仅有60%的中小企业认同这一观点。

工作之余的联谊能给职工提供一个相互沟通的平台,增强职工之间的感情,也能通过信息交流让大家更好地理解企业。东北地区多数中小企业都认同"我的工作小组会参加并支持企业的各种联谊、会议等",分城市统计显示,哈尔滨、长春和沈阳三个城市中分别有98%、98.4%和94.2%的中小企业认同这一观点,沈阳和四平两个城市中有80%和93.4%的中小企业认同这一观点。

在社会经济不断发展的今天,企业要想适应时代的要求就必须不断变革,如果企业的每一个职工都为企业的利益着想,就会给企业的发展减少很多不必要的阻力。同样,当职工所在的工作小组为企业的低碳发展考虑时,也会有利于企业低碳目标的实现。分城市统计显示,在哈尔滨、长春和沈阳三个省会城市中分别有95.9%、95.8%和96.3%的中小企业认为"我的工作小组会主动参与企业的变革行动",大连和本溪市分别有60%和50%的中小企业认同这一说法。

企业制定发展规划时难免会有考虑不周的地方,只有落实到实际工作中才会发现。如果每个工作小组在企业制定低碳发展规划时或在工作过程中能够及时发现问题,并且为企业提出相关的意见和建议,将对企业的低碳发展十分有利。分城市统计显示,在哈尔滨、长春、沈阳和四平四个城市中分别有96.9%、98%和95.8%的中小企业样本认为"我的工作小组会向企业提供相关的意见建议",但是在大连市仅有40%的中小企业认同这一观点。

出勤率是对职工的规范之一,是企业考核员工工作的一项重要指标。职工出勤率对职工个人、所在工作小组以及整个企业的正常运转都十分重要,在一定程度上可以反映出职工对企业的认同程度。分城市统计显示,在哈尔滨、长春和沈阳三个省会城市中分别有94.9%、94.4%和94.2%的中小企业样本认为"与其他工作小组相比，我的工作小组出勤率较高"，在四平和大连两个城市中分别有95.1%和80%的中小企业样本认同这一观点。

工作小组之间的经验交流，有利于更好地发现工作中的问题，有助于推动企业的低碳发展，所以企业鼓励工作小组之间开展经验分享。分城市统计显示，在哈尔滨、长春、沈阳和四平四个城市中分别有93.9%、94.1%、96.8%和95.1%的中小企业认为"我的工作小组会主动向其他小组介绍自己的工作经验"。

小组之间的沟通可以更好地领会企业的发展战略，当新技术或新政策推行时，小组之间的相互沟通能够减少新措施实施的阻力，所以大部分企业都鼓励工作小组之间保持联络与沟通。分城市统计显示，大连市100%的中小企业认为"我的工作小组会与其他工作小组联络与沟通"，在哈尔滨、长春、大连和四平四个城市中分别有91.8%、99.3%、94.7%和91.8%的中小企业认同这一观点。

东北地区的职工对企业有相对较强的归属感，企业也会对职工给予多方面的关心，东北地区大部分城市的中小企业都认同"我的工作小组关心小组成员的个人生活问题"。分城市统计显示，在哈尔滨、长春和沈阳三个城市中分别有94.9%、96.7%和96.8%的中小企业样本认为"我的工作小组关心小组成员的个人生活问题"，不过在相对更加开放的大连市仅有40%的中小企业认同这一观点。

职工之间有着稳定的业缘关系，这种关系可能会延伸到工作之外。工作占据了职工生活的大部分时间，业缘关系有助于为职工解决一些生活问题。分城市统计显示，东北地区大部分企业都认同"我的工作小组会帮助小组成员解决生活中遇到的困难"。在哈尔滨、长春、沈阳和四平四个城市中分别有96.9%、92.8%、94.2%和93.4%的中小企业样本认为"我的工作小组会帮助小组成员解决生活中遇到的困难"，在大连市相对较低，仅有60%的中小企业样本认同这一观点。

不同小组成员之间互帮互助，能够增强企业的凝聚力。分城市统计显示，大部分企业都认同"我的工作小组会帮助遇到困难的其他工作小组成员"的观点。哈尔滨市有 100% 的中小企业认同这一观点，长春、沈阳和四平三个城市中分别有 97.1%、95.7% 和 90.2% 的中小企业认同这一观点。

表 2-45 不同省份与互动程度交叉分析

| 变量 省份 | D65 | D66 | D67 | D70 | D71 | D72 | D73 | D74 | D76 | D77 | D78 | D80 |
|---|---|---|---|---|---|---|---|---|---|---|---|---|
| 吉林 | 0.967 | 0.979 | 0.977 | 0.970 | 0.942 | 0.972 | 0.946 | 0.944 | 0.972 | 0.939 | 0.930 | 0.951 |
| 辽宁 | 0.955 | 0.960 | 0.843 | 0.888 | 0.826 | 0.767 | 0.886 | 0.846 | 0.942 | 0.798 | 0.820 | 0.881 |
| 黑龙江 | 0.929 | 0.969 | 0.959 | 0.980 | 0.959 | 0.969 | 0.949 | 0.939 | 0.918 | 0.949 | 0.969 | 1 |
| 卡方值 | 11.864 | 5.560 | 130.151 | 78.184 | 103.219 | 252.888 | 32.300 | 64.820 | 20.637 | 126.671 | 109.650 | 92.885 |
| 显著性 | 0.030 | 0.062 | 0 | 0 | 0 | 0 | 0 | 0 | 0 | 0 | 0 | 0 |

职工之间的熟悉程度对他们在工作中的相互配合有一定影响，而熟悉程度与职工之间的互动程度是密切相关的。较高的互动程度可以促进职工在工作方面的沟通，有利于职工自身的发展，也有助于职工了解企业的发展目标，对企业实现低碳发展、承担低碳社会责任更加有利。统计资料显示，低碳与互动程度分量表中的多数指标存在相关关系，且显著性小于 0.05。

工作小组以企业利益为重才能实现企业和部门的可持续发展。分省统计显示，吉林、辽宁和黑龙江三省中分别有 96.7%、95.5% 和 92.9% 的中小企业认同"我的工作小组不会为了本小组利益而损害企业利益"的观点。

在工资与工作绩效考核相关联的情况下，工作小组之间也是一种竞争加合作的关系。统计数据显示，职工互动程度与我的工作小组不会为了本小组利益而损害其他小组的利益不存在相关关系（P = 0.062）。

企业组织工作之余的联谊不仅是为了增强职工之间的互动程度，也可以增进企业与职工之间的关系，更好地表达企业文化。分省统计显示，在吉林、辽宁和黑龙江三省中分别有 97.7%、84.3% 和 95.9% 的中小企业样本认为"我的工作小组参加并支持企业的各种联谊、会议等"。

作为一线的职工更容易发现企业在发展中的问题。分省统计显示，吉林、辽宁和黑龙江三省中分别有94.2%、82.6%和95.9%的中小企业认为"我的工作小组会主动参与企业的变革行动"。

如果工作小组能够积极、主动地向企业反映问题，提出一些切实的意见和建议，对企业的发展将更加有利。分省统计显示，吉林和黑龙江两省中分别有97.2%和96.9%的中小企业认为"我的工作小组会向企业提供相关的意见建议"，在辽宁省的中小企业对此观点的认同度相对较低，但仍有76.7%的中小企业认同这一观点。

工作小组中的员工出勤率在一定程度上能够反映出这个小组工作的凝聚力，凝聚力高的工作小组，工作执行力也更强些。分省统计显示，在吉林、辽宁和黑龙江三省中分别有94.6%、88.6%和94.9%的中小企业认为"与其他工作小组相比，我的工作小组出勤率较高"。

在现代企业中，工作经验的分享不仅可以提高工作效率，也能更好地完成任务目标，乐于分享工作经验的工作小组之间互动程度也较高。分省统计显示，在吉林、辽宁和黑龙江三省中分别有94.4%、84.6%和93.9%的中小企业样本认为"我的工作会主动向其他小组介绍自己的工作经验"。

在企业的生产过程中，工作小组之间的沟通很重要。职工之间的交流与互动，能够让小组之间更好地掌控工作进度，不仅可以减少资源浪费，也可以更好地完成工作计划。分省统计显示，在吉林、辽宁和黑龙江三省中分别有97.2%、94.2%和91.8%的中小企业样本认为"我的共组小组会与其他工作小组联络与沟通"。

在东北地区，企业在某种意义上也是职工另外的家，企业对职工的关心程度越高，职工对企业的回报越大。分省统计显示，在吉林和黑龙江两省中分别有93.9%和94.9%的中小企业认为"我的工作小组关心小组成员的个人生活问题"，但辽宁省对此观点的认同感相对较低，只有79.8%的中小企业认同这一观点。

在东北地区，企业职工在遇到生活困难和不幸时，很多企业会对遇到困难的职工伸出援手，出于对企业的感激，职工在工作中也会更加努力。

分省统计显示，在吉林、辽宁和黑龙江三省中分别有 93%、82% 和 96.9% 的中小企业样本认为"我的工作会帮助小组成员解决生活中遇到的困难"。

工作小组之间的团结让企业更具凝聚力，如果企业遇到暂时的困难，大家也会同舟共济帮助企业渡过难关。这点在黑龙江省表现得最为明显，该省 100% 的中小企业样本都认为"我的工作小组会帮助遇到困难的其他工作小组的成员"，在吉林和辽宁两省中分别有 95.1% 和 88.1% 的中小企业认同这一观点。

## 二、群体凝聚力分量表分析

群体凝聚力是维持一个组织存在的重要因素，它是一个较为复杂的概念，但就其本质来说，则是指通过群体力量实现个体无法完成的任务。一个凝聚力高的组织是个体与组织的价值观一致的体现，在实现组织目标的同时也完成个体的发展。

组织中个体的行为对群体凝聚力有很重要的影响。当个体发现该群体中的成员和自己有更多的相似性或互补性时，这一群体对个体会有更高的吸引力，个体相互之间更容易彼此接纳对方，在工作之中会增加交流，分享工作经验，更愿意参与企业的决策，也更愿意为促进企业目标达成而努力。群体凝聚力量表测量的内容具体如下：

D81 我喜欢其他成员；

D82 我把其他成员看作自己的朋友；

D83 我们工作小组的凝聚力很高；

D84 我觉得我们的工作小组具有团队精神；

D85 在工作中我同他人的工作关系很密切；

D86 我必须经常同他人一起努力；

D87 我自己的绩效依赖于来自他人的准确信息；

D88 我工作的方式对他人有重要影响；

D89 我的工作要求同他人很频繁地进行协商。

表2-46　不同行业与群体凝聚力交叉表

| 变量<br>行业 | D81 | D82 | D83 | D84 | D85 | D86 | D87 | D88 | D89 |
|---|---|---|---|---|---|---|---|---|---|
| 化工 | 0.970 | 0.979 | 0.959 | 0.957 | 0.950 | 0.954 | 0.657 | 0.954 | 0.952 |
| 建材/建筑 | 0.980 | 0.959 | 0.977 | 0.973 | 0.713 | 0.935 | 0.695 | 0.961 | 0.941 |
| 农牧渔业和<br>食品加工 | 0.500 | 0.931 | 1 | 0.983 | 0.966 | 0.966 | 0.793 | 0.862 | 0.931 |
| 生产加工/<br>制造 | 0.961 | 0.975 | 0.904 | 0.807 | 0.920 | 0.868 | 0.865 | 0.958 | 0.906 |
| 物流交通和<br>服务行业 | 0.524 | 0.958 | 0.958 | 0.517 | 0.951 | 0.944 | 0.524 | 0.538 | 0.965 |
| 制药/医药 | 1 | 1 | 0.989 | 0.933 | 0.922 | 0.944 | 0.978 | 0.967 | 0.956 |
| 电力 | 0.906 | 0.942 | 0.878 | 0.921 | 0.935 | 0.439 | 0.957 | 0.899 | 0.942 |
| 造纸/印刷 | 0.500 | 0.522 | 0.978 | 0.978 | 0.500 | 0.978 | 1 | 0.978 | 0.522 |
| 采掘/资源<br>型生产 | 0.940 | 0.060 | 0.985 | 0.955 | 0.940 | 1 | 0.075 | 0.015 | 0.955 |
| 卡方值 | 645.010 | 1069.258 | 61.429 | 320.850 | 266.073 | 357.392 | 377.007 | 915.473 | 127.017 |
| 显著性 | 0 | 0 | 0 | 0 | 0 | 0 | 0 | 0 | 0 |

国内学者在凝聚力与组织绩效的关系上大多持积极态度。如赵曙明等认为，高凝聚力给组织带来的直接结果是组织目标的达成、组织成员的个人成就和满意感、组织成员之间相互交流数量和质量的提高等；低凝聚力则会增加实现目标的难度，提高群体解散的可能性，减少成员间交流以及导致个人主义。群体凝聚力对于一个企业来说至关重要，积极的群体凝聚力可以更好地促进企业的发展；相反，消极的群体凝聚力会阻碍企业的发展。群体凝聚力也表现在很多方面，在东北地区因其行业不同，其所以表现也各不相同，但总的来说，东北地区中小企业的积极群体凝聚力还是比较高的。

在现代职场中，人们的大部分时间都是在工作岗位中度过，一同工作的职工因为工作上相互依靠、相互影响而形成了一个业缘群体。业缘关系并不仅局限于工作岗位之内，也延伸到了生活当中，是否喜欢群体内的其他成员对一个群体的积极凝聚力也有着十分重要的影响。分行业统计显示，在制药/医药、建材/建筑、化工和生产加工/制造四种行业中分别有100%、98%、97%和96.1%的中小企业员工认为"我喜欢其他成员"，但是在造纸／印刷以及农牧渔业和食品加工行业中都只有50%的中小企业员工认同这一观点。

当业缘关系延伸到生活中时，同事关系也就成了朋友关系，会分担在工作中遇到的困难以及分享一些工作经验。分行业统计显示，在制药／医药、化工、生产加工／制造、建材／建筑以及物流交通和服务业五种行业中分别有100%、97.9%、97.5%、95.9%和95.8%的中小企业员工认为"我把其他成员看作自己的朋友"，但是在采掘／资源型生产行业中仅有6%的中小企业员工认同这一说法。

凝聚力对于一个群体来说十分重要。较高的群体凝聚力能够提升工作效率，促进人际关系的和谐，以及促成群体目标的达成，尤其在集体主义相对盛行的东北地区，多数企业都认为其群体凝聚力较高。分行业统计显示，农牧渔业和食品加工业100%的企业认为其小组的凝聚力很高。在物流交通和服务业中的比例最低，但仍有87.8%的企业员工认同这一观点。

较高的群体凝聚力会对这个集体的团队精神产生正面影响，能把个人的力量凝聚起来，转化成为企业前进的动力。东北地区多数中小企业都认为他们的工作小组具有团队精神，分行业统计显示，在农牧渔业和食品加工、造纸／印刷、建材／建筑、化工和采掘／资源型生产五种行业中分别有98.3%、97.8%、97.3%、95.7%和95.5%的中小企业员工认同"我们的工作小组具有团队精神"，但在物流交通和服务业中相对较低，只有51.7%的中小企业员工认同这一观点。

由于各行业以及各个部门的特点不同，各行业中员工的工作关系紧密程度也各不相同。分行业统计显示，在化工、农牧渔业和食品加工以及物流交通和服务业三种行业中分别有95%、96.6%和95.1%的中小企业员工都认同"在工作中我同他人的工作关系密切"，但是在造纸／印刷行业中仅有50%的中小企业员工认同这一观点。

一项工作的完成需要各部门员工之间的相互配合，跟其他同事一起合作可以感受到集体的力量，成就感会促使员工更积极地完成任务。分行业统计显示，在采掘/资源型生产、造纸/印刷、农牧渔业和服务业以及化工四种行业中分别有100%、97.8%、96.6%和95.4%的中小企业员工认为"我必须经常同他人一起努力"，不过在制药/医药行业中仅有43.9%的中小企业员工认同这一观点。

个人能接触和了解到的信息是有限的，为完成一项工作往往需要来自其他岗位的大量的信息，同事之间的相互配合可以达到事半功倍的效果。分行业统计显示，在造纸/印刷、制药/医药和电力三种行业中分别有100%、97.8%和95.7%的中小企业员工认为"我自己的绩效依赖于来自他人的准确信息"，而在采掘/资源型生产行业中仅有7.5%的中小企业员工认同这一观点。

工作之间的衔接越密切，相互间的影响越大。当一个员工的工作岗位很重要时，他的工作方式对别人的影响也会很大。分行业统计显示，在造纸/印刷、制药/医药、建筑/建材、生产加工/制造和化工五种行业中分别有97.8%、96.7%、96.1%、95.8%和95.4%的中小企业员工认为"我工作的方式对他人有重要影响"，但在采掘/资源型生产行业中仅有1.5%的企业员工同意这种观点。

沟通与交流能够及时地发现工作中的问题，分享工作经验，提高工作效率和资源利用率，避免浪费，因此职工在工作过程中需要不断地与他人进行交流与协商。分行业统计显示，在造纸/印刷行业中仅有52.2%的中小企业员工认为"我的工作要求同他人很频繁地进行协商"，而其他八种行业都有超过90%的企业员工支持这一观点。

表2-47  不同城市与群体凝聚力交叉表

| 变量 城市 | D81 | D82 | D83 | D84 | D85 | D86 | D87 | D88 | D89 |
|---|---|---|---|---|---|---|---|---|---|
| 哈尔滨 | 0.969 | 1 | 0.980 | 0.939 | 0.908 | 0.929 | 0.939 | 0.959 | 0.929 |
| 长春 | 0.951 | 0.938 | 0.977 | 0.974 | 0.931 | 0.954 | 0.974 | 0.980 | 0.935 |
| 沈阳 | 0.953 | 0.958 | 0.948 | 0.932 | 0.686 | 0.942 | 0.391 | 0.921 | 0.927 |
| 大连 | 0.800 | 0.800 | 0.800 | 0.400 | 1 | 0.600 | 0.400 | 0.600 | 1 |

| 变量<br>城市 | D81 | D82 | D83 | D84 | D85 | D86 | D87 | D88 | D89 |
|---|---|---|---|---|---|---|---|---|---|
| 四平 | 0.951 | 0.967 | 0.984 | 0.984 | 0.984 | 0.967 | 0.967 | 0.967 | 0.927 |
| 铁岭 | 0.804 | 0.911 | 0.923 | 0.902 | 0.877 | 0.860 | 0.860 | 0.898 | 0.872 |
| 本溪 | 0.643 | 0.571 | 0.500 | 0.714 | 0.571 | 0.571 | 0.571 | 0.500 | 0.643 |
| 鞍山 | 1 | 0 | 1 | 1 | 1 | 1 | 0 | 0 | 0 |
| 阜新 | 0.500 | 1 | 0.500 | 1 | 1 | 0 | 0.500 | 1 | 0.500 |
| 辽阳 | 1 | 0.750 | 0.250 | 1 | | 0.500 | 1 | 1 | 1 |
| 卡方值 | 166.286 | 200.012 | 243.503 | 795.041 | 300.592 | 378.258 | 966.812 | 466.382 | 80.772 |
| 显著性 | 0 | 0 | 0 | 0 | 0 | 0 | 0 | 0 | 0 |

东北地区职工之间的感情很多都从单纯的业缘关系延伸到工作之外，不仅加深了职工之间的感情，也让人觉得东北地区的人情味相对较重。在一定程度上，东北地区较高的积极群体凝聚力对于企业的低碳发展和承担低碳社会责任都十分有益。统计资料显示，低碳与群体凝聚力分量表中的各指标之间存在一定的相关关系，且显著性小于0.05。

东北地区中小企业发展的主要优势在于资源丰富、劳动力廉价，从业者更多来自本地或附近地区，也有外地来东北的务工人员，但在重人情的东北环境下也会入乡随俗，职工之间的感情相对较好。在调查中小企业职工是否喜欢其他成员时，分城市统计显示，哈尔滨、长春和沈阳三个省会城市中分别有96.9%、95.1%和95.3%的中小企业员工认为"我喜欢其他成员"，在四平和大连两个城市中分别有95.1%和80%的中小企业员工认同这一观点。

对于东北地区中小企业职工来说，员工间的关系不仅仅是业缘关系，因为居住地较近，也有地缘关系，在生活中他们会有很多的联系，更加密切了他们之间的关系。一个表现就是他们在工作中是同事，在生活中很多就是朋友。这一点在哈尔滨表现最为明显，该市所有中小企业员工都认为"我把其他成员看作自己的朋友"。分城市统计显示，在长春、沈阳、四平和大连四个城市中分别有93.8%、95.8%、96.7%和80%的中小企业员工认同这一观点。

　　在工作中是同事，在生活中是朋友，这些企业中职工之间的感情十分深厚，在工作和生活中的互相交流以及互帮互助都会使职工之间的凝聚力程度得到提升。分城市统计显示，在哈尔滨、长春和沈阳三个省会城市中分别有98%、97.7%和94.8%的中小企业员工认为"我们工作小组的凝聚力很高"，在大连和四平两个城市中分别有98.4%和80%的中小企业样本认同这一观点。

　　具有团队精神的工作小组能以团队的利益为主，动员全体力量努力达到工作目标，保障企业目标的实现。调查发现，哈尔滨、长春、沈阳和四平四个城市中分别有93.9%、97.4%、93.2%和98.4%的中小企业员工认为"我觉得我们工作小组具有团队精神"，不过在竞争更加激烈的大连市仅有40%的中小企业员工认同这一观点。

　　在现代企业的发展模式下，企业中每个部门都需要相互协调和配合才能实现企业的正常运转。同样，在一个部门中，每个人所承担的任务不一样，同事之间也要相互配合才能顺利实现部门目标，进而促成企业目标的达成。调查表明，大连市100%的中小企业员工都认为"在工作中我同他人的工作关系密切"；在哈尔滨、长春和四平三个城市中分别有90.8%、93.1%和98.4%的中小企业员工认同这一观点；不过在沈阳表现相对较低，仅有68.6%的中小企业员工认同这一观点。

　　企业中的任何一项工作都需要部门之间或者同事之间相互配合才能够实现，同事之间的相互配合与共同努力，不仅促进了职工之间的感情，也有助于一些工作经验和教训的分享，以及企业目标的顺利达成。在哈尔滨、长春、沈阳和四平四个城市中分别有92.9%、95.4%、94.2%和96.7%的中小企业员工认为"在工作中我与他人的工作关系密切"。

　　不同部门所获取的信息量是十分有限的，足够的信息量和信息共享不仅可以更加全面掌控工作的进展，减少资源浪费的可能性，而且可以加深职工之间的感情，提高群体凝聚力。在哈尔滨、长春和四平三个城市中分别有93.9%、97.4%和96.7%的中小企业员工认为"我自己的绩效依赖于来自他人的准确信息"，但沈阳和长春分别仅有39.1%和40%的中小企业认同这一观点。

工作之间的相互依赖，生活中的相互帮助，让职工之间在工作方式、工作态度以及一些生活习惯方面相互影响。在哈尔滨、长春、沈阳和四平四个城市中，分别有95.9%、98%、92.1%和96.7%的中小企业员工认为"我的工作方式对他人有重要影响"。

工作之间需要一定的沟通与协调，以防止意外发生，并减少重复工作而导致的资源浪费。很多企业员工都认为"我的工作要求同他人很频繁地进行协商"，尤其在大连市表现得最为明显，大连市所有中小企业员工都认同这一观点，在哈尔滨、长春、沈阳和四平四个城市中分别有92.9%、93.5%、92.7%和92.7%的中小企业员工认同这一观点。

表2-48　不同省份与群体凝聚力交叉表

| 变量<br>省份 | D81 | D82 | D83 | D84 | D85 | D86 | D87 | D88 | D89 |
|---|---|---|---|---|---|---|---|---|---|
| 吉林 | 0.951 | 0.946 | 0.979 | 0.977 | 0.946 | 0.958 | 0.972 | 0.977 | 0.916 |
| 辽宁 | 0.876 | 0.899 | 0.894 | 0.778 | 0.811 | 0.824 | 0.494 | 0.824 | 0.931 |
| 黑龙江 | 0.969 | 1 | 0.980 | 0.939 | 0.908 | 0.929 | 0.939 | 0.959 | 0.929 |
| 卡方值 | 61.669 | 69.258 | 84.487 | 207.402 | 89.657 | 101.124 | 742.643 | 159.328 | 1.658 |
| 显著性 | 0 | 0 | 0 | 0 | 0 | 0 | 0 | 0 | 0.437 |

在一个企业中，职工的群体凝聚力对他们之间的工作合作十分重要，在企业遇到困难时，能够共同帮助企业渡过难关，包括企业的低碳困境。统计资料显示，低碳与群体凝聚力分量表中的绝大部分指标存在相关关系，显著性为0；群体凝聚力与"我的工作要求同他人很频繁地进行协商"指标之间的相关性并不显著（$P=0.437$）。

每个人的个性都各不相同，其工作方式以及表达方式也会不相同，增加沟通会有更多共同语言，群体凝聚力也会得到一定的提升。调查显示，吉林、辽宁和黑龙江三省中分别有95.1%、87.6%和96.9%的中小企业员工认为"我喜欢其他成员"。

同事之间经过长期的工作和生活交流，他们之间的感情会更进一步，更倾向于把他们当作自己的朋友，在工作中会更加协调，以更好地实现企业的目标。这在黑龙江省表现得最为明显，该省的100%的中小企业员工都认为"我把其他成员看作自己的朋友"，在吉林和辽宁两省中，分别有94.6%和89.9%的中小企业员工认同这一观点。

群体凝聚力对工作小组的工作效率和团结程度都有重要影响，当一个工作小组的群体凝聚力较高时，员工更容易得到集体的关怀，也会更加倾向于努力工作。在吉林、辽宁和黑龙江三省中，分别有97.9%、89.4%和98%的中小企业样本认为"我们工作小组的凝聚力很高"。

具有较高团队精神的职工之间通过工作配合不仅可以减少个人的工作压力，增强同事之间的感情，也可以提高工作效率，更好地实现工作目标。调查显示，在吉林和黑龙江两省中分别有97.7%和93.9%的中小企业员工认为"我们的工作小组具有团队精神"，在辽宁省对这一观点的认同度相对较低，只有77.8%的中小企业员工认同这一观点。

在工作中，每个任务的完成都需要同事之间良好的沟通，以及时了解工作进度，提高工作效率。调查显示，在吉林、辽宁和黑龙江三省中分别有94.6%、81.1%和90.8%的中小企业样本认为"在工作中我同他人的工作关系密切"。

工作的完成也需要每个员工的共同努力。调查显示，在吉林、辽宁和黑龙江三省中，分别有95.8%、82.4%和92.9%的中小企业样本认为"我必须经常同他人一起努力"。

信息的相对闭塞或片面，对工作的完成是不利的，这就需要企业有完备的信息共享机制。调查显示，在吉林和黑龙江两省中，分别有97.2%和93.9%的中小企业员工认为"我自己的绩效依赖于来自他人的准确信息"，但辽宁省只有49.4%的中小企业员工认同这一观点。

同事之间紧密的联系与交流，会让同事之间相互影响，包括工作方式的影响。调查显示，在吉林、辽宁和黑龙江三省中分别有97.7%、82.4%和95.9%的中小企业样本认为"我工作的方式对他人有重要影响"。

## 三、群体目标分量表分析

任何一个群体的存在和运转都是为了实现其群体目标而服务的，对于绝大多数群体而言，其目标是多个具体目标的组合。

群体目标与组织目标的趋同性是形成群体凝聚力的基础，即群体凝聚力与职业群体行为之间存在一定程度的相关。当一个工作群体的目标与组织目标一致时，群体凝聚力对职业群体公民行为形成有一定的积极作用；反之，则起消极的作用。比如，工作小组的目标与组织目标一致，该工作小组就会更加顺利地完成组织所分配的任务。相关研究证明，群体目标越一致，群体内部的认同会越强，群体成员的身份越重要。此外，当群体目标与组织目标一致时，群体凝聚力会有助于群体和组织目标的实现，当二者相悖时，群体凝聚力可能会牺牲组织利益以实现自己群体的目标。因此凝聚力能否实现积极作用，在很大程度上依赖于群体目标是否与组织目标相一致。当一个群体明确其目标与组织目标一致时，更有可能表现出群体公民行为。群体目标分量表测量内容如下：

D90 我们工作小组的优先目标与企业的优先目标相似；

D91 我们工作小组与企业有相似的工作目标；

D92 我们工作小组与企业的工作目标没有差异；

D93 我所在小组是非常具有胜任力的；

D94 我所在小组做事非常有效率；

D95 我所在小组能够把工作做得很好。

表 2-49 不同行业与群体目标交叉表

| 变量\行业 | D90 | D91 | D92 | D93 | D94 | D95 |
|---|---|---|---|---|---|---|
| 化工 | 0.957 | 0.961 | 0.945 | 0.961 | 0.952 | 0.979 |
| 建材/建筑 | 0.954 | 0.959 | 0.963 | 0.961 | 0.959 | 0.952 |
| 农牧渔业和食品加工 | 0.983 | 0.741 | 1 | 0.759 | 0.983 | 0.707 |

| 变量<br>行业 | D90 | D91 | D92 | D93 | D94 | D95 |
|---|---|---|---|---|---|---|
| 生产加工／制造 | 0.873 | 0.900 | 0.900 | 0.938 | 0.953 | 0.832 |
| 物流交通和服务行业 | 0.937 | 0.958 | 0.531 | 0.958 | 0.979 | 0.538 |
| 制药／医药 | 0.933 | 0.967 | 0.967 | 0.944 | 0.922 | 0.967 |
| 电力 | 0.892′ | 0.885 | 0.914 | 0.928 | 0.475 | 0.892 |
| 造纸／印刷 | 1 | 0.978 | 1 | 0.978 | 0.522 | 0.978 |
| 采掘／资源型生产 | 1 | 0.985 | 0.925 | 0.940 | 0.985 | 0.985 |
| 卡方值 | 63.773 | 72.924 | 294.211 | 47.515 | 536.466 | 301.770 |
| 显著性 | 0 | 0 | 0 | 0 | 0 | 0 |

每个群体都有其特定的目标，当群体目标和企业目标相同的时候，能够促进企业更好地发展。当群体目标得到认同时，职工的工作效率会得到很大的提高。

东北地区大部分中小企业都认为"我们工作小组的优先目标与企业的优先目标相似"。分行业统计显示，在采掘／资源型生产和造纸／印刷两种行业中100%的中小企业都认同这一观点，只有在生产加工／制造行业中认同比例最低，但仍有87.3%的中小企业支持这一观点。

企业在每个生产时期都有自己的目标，同样每个部门的不同时期也有不同的目标，当工作小组目标与企业的整体目标相近时，会提高工作效率，提升工作小组成员的成就感和工作的积极性。分行业统计显示，在采掘／资源型生产、造纸／印刷、制药／医药和化工四中行业中分别有98.5%、97.8%、96.7%和96.1%的中小企业认为"我们工作小组与企业有相似的工作目标"，在农牧渔业和食品加工行业的支持率最低，只有74.1%。

当小组的工作目标与整个企业的工作目标接近时，工作小组会把企业目标当作其工作的指向和动力，有益于实现企业的战略目标。分行业调查显示，除物流交通和服务行业，其他八种行业对"我们工作小组与企业的工作目标没有差异"的认同率都超过了90%；尤其造纸／印刷以及农牧渔业和食品加工两种行业，100%的中小企业都认同这一观点；只有在物流交通和服务行业中仅有53.1%的支持率。

企业的低碳发展对于企业来说既是一个发展机会，也是一种挑战。低碳改革可以提高资源利用率，减少企业成本，达到经济与环境的共赢。低碳发展建立在一系列技术和制度改革基础上，工作小组和职工的自信会让企业勇于承担低碳发展中的各项挑战。在本次调查中，除了农牧渔业和食品加工行业，其他八种行业中都有超过92%的中小企业认为"我所在小组是非常具有胜任力的"，而农牧渔业和食品加工行业中仅有75.9%的认同率。

当每一个工作小组的工作效率都很高时，整个企业的工作效率也会得到大幅度的提升。在采掘／资源型生产、农牧渔业和食品加工以及物流交通三种行业中分别有98.5%、98.3%和97.9%的中小企业认为"我所在小组做事非常有效率"。而在电力行业中仅有47.5%的认同率，电力行业的中小企业属于垄断国有企业的分支，相对于其他中小企业效率较低。

当一个工作小组有能力胜任自己的工作时，这个小组更愿意把工作做好，小组成员各司其职，各尽其责，企业的战略目标也更容易实现。分行业统计显示，在采掘／资源型生产、造纸／印刷、化工、制药／医药和建材／建筑五种行业中分别有98.5%、97.8%、97.9%、96.7%和95.2%的中小企业认为"我所在小组能够把工作做得很好"，只有在物流交通和服务行业中有53.8%的认同率。

表2–50　不同城市与群体目标交叉表

| 变量<br>城市 | D90 | D91 | D92 | D93 | D94 | D95 |
|---|---|---|---|---|---|---|
| 哈尔滨 | 0.827 | 0.990 | 0.878 | 0.939 | 0.959 | 0.980 |
| 长春 | 0.964 | 0.964 | 0.961 | 0.964 | 0.925 | 0.980 |

| 变量<br>城市 | D90 | D91 | D92 | D93 | D94 | D95 |
|---|---|---|---|---|---|---|
| 沈阳 | 0.943 | 0.938 | 0.932 | 0.943 | 0.948 | 0.964 |
| 大连 | 1 | 0.800 | 0.800 | 1 | 0.800 | 0.400 |
| 四平 | 0.967 | 0.967 | 0.967 | 0.967 | 0.967 | 0.902 |
| 铁岭 | 0.894 | 0.860 | 0.923 | 0.860 | 0.889 | 0.847 |
| 本溪 | 0.500 | 0.357 | 0.571 | 0.571 | 0.786 | 0.643 |
| 鞍山 | 1 | 1 | 1 | 0 | 1 | 0 |
| 阜新 | 1 | 0.500 | 0.500 | 0 | 1 | 1 |
| 辽阳 | 0.750 | 0.500 | 0.750 | 1 | 0.750 | 1 |
| 卡方值 | 168.126 | 237.382 | 112.120 | 148.694 | 97.585 | 879.381 |
| 显著性 | 0 | 0 | 0 | 0 | 0 | 0 |

　　通过职业群体力量促成企业目标的顺利达成，减少企业发展阻力，对于需要进行一系列改革才能实现的低碳发展十分重要。统计资料显示，低碳与群体目标分量表中的各指标之间存在相关，且显著性小于 0.05。

　　当工作小组的优先目标与企业的优先目标相近时，会更有利于企业目标的达成，也会降低企业实现低碳发展的难度，提高企业承担低碳社会责任的能力。调查显示，大连市 100% 的中小企业认为"我们工作小组的优先目标与企业的优先目标相似"，在哈尔滨、长春、沈阳和四平四个城市中分别有 82.7%、96.4%、94.3% 和 96.7% 的中小企业认同这一观点。

　　当工作小组将目标定位为实现企业目标时，工作小组就会有更强的动力推动企业的发展，在这一过程中，企业员工的自我认同感也会随着企业目标的达成而得到提升。调查显示，在哈尔滨、长春和沈阳三个省会城市中分别有 99%、96.4% 和 93.8% 的中小企业认为"我们工作小组与企业有着相似的工作目标"，在大连和四平两个城市中分别有 80% 和 96.7% 的中小企业对此有认同感。

　　当小组的工作目标与企业目标没有差异时，职工的劳动积极性能够被最大限度地调动起来。调查中很多企业都同意我们工作小组与企业的工作目标没有差异，分城市统计显示，哈尔滨、长春和沈阳三个省会城市中分别有 87.8%、96.1% 和 93.2% 的中小企业认为"我们工作小组与企业的工作目标没有差异"，在大连和四平两个城市中分别有 80% 和 96.7% 的中小企业认同这一观点。

通过自身的努力完成具有挑战性的工作，能够让员工感觉到自身价值的实现，也可以激发员工的工作积极性。调查显示，大连市 100% 的中小企业都认为"我所在的工作小组是非常具有胜任力的"，在哈尔滨、长春、沈阳和四平四个城市中分别有 93.9%、96.4%、94.3% 和 96.7% 的中小企业认同这一观点。

每个小组都提高自身的工作效率，整个企业的效率才能得到提高。调查显示，东北地区大部分企业都认同"我所在工作小组做事非常有效率"这一观点，在哈尔滨、长春、沈阳和四平四个城市中分别有 95.9%、92.5%、94.8% 和 96.7% 的中小企业认同这一观点，仅大连和本溪市相对较少，但仍然分别有 80% 和 78.6% 的中小企业认同这一观点。

工作的完成不仅能获得成就感，也能够证明自己工作小组的能力，提高工作信心。调查显示，哈尔滨、长春、沈阳和四平四个城市中分别有 98%、98%、96.4% 和 90.2% 的中小企业认为"我所在小组能够把工作做得很好"；但在人才优势较为明显大连市，其人才方面的竞争相对更加激烈，只有 40% 的中小企业认同这一观点。

表 2-51　不同省份与群体目标交叉表

| 变量<br>省份 | D90 | D91 | D92 | D93 | D94 | D95 |
|---|---|---|---|---|---|---|
| 吉林 | 0.965 | 0.965 | 0.963 | 0.965 | 0.937 | 0.958 |
| 辽宁 | 0.942 | 0.875 | 0.889 | 0.934 | 0.893 | 0.782 |
| 黑龙江 | 0.827 | 0.990 | 0.878 | 0.939 | 0.959 | 0.980 |
| 卡方值 | 104.656 | 102.887 | 43.082 | 9.566 | 27.348 | 215.823 |
| 显著性 | 0 | 0 | 0 | 0.008 | 0 | 0 |

　　每个工作群体都有自己的目标，较强的群体凝聚力会让职工尽力为了工作小组的目标而努力。此时，如果职工群体的目标与企业的整体目标相同或者相似，不仅对企业的发展有利，对企业实现低碳发展和承担低碳社会责任也有促进作用。统计资料显示，低碳与群体目标分量表中全部指标存在相关关系，且显著性小于 0.05。

　　企业中的每个目标都会分散成若干目标分配到工作小组中，而工作也有轻重缓急之分，所以在工作安排时会有先后顺序之分。每个工作小组和企业都有一个优先任务目标，当工作小组的优先目标与企业的优先目标相近时，就会加快企业目标的完成进度。统计显示，吉林、辽宁和黑龙江三省中，分别有 96.5%、94.2% 和 82.7% 的中小企业认为"我们工作小组的优先目标与企业的优先目标相似"。

　　工作小组首先需要完成企业所分配的任务，对企业整体来说，就是把工作合理地分配到每一单位，并协调他们完成工作。如果工作小组的目标和企业的目标相似的话，会降低企业的管理难度，加快企业目标的实现。调查表明，吉林、辽宁和黑龙江三省中分别有 96.5%、87.5% 和 99% 的中小企业认为"我们工作的小组与企业有相似的工作目标"。

　　工作小组目标与企业目标相近可以降低企业的管理难度，加快目标的实现。如果工作小组目标和企业目标没有差异，将会更加有利于企业的发展。调查显示，在吉林、辽宁和黑龙江三省中分别有 96.3%、88.9% 和 87.8% 的中小企业样本认为"我们工作小组与企业的工作目标没有差异"。

　　如果工作小组中的成员能够胜任工作，不仅有利于其主观能动性的发挥，也会让其更加自信，对企业和员工自身的发展更加有利。调查显示，在吉林、辽宁和黑龙江三省中，分别有 96.5%、93.4% 和 93.9% 的中小企业认为"我所在小组是非常具有胜任力的"。

　　生产效率对于一个企业来说十分重要，企业生产效率提高能使企业获得更多的效益。调查显示，吉林、辽宁和黑龙江三省分别有 93.7%、89.3% 和 95.9% 的中小企业认为"我所在工作小组做事非常有效率"。

　　职工有足够的自信，就能够把企业所分配给的工作做好，不会在困难面前畏首畏尾。调查显示，在吉林和黑龙江两省中，分别有 95.8% 和 98% 的中小企业认为"我所在工作小组能够把工作做得很好"。

## 四、工作满意度分量表分析

洛克认为工作满意度是一个人对其工作所产生的结果或工作价值观进行评价时，所产生的积极或者愉悦的情感状态。当职工的工作满意度较高时，对该群体组织的信任度也就随之提高。Gilbert 认为开放性沟通、程度高的决策参与、信息分享、情感的真实分享对组织信任具有重要的影响，这主要体现在：影响组织的成功、影响群体的有效性、群体成员之间的合作以及成员之间的信任度。

职工与企业组织之间存在交换的契约关系，不仅包括经济交换，还包括社会交换。经济交换，是指职工通过劳动所获得的报酬；社会交换，则主要包括物质和心理上的利益获得，如地位、忠诚和信任。在经济交换关系的影响下，职工会按照与企业的雇佣协议完成自己分内应做之事；在社会交换关系的影响之下，职工对组织的回报会超过书面协议所规定的行为方式，更容易表现出角色外行为。如果职工所在的工作小组对其自身有较高的满意度，同时该小组与其他工作小组之间的互动较多，该小组更容易表现出职业群体公民行为，以便维持各小组之间的关系。工作满意度分量表测量内容包括：

D96 我觉得和其他企业做类似工作的人相比我的工资较高；

D97 我对自己的工作环境很满意；

D98 我的工作具有挑战性并且有一种成就感；

D102 即使企业效益差，我也不会离开；

D103 我对企业感情很深厚；

D104 我愿意为企业贡献全部心血。

工资福利不仅影响着员工的工作满意程度，也影响着企业职工对这个企业的归属感和工作的积极性。由于东北地区整体经济发展较发达地区落

表 2-52 不同行业与工作满意度交叉表

| 变量<br>行业 | D96 | D97 | D98 | D102 | D103 | D104 |
|---|---|---|---|---|---|---|
| 化工 | 0.589 | 0.934 | 0.596 | 0.670 | 0.938 | 0.945 |
| 建材 / 建筑 | 0.636 | 0.680 | 0.655 | 0.850 | 0.954 | 0.878 |
| 农牧渔业和食品加工 | 0.690 | 1 | 0.759 | 0.741 | 1 | 0.914 |
| 生产加工 / 制造 | 0.671 | 0.891 | 0.881 | 0.849 | 0.963 | 0.895 |
| 物流交通和服务行业 | 0.510 | 0.972 | 0.965 | 0.916 | 0.517 | 0.965 |
| 制药 / 医药 | 0.922 | 0.967 | 0.911 | 0.933 | 0.944 | 0.967 |
| 电力 | 0.921 | 0.957 | 0.899 | 0.906 | 0.906 | 0.899 |
| 造纸 / 印刷 | 0.978 | 0.978 | 1 | 1 | 0.957 | 1 |
| 采掘 / 资源型生产 | 0.075 | 0.955 | 0.925 | 0.015 | 1 | 0.985 |
| 卡方值 | 217.151 | 250.732 | 283.551 | 383.464 | 399.901 | 36.831 |
| 显著性 | 0 | 0 | 0 | 0 | 0 | 0 |

后，相对于那些地区工资水平较低，但其中一些垄断企业职工的工资福利相对会好一些。如果把该地区的消费水平因素考虑在内，东北地区的工资水平勉强可以接受。分行业统计显示，在造纸 / 印刷、制药 / 医药和电力行业中分别有 97.8%、92.2% 和 92.1% 的中小企业认为"其他企业做类似工作的人相比我的工资较高"，但是在采掘 / 资源型生产行业中只有 7.5% 的认同率，这是因为在该行业中的平均工资相对较高。

"企业如我家，爱护靠大家"，如果这个"家"的环境不好，就会让人产生逃离感，企业也是如此。如果一个企业的工作环境较好，员工会更愿意在这里工作。东北地区的自然环境相对缺乏吸引力，但随着近些年对企业工作环境以及企业文化建设的重视，员工对工作环境的满意度在提高。分行业统计显示，在农牧渔业和食品加工、造纸 / 印刷以及物流交通和服务业三种行业中分别有 100%、97.8% 和 97.2% 的中小企业员工认为"我对自己的工作环境很满意"，不过在建材 / 建筑行业中只有 68% 的中小企业认同这一观点。

通过自己努力完成具有挑战性的工作更能激发员工的劳动潜能，使员工获得一种成就感。只有这样，才能促进职工的全面发展，提升企业整体的劳动素质。在造纸 / 印刷、物流交通和服务业、采掘 / 资源型生产以及制药 / 医药四种行业中分别有 100%、96.5%、92.5% 和 91.1% 的中小企业员工认为"我的工作具有挑战性并且有一种成就感"，但在化工行业只有 59.6 的企业员工对此有认同感。

员工在一个企业工作久了会产生难以割舍的感情，在企业效益不好的时候，也不忍离开，愿意与企业共患难。分行业统计显示，造纸 / 印刷、制药 / 医药、物流交通和服务业、电力四个行业中分别有 100%、93.3%、91.6% 和 90.6% 的中小企业员工认为"即使企业效益差，我也不会离开"，但是在采掘 / 资源型生产企业只有 1.5% 的企业员工对此有认同感。

职工的主人翁意识增强，对企业的责任心会更强。东北地区企业职工的集体感强，对企业的归属感也更强。在本次调查中，除了物流交通和服务行业以外，其他八个行业分别都有超过 90% 的中小企业员工认为"我对企业感情很深厚"，尤其在采掘 / 资源型生产以及农牧渔业和食品加工两个行业中，100% 的企业员工都认同这一观点；但在物流交通和服务行业中只有 51.7% 的企业员工对此有认同感。

对企业感情深厚的员工更愿意认同为企业贡献出全部心血的观点。分行业统计显示，绝大部分企业员工都认为"我愿意为企业贡献全部心血"，尤其在造纸 / 印刷行业中 100% 的企业员工都同意这一观点；只有在建材 / 建筑行业中的认同感较低，但支持率仍然达到了 87.8%。

工作满意度决定着职工对企业归属感的高低。统计资料显示，东北地区低碳与工作满意度分量表中的各指标之间关系存在相关关系，且显著性小于 0.05。

从目前来说，东北中小企业职工的工资是其生活的主要保障，而且与其他类似或者相同职位的工资比较是职工选择企业的首要考虑因素。相对

表 2-53　不同城市与工作满意度交叉表

| 变量<br>城市 | D96 | D97 | D98 | D102 | D103 | D104 |
|---|---|---|---|---|---|---|
| 哈尔滨 | 0.796 | 0.857 | 0.949 | 0.959 | 0.990 | 0.969 |
| 长春 | 0.974 | 0.974 | 0.974 | 0.971 | 0.974 | 0.977 |
| 沈阳 | 0.266 | 0.651 | 0.297 | 0.620 | 0.911 | 0.906 |
| 大连 | 0.200 | 1 | 0.800 | 0.600 | 0.800 | 0.800 |
| 四平 | 0.836 | 0.984 | 0.951 | 0.672 | 0.951 | 0.803 |
| 铁岭 | 0.783 | 0.898 | 0.843 | 0.796 | 0.881 | 0.919 |
| 本溪 | 0.500 | 0.714 | 0.429 | 0.571 | 0.500 | 0.571 |
| 鞍山 | 1 | 0 | 0 | 1 | 0 | 0 |
| 阜新 | 1 | 1 | 0 | 1 | 1 | 0.500 |
| 辽阳 | 0.500 | 1 | 0.500 | 0.750 | 0.750 | 0.750 |
| 卡方值 | 1044.958 | 391.908 | 1077.142 | 427.435 | 196.391 | 179.734 |
| 显著性 | 0 | 0 | 0 | 0 | 0 | 0 |

于发达地区，东北地区职工的工资水平相对较低，工资的高低决定了他们的生活水平，也会影响其工作的积极性。分城市统计显示，在哈尔滨、长春和四平三个城市中，分别有 79.6%、97.6% 和 83.6% 的中小企业员工认为"和其他企业做类似工作的人相比我的工资较高"；但是在经济相对较为发达的沈阳和大连两个城市中分别仅有 26.6% 和 20% 的中小企业员工认同这一观点，说明这两个城市中小企业职工对当前的工资水平并不满意。

随着经济的不断发展，中小企业的工作环境也得到改善，其福利待遇水平也在提高，这些都有助于职工提高其工作认同感，增加工作的自我投入。调查发现，大连市 100% 的中小企业员工认同"我对自己的工作环境很满意"，在哈尔滨、长春和四平三个城市中，分别有 85.7%、97.4% 和 98.4% 的中小企业员工认同这一观点，不过在沈阳市仅有 65.1% 的中小企业员工认同这一观点。

东北大部分企业员工都同意"我的工作具有挑战性并且有一种成就感"，在哈尔滨、长春、四平和大连四个城市中分别有 94.9%、97.4%、

95.1% 和 80% 的中小企业员工认同这一观点，但在沈阳有 29.7% 和 42.9% 的中小企业员工认同这一说法。

在企业改革的过程中可能会遇到暂时性的困难，在一定时期内企业效益可能不好，如果职工对企业的感情深厚，当企业遇到暂时困难时，会选择共同努力，一起度过难关。调查发现，哈尔滨和长春两个城市分别有 95.9% 和 97.1% 的中小企业员工认为"即使企业效益差，我也不会离开"。然而在生活压力日益变大的今天，仅仅依靠感情有时是无法化解生活中的压力，所以当企业遇到困境的时候，职工选择离开也是情有可原，在沈阳、大连和四平三个城市中分别仅有 62%、60% 和 67.2% 的中小企业样本认同这一观点。

在一个企业工作时间越久，越容易对其产生深厚感情。调查发现，在哈尔滨、长春、沈阳和四平四个城市中分别有 99%、97.4%、91.1% 和 95.1% 的中小企业员工认同这一观点，不过在本溪市仅有半数企业员工认同这一说法。

分城市统计显示，在东北认同"我愿意为企业贡献全部心血"的员工占多数。在哈尔滨、长春和沈阳三个城市中分别有 96.9%、97.7%、和 90.6% 的中小企业员工认同这一观点，但在本溪市仅有 57.1% 的中小企业认同这一说法。

职工对自己工作满意度越高，群体凝聚力也就越高，对企业的归属感也就高。统计资料显示，低碳与工作满意度分量表中的全部指标存在相关关系，且显著性小于 0.05。

表 2-54　不同省份与工作满意度交叉表

| 省份 \ 变量 | D96 | D97 | D98 | D102 | D103 | D104 |
|---|---|---|---|---|---|---|
| 吉林 | 0.935 | 0.977 | 0.967 | 0.886 | 0.967 | 0.928 |
| 辽宁 | 0.360 | 0.799 | 0.547 | 0.651 | 0.869 | 0.874 |
| 黑龙江 | 0.796 | 0.857 | 0.949 | 0.959 | 0.990 | 0.969 |

| 省份 \ 变量 | D96 | D97 | D98 | D102 | D103 | D104 |
|---|---|---|---|---|---|---|
| 卡方值 | 781.459 | 139.151 | 628.346 | 288.479 | 114.804 | 48.253 |
| 显著性 | 0 | 0 | 0 | 0 | 0 | 0 |

每个员工在其职业发展中都会将自己的工作与类似企业的工作进行比较。分省统计显示，吉林省有 93.5% 的中小企业员工认为"我觉得和其他企业做类似工作的人相比我的工资较高"，在黑龙江有 79.6% 的中小企业员工认同这一观点。而在辽宁省，只有 36% 的中小企业员工对此观点有认同感。

除了工资水平，工作环境是影响工作满意度的另一个重要因素。工作环境包括自然环境和人文环境，在一个良好的环境中工作，更容易获得较高的工作满意度。分省统计显示，在吉林、辽宁和黑龙江三省中分别有 97.7%、79.9% 和 85.7% 的中小企业员工认为"我对自己的工作环境很满意"。

在一个具有挑战性、需要通过自身努力才能够完成的工作岗位，员工的工作会更有成就感。分省统计显示，吉林和黑龙江两省分别有 96.7% 和 94.9% 的中小企业员工认为"我的工作具有挑战性并且有一种成就感"，但辽宁省对这一观点的认同感相对较低，仅有 54.7% 的中小企业员工同意这一观点。

对自己工作满意的职工，更倾向于选择当企业遇到困难时愿意与企业共渡难关。调查显示，吉林和黑龙江两省中分别有 88.6% 和 95.9% 的中小企业员工认为"即使企业效益差，我也不会离开"。但职工为了生计，在无法维持的情况下也会选择离开，在辽宁省仅有 65.1% 的中小企业样本认同这一观点。

员工在工作中与企业的共同经历越多，对企业的感情越深厚。调查显示，在吉林、辽宁和黑龙江三省中分别有 96.7%、86.9% 和 99% 的中小企业员工认为"我对企业感情深厚"。

企业给员工提供展示能力的平台，员工用工作回报企业。在吉林、辽宁和黑龙江三省中，分别有92.8%、87.4%和96.9%的中小企业员工认同"我愿意为企业贡献全部心血"的观点。

## 五、协作精神分量表分析

大量研究表明，协作精神能够对群体行为产生影响，高协作性的群体成员比低协作性的群体成员之间，需要更加频繁的交流信息。Pearce研究发现，高协作性与个体角色外行为呈正相关关系，而个体的独立性与个体的角色外行为呈负相关。为了更好地实现组织目标，工作群体需要经常自发性地调整，逐渐培养成相互协作的群体规范，这样对于他人需求的感知度也随之提高，团队意识增强，从而促进群体之间的互助行为。在高协作性的群体内部，员工之间联系紧密，交流频繁，群体凝聚力较高，更容易产生职业群体公民行为，也更容易产生较高的工作满意度。职业群体协作精神分量表测量内容包括：

D105 我愿意帮助新同事适应工作环境；

D107 我的同事愿意在需要的时候分担其他同事的工作任务；

D108 和同事相比，我的工作成绩比较优秀；

D109 我的领导对我的工作成绩比较满意；

D110 同事对我的工作成绩评价比较高；

D111 我的工作成绩经常受到单位的表扬。

只有当一个企业真正的协调起来，才能提高工作效率，降低生产成本。总体上来说，东北地区中小企业员工的协作精神较好，只是不同行业存在一定的差异性。

表2-55  不同行业与协作精神交叉表

| 行业＼变量 | D105 | D107 | D108 | D109 | D110 | D111 |
|---|---|---|---|---|---|---|
| 化工 | 0.979 | 0.577 | 0.968 | 0.955 | 0.955 | 0.951 |

| 行业 ＼ 变量 | D105 | D107 | D108 | D109 | D110 | D111 |
|---|---|---|---|---|---|---|
| 建材／建筑 | 0.945 | 0.675 | 0.907 | 0.925 | 0.925 | 0.864 |
| 农牧渔业和食品加工 | 0.914 | 0.690 | 0.845 | 0.931 | 0.966 | 0.707 |
| 生产加工／制造 | 0.778 | 0.895 | 0.949 | 0.915 | 0.906 | 0.880 |
| 物流交通和服务行业 | 0.986 | 0.937 | 0.517 | 0.986 | 0.944 | 0.944 |
| 制药／医药 | 0.967 | 0.967 | 0.933 | 0.911 | 0.900 | 0.900 |
| 电力 | 0.935 | 0.885 | 0.914 | 0.906 | 0.504 | 0.878 |
| 造纸／印刷 | 0.978 | 0.957 | 1 | 0.978 | 0.978 | 1 |
| 采掘／资源型生产 | 1 | 1 | 0.985 | 1 | 1 | 0.985 |
| 卡方值 | 224.915 | 321.467 | 345.594 | 24.617 | 297.008 | 64.654 |
| 显著性 | 0 | 0 | 0 | 0 | 0 | 0 |

新员工为了尽快适应新的工作环境，往往需要老员工提供必要的指导。分行业调查表明，在采掘／资源型生产、物流交通和服务业以及化工三种行业分别有100%、98.6%和97.9%的中小企业员工认同"我愿意帮助新同事适应工作环境"，但在生产加工／制造行业中对此有认同感的样本企业相对较少，只有77.8%的中小企业员工认同这一观点。

每个人的能力不同，当有同事的工作超过其能力范围时，如有同事伸出援手，适时地帮助他度过难关，无疑将有助于促进团队的群体凝聚力。调查发现，采掘／资源型生产、制药／医药、物流交通和服务业以及造纸／印刷四个行业中分别有100%、96.7%、93.7%和95.7%的中小企业员工认为"我的同事愿意在需要的时候分担其他同事的工作任务"。

工作中的良性竞争会促进职工不断进步，也会让其更有成就感。在造纸／印刷、采掘／资源型生产以及化工行业中分别有100%、98.5%和96.8%的中小企业员工认为"和同事相比，我的工作成绩比较优秀"，在物流交通和服务行业中只有51.7%的企业员工对此有认同感。

企业领导需要适时对职工的工作给予肯定，这种肯定不仅会激发员工的工作热情，也会对其他员工起到示范作用。在本次调查中，所有行业都有超过90%的中小企业员工认为"我的领导对我的工作成绩比较满意"，尤其在采掘／资源型生产行业，所有的企业员工对此都有认同感。

在非正式群体中可以获得不同于正式群体的肯定，非正式群体内成员的赞扬不仅能够激发工作热情，也有利于同事间良好关系的形成。在采掘／资源型生产、造纸／印刷、农牧渔业和食品加工以及化工行业中分别有100%、97.8%、96.6%和95.5%的中小企业员工认为"同事对我的工作成绩评价比较高"，然而在电力行业只有50.9%的中小企业员工对此有认同感。

企业对职工的激励方式有物质方面的，也有精神方面的。对职工的成绩予以适当表扬，不仅能够提高员工的工作积极性，也能提高其工作效率。在造纸／印刷、采掘／资源型生产和化工三种行业中分别有100%、98.5%和95.1%的中小企业员工认为"我的工作成绩经常受到单位的表扬"，但在农牧渔业和食品加工行业中的企业员工对此的认同感相对较低，只有70.7%。

表 2–56  不同城市与协作精神交叉表

| 变量<br>城市 | D105 | D107 | D108 | D109 | D110 | D111 |
|---|---|---|---|---|---|---|
| 哈尔滨 | 0.898 | 0.980 | 0.959 | 1 | 0.980 | 0.990 |
| 长春 | 0.977 | 0.964 | 0.977 | 0.980 | 0.967 | 0.964 |
| 沈阳 | 0.958 | 0.297 | 0.948 | 0.901 | 0.942 | 0.900 |
| 大连 | 0.600 | 0.800 | 0.800 | 0.800 | 0.600 | 0.800 |
| 四平 | 0.951 | 0.934 | 0.820 | 0.670 | 0.918 | 0.787 |
| 铁岭 | 0.885 | 0.843 | 0.864 | 0.881 | 0.872 | 0.766 |
| 本溪 | 0.571 | 0.643 | 0.500 | 0.714 | 0.786 | 0.286 |
| 鞍山 | 0 | 0 | 1 | 1 | 1 | 1 |
| 阜新 | 1 | 0 | 1 | 1 | 0.500 | 1 |

| 城市＼变量 | D105 | D107 | D108 | D109 | D110 | D111 |
|---|---|---|---|---|---|---|
| 辽阳 | 1 | 0.500 | 0.750 | 0.500 | 1 | 0.500 |
| 卡方值 | 393.265 | 1101.588 | 179.105 | 199.345 | 424.170 | 255.497 |
| 显著性 | 0 | 0 | 0 | 0 | 0 | 0 |

东北地区人情味相对更浓厚，群体凝聚力较高，团队成员间更容易达成良好的协作关系。统计资料显示，低碳与协作精神分量表中各指标之存在相关关系，且显著性小于0.05。

很多中小企业员工都认同愿意帮助新同事适应工作环境的观点。在哈尔滨、长春、沈阳和四平四个城市中分别有89.8%、97.7%、95.8%和95.1%的中小企业员工认同"我愿意帮助新同事适应工作环境"，而在大连市仅有60%的中小企业员工认同这一观点。

在完成本职工作的前提下，帮助其他同事完成工作能更好地提高团队的工作效率。分城市统计显示，在哈尔滨、长春、大连和四平四个城市中分别有98%、96.4%、80%和93.4%的中小企业员工认为"我的同事愿意在需要的时候分担其他同事的工作任务"，但在沈阳市仅有29.7%的中小企业员工认同这一观点。

同事之间的竞争可以促进员工更加努力地工作。调查发现，在哈尔滨、长春和沈阳三个省会城市中，分别有95.9%、92.7%和94.8%的中小企业员工认为"和同事相比，我的工作成绩比较优秀"，在大连和四平两个城市中分别有80%和82%的中小企业员工认同这一观点。

如果员工认为领导对自己的工作比较满意，工作会更加认真，这也是很多企业管理者经常采用的员工激励方法。调查研究表明，哈尔滨市100%的中小企业员工认为"我的领导对我的工作成绩比较满意"，在长春、沈阳和大连三个城市中分别有98%、90.1%和80%的中小企业员工认同这一观点。

同事的赞扬既是对自己工作的肯定，也能在非正式群体中获得较高的声望。调查发现，在哈尔滨、长春、沈阳和四平四个城市中分别有98%、

96.7%、94.2%和91.8%的中小企业样本认为"同事对我的工作成绩评价比较高",但在大连仅有60%的中小企业对此有认同感。

员工在工作中更愿意得到表扬,表扬既是荣誉,也是对努力工作的肯定。分省统计显示,多数中小企业员工都认为"我的工作成绩经常受到单位的表扬"。在哈尔滨、长春、沈阳和四平四个城市中分别有99%、96.4%、90%和80%的中小企业员工认同这一观点,但本溪市仅有28.6%的认同这一说法。

表2-57 不同省份与协作精神交叉表

| 变量<br>省份 | D105 | D107 | D108 | D109 | D110 | D111 |
|---|---|---|---|---|---|---|
| 吉林 | 0.970 | 0.956 | 0.932 | 0.977 | 0.953 | 0.914 |
| 辽宁 | 0.841 | 0.550 | 0.884 | 0.866 | 0.832 | 0.836 |
| 黑龙江 | 0.898 | 0.980 | 0.959 | 1 | 0.980 | 0.990 |
| 卡方值 | 87.661 | 646.627 | 32.379 | 150.458 | 132.382 | 102.603 |
| 显著性 | 0 | 0 | 0 | 0 | 0 | 0 |

统计资料显示,低碳与协作精神分量表中的全部指标存在相关关系,其显著性小于0.05。

对于刚进入陌生工作环境的员工来说,在适应过程中,如果有老员工愿意提供帮助,不仅能让其更快地进入工作角色,融入这个群体中,也能感受到集体的凝聚力,对企业更加投入。调查发现,在吉林、辽宁和黑龙江三省中,分别有97%、84.1%和89.8%的中小企业员工认同"我愿意帮助新同事适应工作环境"。

在吉林和黑龙江两省中,分别有95.6%和98%的中小企业员工认为"我的同事在需要的时候会分担其他同事的工作任务",但辽宁省仅有55%的中小企业员工同意这一观点。

工作中的表扬是对其工作的认可,可以提高职工对工作的认同度和积极性,而同事之间的良性竞争则有利于团队目标的达成和工作效率的提升。在目标相同的情况下,在非正式群体中获得的正向评价,会对职工的工作积极性产生正向影响。分省统计显示，在吉林、辽宁和黑龙江三省中分别有 91.4%、83.6% 和 99% 的中小企业员工认为"我的工作成绩经常受到单位的表扬"，三省中分别有 95.3%、83.2% 和 98% 的中小企业员工认为"同事对我的工作成绩评价比较高"；认为"我的领导对我的工作成绩比较满意"的比例，黑龙江省达到 100%，吉林和辽宁分别达到 97.7% 和 86.6%；认为"和同事相比，我的工作成绩比较优秀"的比例在吉林、辽宁和黑龙江三省中分别达到 93.2%、88.4% 和 95.9%。

# 第三章　消费推动：高知青年群体的
## 低碳消费能动性

中国正处于城镇化、工业化的快速发展时期，加之人口众多、城乡差距和现行能源结构不合理（以不可再生的煤炭与石油为主）等因素，"高碳"问题在短时间内仍然难以得到解决，这也意味着节能减排压力巨大。在这样的情况下，倡导低碳消费、低碳生产和低碳生活，才是有效的可行之路。

研究显示，人类的日常消费行为占碳排放的比例较高。要达到节能减排的目标，日常低碳消费行为很关键。在广大的消费者群体中，大学生是很特殊的青年群体，在消费市场上受到越来越多的关注。这一方面是因为大学生掌握了高层次的科学文化知识，拥有与时代同呼吸共命运的使命感，更容易接受低碳消费这种行为习惯，以自身为榜样去改变和影响身边的人，成为一个低碳消费的榜样群体；另一方面是因为其数量众多，2012年全国各类在校大学生（本科、研究生）的人数达2536.5647多万人。一旦毕业进入社会，他们会将这种榜样的力量带入社会，带动更多的人接受低碳消费的理念，推动低碳消费模式。

## 第一节　高知青年群体低碳消费能动性问题解析

作为高知青年群体的代表，大学生这个群体基本上可以起到一个承上启下的作用，他们有较强的认知能力，能够对老人、对下一代有很强的影

158

响力。如果他们接受了低碳消费的理念，就会通过其传承作用让更多人了解低碳消费、接受低碳消费，这无疑对我国的可持续发展有很大帮助。除此之外，低碳消费还可以减少浪费现象，提高经济效益，改善生存环境。影响高知青年群体低碳消费能动性的问题主要有：

第一，什么是低碳消费？为什么要进行低碳消费？高碳消费与低碳消费的区别是什么？

第二，什么因素影响低碳消费行为？各影响因素之间有哪些作用？

第三，如何推进并践行低碳消费行为？需要怎样的策略推进？

这部分研究的关键是解决低碳认知、消费动机和外部因素与低碳消费行为的关系，同时剖析大学生低碳消费行为促进的深层机理。

## 一、基本概念解析

### （一）低碳经济

在低碳经济方面，1997 年 84 个国家在日本东京签署了《京都议定书》，其目的在于使人类免于受到气候变暖的影响，它要求发达国家于 2005 年起必须承担起节能减排的义务。从 2012 年始，发展中国家逐步加入到节能减排的国家队伍中来。1998 年，Ann P. Kinzi 第一次提出了低碳经济的理论。莱斯特·R. 布朗认为，鉴于全球温度上升、环境遭到破坏、资源能源枯竭，人们需要从根本上改变以消耗工业为主的不可再生的经济模式，转变成可持续发展的资源战略经济模式。"低碳经济"一词最早出现在政府文件上，2003 年 2 月 24 日英国首相布莱尔在《我们未来的能源——创建低碳经济》报告中指出，"低碳经济"的最终目的不只是要获得更多的经济产出，而是要在保护资源和环境的同时，得到更多更好的经济发展，使两者相辅相成。此低碳发展模式提出后，各国纷纷响应。2009 年召开的哥本哈根世界气候大会，让"低碳"一词进入了更多人的视野，同时也得到了全世界的关注。温室气体过度排放所引起的气候变化问题也让人们开始自省，应该如何治理才能够有效践行"低碳"。"低碳经济"这一概念的提出，增强了各国面对气候变化时的应变能力和积极改变的乐观态度。

在学术界，围绕着低碳的研究也在不断地发展。在中国，低碳经济和低碳消费行为模式的发展仍处于起步阶段，在低碳经济方面，我国较早研究低碳的学者庄贵阳（2005）认为，低碳经济的目的是从根本上改善全球气候和不断恶化的经济形势，抵抗温室效应所带来的不良影响，从最大程度上促进全球资源的可持续发展，提高能源的使用效率；以高科技、新理论、新制度为方法，使低碳经济成为主流消费模式，成为我国转变经济增长的主要方式，同时也有利于环境的保护。付允等认为，低碳经济能够减少污染气体排放，从根本上提高能源使用效率，改善不断恶化的环境，他建议采用新兴技术支持低碳经济发展，让低碳经济成为主流经济模式。李胜、陈晓春指出，从多环节、多角度、以市场自动调节为基础，依附各国政府多种政策化扶持，以现代新兴技术手段为支持，有效提高资源利用率，实现真正意义上的可持续发展。低碳技术中的碳中和技术、温室气体减排技术、可再生资源技术、能源节约利用技术已经被各国低碳经济支持者多方实验并有了突破的成果，而如何在社会上推广"低碳消费"这一新兴模式依然是社会各界人士需要努力、各国政府需要推进的重点。袁男优认为，构建和谐社会、资源的分配与利用、低碳经济的市场化仍然是我们需要不断探索的课题。范建华认为，低碳经济这一涵盖了多门学科（包括经济学、社会学、生物工程学等）的知识与社会发展息息相关，是人类社会进步不可分割的重要理论。如何把低碳经济模式应用到生产和生活中去，是国内外研究学者需要深入研究的。综合来看，各学者切入点不同、表达方式不同，但对于推进"低碳经济"、"绿色经济"的理念却一致相同，普遍认为低碳经济是一种为全民谋福利的经济发展新理念。

## （二）低碳消费

在低碳消费方面，1928 年 Ramsey 最早提出了 Ramsey 模型的模型，即家庭最优消费选择模型。20世纪20年代开始，有多位学者对基于Ramsey模型的家庭消费和个人消费的方式、习惯和重点进行对比分析。第二次世界大战结束以后，西方经济快速发展，气候变化问题更是雪上加霜，尤其是石油危机爆发以后，各国学者都将研究焦点转向气候问题，他们将资源、能源的枯竭问题和环境污染问题纳入著名的Ramsey模型。Rees William E.认为，多数的环境问题包括气候变暖都可以追溯到消费者的直接行为或间接行为。2002年Geller提出，将消费者消费习惯与市场销售方式进行统一，从而引导消费者不但在消费习惯上向低碳消费趋近，更使消费者在心理上认可低碳消费方式，以求达到可持续性发展的根本改变。

辛章平、张银太是最早提出"低碳消费"一词的中国学者，他们认为低碳消费就是践行可持续的消费模式。陈晓春等认为，低碳消费是低碳经济发展的主要因素之一，它是一种能够更好地提高人民生活质量的有效手段，同时也是推动社会进步发展的本质基础，是低碳经济发展的重要依据，低碳消费的本质是购买者对需要购买物品有选择地购买的方式与方法。刘敏等以湖南消费市场为研究对象，定义了低碳消费方式，她认为低碳消费是指人们在日常生活中，在购买阶段和消费阶段优先选择购买或者考虑购买低碳类产品，以最大限度减少碳排放量，倡导可持续的消费模式；低碳消费需要从居民、政府和企业三者出发，在全社会范围内推行低碳的消费模式。陈柳钦等认为，低碳消费需要从两个阶段来定义，在购买和消费阶段，消费者应该选择低碳产品；在使用和消费后，应该进行回收，以达到减少污染和减少碳排放的目的。于小强认为，低碳经济不能只是依托于先进的技术和理论上的支持，如何让低碳经济取代耗能高、污染大的工业性的经济形式迫在眉睫，如何让公众成为自觉遵守低碳消费的人群，使环保为主、减排为辅的思想深入人心也是很重要的一个环节，而从根本上避免、改善会使大环境变暖的恶性消费经济模式也很重要。只有从不同方面入手才能真正把低碳消费这一有效的生活模式推广并应用下去。低碳消费是低碳经济的重要环节，是低碳经济发展的必然选择。王建明

(2010) 等认为，低碳消费行为是指消费人群在日常的消费购买过程中自觉遵守节约能源、减少污染排放的消费行为。低碳消费是在满足人们基本需求的条件下，减少浪费和碳排放，追求人与环境更好相处、提高生活质量的消费方式。

## （三）低碳消费影响因素

关于低碳消费的影响因素，根据国外学者 Eli 研究发现，人们所掌握的环境知识对其环保意识和环保行为有着很强的引导性作用。Webster 的实证研究指出，社会责任意识较强的人不太可能会购买过度包装的物品。Katzev 等认为，如果消费者自身被认为是环境保护者，他将会以一种更积极的态度支持环境保护。Synodinos 等分析表明，让消费者学习有关环境方面的知识，能够对环保态度更加积极，同时也会作出更多的环境保护行为。Stern 在研究中指出，亲环境型的消费者行为主要受个人价值、态度、环境责任感、环境感知力、个人规范等因素的影响。Marguerat 等通过结构方程模型进一步分析表明，对环境认知的多少对消费者的购买动机和购买后的使用行为有很大影响。

我国学者于伟通过结构方程模型验证了消费者拥有环境知识的多少对是否遵从低碳的理性消费方式的引导性作用，与此同时，当面对外界的环保声音以及社会道德压力时也能促使消费者遵从低碳消费模式，而从众心理、比较消费并不一定能够造成高碳消费。朱洪革等以哈尔滨市居民为研究对象，研究城镇居民的生态消费意愿，他通过差异分析得出文化程度对居民生态消费支付水平有显著影响。刘冬梅、唐永红等发现，居民收入水平是影响居民低碳消费的重要指标之一。收入水平高的消费者，在购买产品时一般拥有较强的环保意识，在消费过程中通常有意愿消费有益环境和身体的低碳产品；收入水平较低的居民，即使不是因为环保意识较差，但因为他们的收入水平有限，对于低碳产品的消费常常望而却步。饶田田等指出，低碳消费是减少不必要的资源使用，也是能够更大程度使能源可持续使用的一种消费模式，特别是对改善面子消费、奢侈消费、攀比消费有着很重要的引导意义。王淑新、何元庆等认为，可以在宏观因素和微观因素两方面、多角度地分析我国居民的低碳消费方式受何种因素影响。从宏观角度来看，资源持有比例、国情政策影响、居民生活环境、企业扶持政策都对是否遵从低碳消费模式起着重要作用，甚至是根本性的作用；从微观上看，消费者收入水平、个人受教育程度等因素与低碳消费有一定程度的关联。巢桂芳通过低碳消费行为调查与分析认为，对低碳消费知识了解的多少对低碳消费行为有重要影响，政府部门应该以身作则，总揽全局，同时加大对低碳知识的传播，这样做能够提高居民低碳消费行为的实践程度。朱臻等人以杭州市居民为样本，研究低碳消费与碳排放的关联性，得出居民收入水平、一次性产品的使用频率、地域因素等对居民碳排放有着显著影响。王建明认为，低碳消费行为属于一种环保的生活和消费模式，其核心是降低碳排放。他还用扎根理论探究了低碳消费行为心理及相应的政策干预路径，研究表明，低碳责任意识、环境保护知识等因素能够影响居民的低碳消费行为。薛桂波认为在大力推广低碳理念的同时，也应该更新和转换低碳文化，推动生活方式、消费方式和思维方式共同的全新变革。孟艾红通过多重分析方法总结认为，影响低碳消费行为的因素包括人口统计变量、心理意识变量和低碳消费知识变量等。人口统计变量包括性别、学历、消费水平等因素，心理意识变量包括炫耀性心理、从众心理等因素，这些都是影响居民低碳消费行为的主要因素。刘楠楠以山东省城市居民为调查对象，通过实证方法验证了低碳消费意愿受低碳消费责任、了解低碳知识的多少和从众心理影响，研究发现低碳消费意愿对低碳消费行为有显著影响。

（四）大学生低碳消费行为

国外高校很注意低碳消费，比如在美国，有四百所高校共同签署了一份协议，协议的内容就是保证自己的学校能够做到低碳。在瑞士，1997年的政府报告就提出，教育和知识是可以帮助人们解决环境问题的有效途径，鼓励各个学校都能够成为低碳学校。

国内学者李岩松、马朝阳在研究中发现，有很好的受教育背景的青年消费者会更倾向"绿色经济"。曾宇容、王洁等在如何引导大学生"绿色消费"的研究中提出两项观点。其一，需使学生这个消费群体在心理上接受并认可"绿色经济"的消费模式；其二，作为培育学生的学校有责任为学生开辟一个倡导健康消费理念的绿色消费环境。王蕾指出，在校大学生普遍习惯高碳消费，在履行"低碳用电"、"低碳购物"等低碳责任时往往意识薄弱，在消费行为中存在着浪费能源等不良嗜好。如何做到低碳消费、节约消费是大学生低碳消费问题的关键。她认为把"低碳生活"这一健康的消费理念应用到生活中去，要从细节做起，从小事做起，从身边做起。刘东梅等在调查研究中发现，当前在校大学生更容易在传媒等平台上知晓"绿色消费"这种健康的消费方式，而作为授人以渔的高等学府应该起到相应的引导作用。朱钊、张倩在调查中发现，大学生在消费时存在许多低碳问题，如不能正确选择环境友好产品、不能践行可持续的消费方式、没有养成良好的低碳消费习惯等。陈帝涛等提出了应建设低碳校园，增加校园绿化面积，增加碳汇等建议。

## 二、理论模型建构

### （一）消费社会学

在消费方式日益发达的当下，消费更多地表现为社会现象，并日渐引起社会学家的关注。消费社会学作为一门新的社会学分支学科应运而生。

消费社会学是以变动着的社会整体为出发点，研究社会成员的消费行为过程和行为规律的科学，它使用社会学的概念工具和理论体系去分析消费行为。不同于经济学，消费社会学注重从非经济因素的角度去研究消费行为，它主要探讨人们参与消费行为的社会意义以及消费的社会背景等问题。

彭华民认为，消费社会学的基本领域应该包括消费行为、消费者的家庭、消费者群体、消费者阶层、消费者的文化、消费者运动、消费者组织、消费者权益和消费者调查几个方面。而消费社会学的领域与六种影响消费行为的因素有关，即传统消费文化、阶层划分、居民群体形态、家庭、社会特征和组成人员心理。王宁认为，消费的社会属性表现在以下五个方面：（1）消费主体——人的社会性，人处于社会当中，不能够脱离社会而单独存在，也不能够脱离社会关系而单独存在。（2）消费观念的社会性。不同的群体有着不同的消费观念，而这些消费观念是社会化的过程中形成的。（3）消费功能的社会性。消费成为沟通各种社会关系的桥梁和纽带。（4）消费行为的社会性。炫耀性消费和从众行为就是消费行为社会性的表现，通过攀比和模仿以维持或者提高社会身份和地位。（5）消费供应的社会性。随着社会的发展，自给自足的生活方式逐渐被取代，交换时代到来，交换的方式以有偿消费为主，消费供应社会化，消费供应的主要形式有市场、国家和社区。

国外学者费瑟斯通认为，居民群体消费活动通常会引导符号的产生，导致平时生活感受和务实劳动等新方式的改写。消费文化是指消费社会的文化，通常强调活在当下、拜金主义、物质享受等。消费文化关心的是消费时的感情、快乐、梦想与欲望满足问题。帕森斯和斯梅尔瑟提出著名的 AGIL 结构功能分析框架（Adaptation、Goal-Attainment、Integration、Latent-pattern Maintenance and Tension Management）。在此基础上，斯梅尔瑟又提出，性别、年龄、收入水平、职业、种族、阶级等因素也能够对消费行为产生影响。

日本学者富永健一综合了以上学者的成果，创造性地提出了"生活体系模式"（System of Living），他认为消费者的消费方式是对消费人群"生活体系"的研究。在消费者的购买行为中，不仅仅是买卖物品、享受服务，还包括社会的、文化的资源的采纳，通过对其分配、修正、加工，以达到优化配置。生活体系的构成要素就是 AGIL 的四个功能领域——环境的适应、目标的实现和集成、潜在模式的维持与紧急情况的处理；三个构成要素——生活结构、生活意识和生活行动。除此之外，他还将人口学要素（如年龄、性别、居住地）、社会地位因素（如职业、学历、家庭、收入水平）等自变量联系在一起，使研究更有连贯性和说服力。

## （二）消费者行为理论模型

美国市场营销学会（AMA）的研究数据中指出，消费者的消费行为不仅是心理层面的意识体现，也是与周围环境发生互相反应的结果，是个人遵循社会常态义务的职能体现。因此，可以得出这样的结论：消费者行为不只是满足自身需求的过程，也是寻求、购买与使用过程的统一体；既包括心理方面的影响因素，又包括社会环境方面的影响因素；既有消费者主观观念的影响，又有客观经济条件与社会条件等因素的影响。现今的消费者行为理论借鉴了其他学科的研究成果，如心理学、经济学、教育学等学科，对消费者行为有了更多的诠释。消费者行为理论目前主要有以下几个模型。

1. 计划行为模型

1991 年，Ajzen 提出了计划行为理论模型（Theory of Planned Behavior, TPB），在理性行为理论的基础上增加了知觉行为控制变量。理论模型如图 3-1 所示：

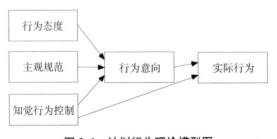

**图 3-1　计划行为理论模型图**

Ajzen 的计划行为理论内容大致可以概括为：（1）行为态度和行为意向呈正相关关系，同时实际行为的发生离不开行为意向的指引。决定行为意向的三要素是行为态度、主观规范和知觉行为控制，它们对行为意向的影响是正向的；（2）个人的实际行为受行为意向以及知觉行为控制的单独影响，或是两者的共同作用；（3）行为态度、主观规范和知觉行为控制三者共同作用，或者部分作用来影响个人的行为意向。

2. 负责任的环境行为模型

Hines（1986）等学者提出了负责任的环境行为模型（Responsible Environmental Behavior）。该模型共选出 380 篇与环境行为有关的文献，经过统计分析，最后挑选了 98 篇期刊论文、13 篇论文报告、12 个出版的研究成果和 5 本书籍作为统计数据，应用 Meta Analysis 方法整合了这些数据，提出了环境行为影响因素以及负责任的环境行为影响模型。环境行为理论模型如图 3-2 所示：

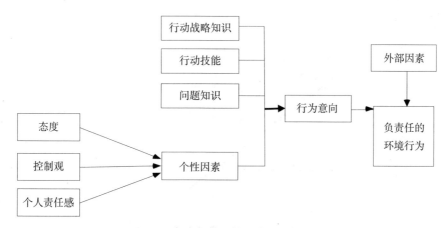

图3-2　负责任的环境行为理论模型图

Hines 的负责任的环境行为理论内容大致可以概括为：（1）"问题知识"是采取对环境负责任行为的前提条件。因为只有在认识到问题的存在以后，才能采取与之对应的行动。（2）具备"行动技能"和"行动战略知识"并不能直接导致负责任的环境行为的发生，还需要个体具有"行为意向"。从图 3-2 我们可以看出，行为意向还受个性因素的影响，"态度"、"控制观"、"个人责任感"越强烈，个体对负责任的环境行为的意向就越强，发生对环境负责行为的几率就越大。（3）对人们"行动技能"、"个性因素"、"行动战略知识"进行激励和指引，比单纯劝导人们去实施负责任的环境行为效果更好。因此，提高人们的认知能力、社会责任意识，以及改变人们对于环境的态度，对于负责任的环境行为都有很大影响。(4)"外部因素"

与环境行为也有较大联系。如经济能力、社会压力等这些外部因素，可能对环境行为产生或积极或阻碍的作用。

### （三）态度—行为—情境模型

态度—行为—情境理论（Attitude-Behavior-Context），又称为 ABC 理论，是 Guagnano 等基于 1991 年 3 月对美国费法克斯县（Fairfax County）的 257 个居民的随机电话采访提出的，主题是关于垃圾回收行为。Guagnano 等在系统地分析后，于 1995 年提出态度—行为—情境模型（图 3–3 所示）。

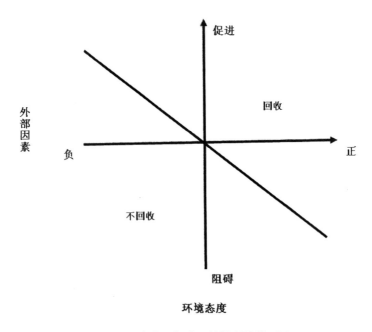

图 3–3　态度—行为—情境理论模型图

ABC 理论的内容大致可以概括为：个体的行为不仅会受到态度的影响，也会受到外部因素的影响。个人态度包括信念、规范、价值观等；外部环境包括经济成本、社会规范、法律制度等。当个人对于行为的态度越弱，外部因素的影响越大，说明两者呈现负相关的关系；反过来看，当外部环境影响较弱或者不存在时，态度对行为就有很强的正向作用。外部因素可能对个体行为产生促进影响，也可能起到阻碍作用。ABC 理论主要强调外部因素对态度和行为两者间关系的双向影响性。

### （四）可持续发展理论

美国生物学家莱切尔·卡逊 1962 年出版了著作《寂静的春天》，书中写到的被污染的农作物、被破坏的河流、被掩埋的绿地等情景都给人们带来对环境可持续发展重要性的深思，所有居住在地球上的人都应该意识到可持续发展的意义。1987 年，布伦特夫人在《我们共同的未来》报告中提出了可持续发展的定义，即可以提供当代人生活生存所需，也可以继续为后代人提供能持续满足生存生活所需的资源和能源的发展形式。如何在市场、环境与人类社会之间达到平衡是可持续发展的主要研究目的，它要求人类在注重发展经济的同时，也要关注生态的可持续性和社会的公平性，以此来达到生存环境的全面的改善。可持续发展的本质是寻求经济、生态与人类社会之间的有机统一。Tietenberg 认为，可持续发展的核心在于公平性，它的目的是使后代的经济福利至少不低于当下，也就是说，在利用环境资源时不使后代的生活标准低于当下，至少维持几代人的经济福利。环境的可持续发展必须在维护当前生态环境的基础上修复被破坏的自然环境，尽最大努力做到永续发展。联合国气候报告表明，自然因素和人为因素是导致全球温室化效应的两大元凶，而人类生活所产生的二氧化碳是不可忽视的因素之一。因此，必须取代传统的高碳行为，以实现人类社会与环境的可持续发展。

### （五）生产与消费关系理论

生产是人类不断创造物质财富的过程，消费是人们为了满足自身需要而消耗各种产品或服务的过程，在生态环境给予我们赖以生存所需的资源的时候，人类却往往以索取过后加以丢弃作为对生态环境的回馈。马克思、恩格斯认为生产和消费的关系是生产决定消费，消费对生产具有能动的反作用。（1）生产决定消费是说消费者只能使用生产者生产出来的产品。

同时，生产还决定了消费的方式，消费方式就是消费者如何去消费、怎样去消费。事实证明，生产出的创新产品很可能会改变人们的生活方式，如网购的出现，逐渐取代了传统的商业模式。（2）消费对生产具有反作用。消费是生产的最终目的，消费看起来更加具有实际意义；消费是生产的动力，有需求才有供给，如果市场达到饱和或者不能占有一定份额，那么生产就是徒劳无功的；消费能够带动生产的更新换代，只有在生产过程中不断更新技术与材料，才能让商品在市场上立于不败之地。

生产与消费两者辩证统一，要充分认识到生产对消费的决定作用和消费对生产的激励和引导作用。因此，企业可以利用二者的关系增加对低碳产品的生产与开发，以此来满足人们日益增长的低碳消费需求。

## 第二节　低碳消费能动性测量

### 一、低碳消费能动性关系假设

这部分研究的主要目的是明确低碳认知、外部环境影响因素和消费动机对低碳消费行为产生的影响，并提出与之相应的解决对策。

这四个变量对低碳消费行为的影响模型如图3-4所示。模型存在四个理论变量（图中椭圆部分）。本研究的基本假设包括：对于外部环境影响、低碳认知、消费动机和低碳消费行为四个变量，各理论变量由其所代表的显变量描述；各个显变量不能直接作用于其他理论变量，只能通过自身所代表的理论变量来体现，比如显变量从众行为不能直接作用于低碳认知这个理论变量，只能通过自己所属的消费动机这个理论变量来作用于低碳认知这个理论变量；各显变量可以和显变量的残差发生相互作用；各理论变量间存在相互作用。

本研究理论模型的因果关系假设具体如下：

（1）外部环境影响、消费动机和低碳认知都能对低碳消费行为的提高

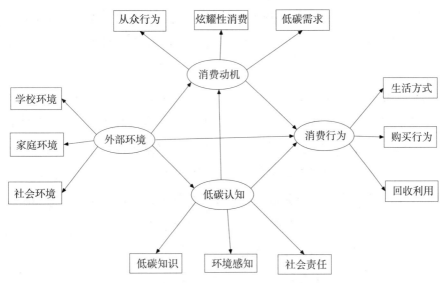

**图 3-4 低碳消费能动性关系假设理论模型**

产生促进作用。其中，外部环境影响对低碳消费行为的影响路径有四条：一是外部环境直接影响低碳消费行为，外部环境对低碳消费行为有显著影响，两者为正相关关系，是直接效应（H1）；二是以低碳认知为中介变量，影响低碳消费行为，是间接效应（H2）；三是以消费动机为中介变量，影响低碳消费行为，是间接效应（H3）；四是以低碳认知为中介变量，影响消费动机，进而再影响低碳消费行为，是间接效应（H4）

（2）消费动机对低碳消费行为的影响路径仅有一条：消费动机直接影响低碳消费行为，两者成正相关关系，是直接效应（H5）。

（3）低碳认知对低碳消费行为的影响路径有两条：一是低碳认知直接影响低碳消费行为，是直接效应（H6）；二是以消费动机为中介变量，进而影响低碳消费行为，是间接效应（H7）。

## 二、低碳消费能动性测量

本研究使用《低碳消费行为量表》对以大学生为主要研究对象的高知

青年群体的低碳消费行为和影响低碳消费行为的因素进行测评。该量表主要包括低碳认知、消费动机、外部环境影响和低碳消费行为四个部分，采用李克特量表法，从肯定到否定给予5、4、3、2、1分，而反向题计分时，则分别给予1、2、3、4、5分。

在低碳认知分量表中分别包括环境感知、低碳消费知识和社会责任意识三个部分；消费动机分量表中包括从众行为、炫耀性行为和低碳需求三个部分；在外部环境影响分量表中包括家庭环境、学校环境和社会环境三个部分；低碳消费行为分量表中包括低碳生活方式、低碳购买行为和回收再利用三个部分。采用SPSS22.0、Amos22.0等统计分析工具展开因子分析法、方差分析法、结构方程模型等数据分析。

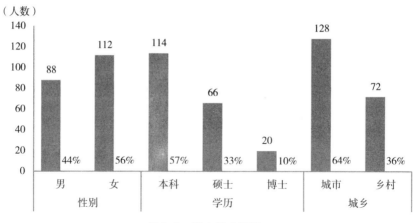

图3-5　样本基本情况

## （一）样本分布

在以大学生为主要研究对象的高知青年群体研究数据中，选择具有模型解释力的200个样本。样本分布情况如图3-5所示。

## （二）信度检验

通过SPSS22.0的Alpha信度分析，得出表3-1结果。

表 3–1　量表的信度分析

| 因子 | Cornbach'α | 问卷总信度 |
|---|---|---|
| 环境感知 | 0.655 | |
| 低碳消费知识 | 0.693 | |
| 社会责任意识 | 0.669 | |
| 从众行为 | 0.730 | |
| 炫耀性消费 | 0.757 | |
| 低碳需求 | 0.764 | 0.775 |
| 家庭环境 | 0.758 | |
| 学校环境 | 0.712 | |
| 社会环境 | 0.714 | |
| 低碳生活方式 | 0.704 | |
| 低碳购买行为 | 0.771 | |
| 回收再利用 | 0.775 | |

## （三）效度检验

作为测量工具，量表不仅需要有可靠的信度，还应该具有效度。测量的效度能够表现量表的正确性大小，也就是测量工具能否测出其想要测量的特征的程度。效度指数越高，表明测量的结果越能表达想要测量的对象的真正特征情况。本问卷效度采用结构效度的方法来检验效度，因子分析法是测量量表效度情况的有效方法，它能够检验问卷能否反映出人们在设计它时想得到的因果关系。KMO 值介于 0—1 之间，KMO 值愈大，表示变量间的共同因子越多，进行因子分析的结果越真实可靠。因子分析得到的各因子累积方差解释率达到 50% 以上，能够说明该量表具有良好的结构效度。通过 SPSS22.0 的因子分析得出的结果，如表 3–2 所示。

表 3–2　量表的效度分析

| 因子 | KMO 值 | Bartlett 球形检验 | 累积方差解释率 |
|---|---|---|---|
| 环境感知 | 0.717 | 0 | 51.555% |

| 因子 | KMO 值 | Bartlett 球形检验 | 累积方差解释率 |
|---|---|---|---|
| 低碳消费知识 | 0.761 | 0 | 52.562% |
| 社会责任意识 | 0.775 | 0 | 50.800% |
| 从众行为 | 0.686 | 0 | 59.456% |
| 炫耀性消费 | 0.829 | 0 | 41.948% |
| 低碳需求 | 0.794 | 0 | 41.627% |
| 家庭环境 | 0.818 | 0 | 41.531% |
| 学校环境 | 0.762 | 0 | 52.094% |
| 社会环境 | 0.781 | 0 | 53.440% |
| 低碳生活方式 | 0.632 | 0 | 62.020% |
| 低碳购买行为 | 0.790 | 0 | 56.002% |
| 回收再利用 | 0.737 | 0 | 68.089% |

从上述因子分析结果可以看出，KMO 值基本都大于 0.7，球形检验的 P 值小于 0.05，因子累积方差的解释率基本为 50% 以上，说明问卷的结构效度良好，可以用于量表测量分析。

（四）变量解析

1. 低碳认知

低碳认知量表主要分为低碳消费知识、环境感知和社会责任意识三个分量表。什么是低碳消费？低碳就是节约吗？很多人都不了解低碳消费的真正意义。有的人认为低碳扼杀了他们想要消费的权利，降低了他们的生活质量。这是对低碳消费的一种误读。低碳不是反对人们消费，而是希望人们合理消费。低碳消费行为要求消费人群在日常的消费购买过程中自行遵守节约能源、减少污染排放的行为。它是兼顾提高生活质量、注重精神文化生活、改善生存环境三者有机结合的一种消费方式。低碳消费也不是单纯的个人行为，因为它会影响其他人，影响其他人的生活环境，影响下一代人的长远发展。我国在普及低碳知识方面存在严重不足，首先学校没有相关的、系统的教育课程，其次，学校鲜少组织与低碳相关的活动，造成学生对低碳消费知识的接触较少，在低碳消费认知上也存在不足。

汪兴东的调研结果表明，消费者对低碳知识的认知会正向影响其低碳购买态度，同时，低碳情感对消费者的低碳购买态度有显著性影响。一般情况下，对当前环境的感知越强烈，人们越会趋向于低碳消费。当前，很多人没有意识到我国现处的环境已处在危机边缘，环境污染、资源浪费、高能耗、低利用率等现行都严重影响了我国发展的可持续性。资源不是取之不尽、用之不竭的，只有提高能源利用率、降低碳排放，提高人们的低碳觉悟性，才能让人类拥有一个良好的居住空间。

研究表明，人们的社会责任意识越强，就越倾向于低碳消费；反之，则倾向于高碳消费。只有培养公众的社会责任意识，树立正确的消费观、财富观，合理利用现有的资源，并做到循环利用，才能够真正实现低碳社会。

2. 低碳消费动机

低碳消费动机量表主要分从众行为、炫耀性消费和低碳需求三个分量表。

"从众"一词最早出现于社会心理学，Solomon Asch 将其定义为个人面对大多数人的错误选择时，选择趋从或者默认服从，这便是通常意义上的多数人效应。从众消费行为的具体表现是，在消费者进行消费的过程中会下意识遵循其他消费者的消费方式和消费习惯，一般情况下会与众多消费者行为一致或趋同。大学生仍处于成长期，他们的世界观尚未完全形成，还会受到他人的影响。大学生普遍愿意展示自己，在同学的影响下，容易产生攀比心理和模仿心态。别人有的东西他没有，可能会产生自卑心理，即使这些东西完全不需要；新颖的物品总是想尝试一下，不然会觉得比别人低；名人代言的产品一定要买，觉得自己已走在了潮流的前端；有些大学生甚至会借钱，或用信用卡提前消费。

炫耀性消费（Conspicuous Consumption）最早由美国制度学派经济学家凡勃仑在 1899 年提出，此后"炫耀性消费"成为人文社会科学的一个不可或缺的专业术语。凡勃仑认为炫耀性消费有两种动机：一种是歧视性对比，另一种是金钱竞赛。歧视性对比是富人想要通过炫耀性消费来区别于穷人的行径，金钱竞赛则是穷人想要通过炫耀性消费来模仿富人，从而成为他们中的一员的行为。炫耀性消费很好地诠释了当前社会存在的种种问题，尤其存在于大学生之间的攀比等消费行为。中国的大学生是一个群居群体，相互之间影响较大，接受新事物的能力也很强，随着消费主义热潮席卷全球，大学生群体成为其中不可忽视的一部分。当下大学生多数都独自在外地求学，从父母处获得每月生活费，除去生活所必需的开销外，他们中的部分人会用剩余生活费购买高档商品，如名牌衣服、手机、电脑等。这些大学生的消费水平已经大大超过了他的消费能力，可以归结为炫耀性消费。

需求是消费最大的动机。个体因为生理或者心理上产生对产品的缺乏状态或者使用意愿，我们称之为需求。马洛斯认为人类的需求像阶梯一样从低到高，分为五个层次，分别是：生理需求、安全需求（稳定、保护）、社交需求（情感、归属）、尊重需求（名望、自尊）和自我实现需求。① 低碳行为一种高度的自我实现需求，它能够实现个人价值和社会价值的有机统一。

3. 外部环境影响

外部环境影响量表主要分为家庭环境、学校环境和社会环境三个分量表。

孟德斯鸠认为，个人在成长过程中受到来自三方面不同的教育方式，即来自长辈教导的家庭式教育、来自老师传授的学校式教育和来自社会大环境的社会化教育。即便这三方教育会时有冲突，也并不能改变这三种教育对孩子所起的影响和作用。②

家庭教育会影响孩子的一生，对孩子的成长起着决定作用。目前有些家庭的生活方式不利于孩子低碳消费行为的养成，如浪费、面子消费、奢

---

① 参见亚伯拉罕·马斯洛：《人类激励理论》，科学普及出版社1943年版，第10页。
② 孟德斯鸠：《论法的精神》，生活·读书·新知三联书店2009年版，第8页。

侈消费等。学校教育基本贯穿了孩子的早期教育，应该引导学生树立低碳的生活理念，普及相关的低碳知识，从身边的小事做起、从我做起，引导学生积极参加各种各样的低碳活动。低碳消费习惯不是一朝一夕就能够形成的，关键在于坚持。

良好的社会环境对低碳消费也起着不可或缺的推动作用。大学生群体容易受到其他人的影响，尤其是社会大环境影响。问卷中，多数大学生会选择主动购买明星代言的产品，因此，推动低碳消费方式可以考虑由明星代言的低碳广告，也可以考虑由明星倡导的低碳文化商品。

4. 低碳消费行为

低碳消费行为量表主要分为低碳生活方式、低碳购买行为和回收再利用三个分量表。

高碳行为有一些典型特征，如以消耗传统燃料为主的自驾出行、以高碳能源为主要的燃料消耗、豪华装修、生产浪费等。低碳行为恰恰相反，低碳行为是指消费者在购买、使用和回收的过程中自觉践行低能耗、低污染、低排放的消费行为模式，在衣食住行各方面都以简单、节能为主。如最后一个离开教室会自觉关灯、电扇或空调；外出就餐时，不使用一次性筷子，打包剩余食物；外出购物时，自带购物袋；等等。

消费行为是否低碳，与社会责任意识的高低和低碳知识的多少密切相关。研究发现，社会责任感缺失的人会认为低碳与否与自己毫无关系，是政府的事，而社会责任感较强的人，会减少自己行为对环境的影响。低碳经济和低碳消费知识缺乏的人，如不了解二氧化碳是温室气体，不了解低碳产品和高碳产品是什么，低碳行为于他们无从谈起。因此，提高社会责任意识和增加低碳知识对低碳购买行为起着至关重要的作用。此外，应该从政策方面适当给予低碳产品更多补贴，让更多人去了解和接受低碳产品。

低碳消费不仅包括低碳产品的购买和使用，还包括使用后的处理情况，包括回收再利用情况，即产品达到使用寿命后，通过回收再利用流程让废旧产品再次被利用的情况。如生活中的旧报纸、杂志、纸张、旧电池等的回收再利用。

表 3–3　量表基本变量分析

| 因子 | 样本量 | 极小值 | 极大值 | 标准差 | 均值 |
|---|---|---|---|---|---|
| 环境感知 | 200 | 2.29 | 5 | 4.6095 | 4.0671 |
| 低碳消费知识 | 200 | 1.71 | 5 | 4.2880 | 4.0943 |
| 社会责任意识 | 200 | 2.29 | 5 | 3.4065 | 4.2500 |
| 从众行为 | 200 | 2 | 4.86 | 4.7912 | 4.2779 |
| 炫耀性消费 | 200 | 3.43 | 5 | 4.3321 | 4.3221 |
| 低碳需求 | 200 | 1.86 | 4.86 | 4.1886 | 4.1886 |
| 家庭环境 | 200 | 1.57 | 5 | 4.4343 | 4.4343 |
| 学校环境 | 200 | 1.57 | 5 | 4.3214 | 4.3214 |
| 社会环境 | 200 | 1.57 | 5 | 4.2579 | 4.2579 |
| 低碳生活方式 | 200 | 2.75 | 4.75 | 4.1858 | 4.1858 |
| 低碳购买行为 | 200 | 2.29 | 5.71 | 4.7101 | 4.7107 |
| 回收再利用 | 200 | 2.43 | 5 | 4.2221 | 4.2221 |

表 3–3 显示，各个题项的得分没有集中在两个极端，可见题项设计能够较为明确地反映被调查者的意愿，问卷中的题项在可接受的范围内。

## 三、低碳消费行为影响因素分析

目前大学生的消费行为整体上倾向于低碳环保，但在低碳消费方面还存在许多不容忽视的问题。

### （一）性别对低碳消费行为的影响

由表 3–4 结果可知，只有社会责任意识和炫耀性消费这两个变量在不同性别中有统计学差异（$P < 0.5$）。

社会责任意识变量分性别统计显示，男性的均值为 4.1769，女性的均值为4.3074，女性的社会责任意识比男性高。

从众行为变量分性别统计显示，男性的均值为4.1769，女性的均值为4.3571，女性的从众行为比男性的从众行为表现得更为明显，调查中也发现女性更愿意盲目跟风追随所谓的潮流。

炫耀性消费变量分性别统计显示，男性的均值为4.2419，女性的均值为4.3852，女性的炫耀性消费比男性高，调查发现女性群体更喜欢攀比。

低碳购买行为变量分性别统计显示，男性的均值为4.5828，女性的均值为4.8112，女性在购买行为上较男性更为低碳。

表3-4 性别独立样本检验

| 因子 | 性别 | 均值 | 标准差 | T 值 |
|------|------|------|--------|------|
| 环境感知 | 男 | 4.0227 | .46298 | −1.209 |
|  | 女 | 4.1020 | .45839 |  |
| 低碳消费知识 | 男 | 4.0487 | .46601 | −1.335 |
|  | 女 | 4.1301 | .39558 |  |
| 社会责任意识 | 男 | 4.1769 | .40056 | −2.732* |
|  | 女 | 4.3074 | .27336 |  |
| 从众行为 | 男 | 4.1769 | .63445 | −2.474* |
|  | 女 | 4.3571 | .28571 |  |
| 炫耀性消费 | 男 | 4.2419 | .40194 | −2.379* |
|  | 女 | 4.3852 | .44801 |  |
| 低碳需求 | 男 | 4.1818 | .46844 | −.172 |
|  | 女 | 4.1939 | .51019 |  |
| 家庭环境 | 男 | 4.3929 | .51860 | −1.113 |
|  | 女 | 4.4668 | .42143 |  |
| 学校环境 | 男 | 4.2987 | .38298 | −.639 |
|  | 女 | 4.3393 | .49006 |  |
| 社会环境 | 男 | 4.2484 | .53998 | −.225 |
|  | 女 | 4.2653 | .52018 |  |

| 因子 | 性别 | 均值 | 标准差 | T 值 |
|---|---|---|---|---|
| 低碳生活方式 | 男 | 4.1837 | .35291 | −.076 |
| | 女 | 4.1875 | .34973 | |
| 低碳购买行为 | 男 | 4.5828 | .69724 | −2.590* |
| | 女 | 4.8112 | .50233 | |
| 回收再利用 | 男 | 4.2192 | .52207 | −.070 |
| | 女 | 4.2245 | .54801 | |
| 生活费用 | 男 | 1415.9091 | 804.85400 | 1.008 |
| | 女 | 1310.7143 | 629.65129 | |
| 月消费 | 男 | 1167.0455 | 648.20204 | .145 |
| | 女 | 1154.4643 | 577.02068 | |

*P<0.05；**P<0.05；***P<0.005

### (二) 城乡对低碳消费行为的影响

低碳消费行为变量包括生活费用、月消费、炫耀性消费、家庭环境。由表3–5结果可知，城市和农村大学生在低碳消费行为方面存在统计学差异（P<0.5）。

城市大学生的平均生活费为1500.7813，农村大学生的平均生活费为1101.3889，城市大学生的生活费用比农村的高。

城市大学生的月平均消费为1254.6875，农村大学生的月平均消费为991.6667，城市大学生的生活费用比农村大学生的高。城市大学生购买的物品明显比农村大学生多，加上大学生普遍有的从众行为，导致城市大学生的消费水平明显高于农村大学生。

城市大学生的炫耀性消费均值为4.3730，农村大学生的炫耀性消费均值为4.2935，城市大学生比农村大学生高。调查发现，城市大学生接触现代化生活较早，喜欢用炫耀来显示自身的优越性。

城市大学生的家庭环境影响总分为4.4565，农村大学生的家庭环境影响均值为4.3948，城市大学生比农村大学生高。调查显示，农村大学生独立性较强，独自一人在外求学，受家庭影响有限。

表3-5　城乡独立样本检验

| 因子 | 性别 | 均值 | 标准差 | T值 |
|---|---|---|---|---|
| 环境感知 | 城市 | 4.0893 | .46920 | .905 |
| | 乡村 | 4.0278 | .44640 | |
| 低碳消费知识 | 城市 | 4.0873 | .44333 | -.464 |
| | 乡村 | 4.1131 | .40402 | |
| 社会责任意识 | 城市 | 4.2567 | .33795 | -.370 |
| | 乡村 | 4.2381 | .34745 | |
| 从众行为 | 城市 | 4.2734 | .49031 | -.174 |
| | 乡村 | 4.2857 | .46182 | |
| 炫耀性消费 | 城市 | 4.3730 | .43667 | -1.247* |
| | 乡村 | 4.2935 | .42524 | |
| 低碳需求 | 城市 | 4.2054 | .45238 | .644 |
| | 乡村 | 4.1587 | .55539 | |
| 家庭环境 | 城市 | 4.4565 | .50422 | .896* |
| | 乡村 | 4.3948 | .39214 | |
| 学校环境 | 城市 | 4.3571 | .37903 | 1.516 |
| | 乡村 | 4.2579 | .54128 | |
| 社会环境 | 城市 | 4.2790 | .54490 | .755 |
| | 乡村 | 4.2202 | .49715 | |
| 低碳生活方式 | 城市 | 4.1868 | .33165 | .055 |
| | 乡村 | 4.1840 | .38353 | |
| 低碳购买行为 | 城市 | 4.6730 | .57567 | -1.177 |
| | 乡村 | 4.7778 | .65307 | |
| 回收再利用 | 城市 | 4.2422 | .54096 | .705 |
| | 乡村 | 4.1865 | .52729 | |
| 生活费用 | 城市 | 1500.7813 | 695.71196 | 3.944* |
| | 乡村 | 1101.3889 | 672.28705 | |
| 月消费 | 城市 | 1254.6875 | 613.60679 | 2.996* |
| | 乡村 | 991.6667 | 563.12758 | |

*P<0.05；**P<0.05；***P<0.005

## （三）教育对低碳消费行为的影响

学历不是二分变量，可采用单因素方差分析考察不同学历样本的低碳消费行为情况。进行方差分析的重要前提是方差齐性，因此我们要先进行方差齐性检验，才能确定是否可以进行方差分析。检验结果如表3-6所示，各变量呈现正态分布，符合方差齐性（P＞0.05），可以进行方差分析。

表 3-6 学历单方差分析的方差齐性检验

| 因子 | Levene 统计量 | df1 | df2 | 显著性 |
|---|---|---|---|---|
| 环境感知 | .437 | 2 | 197 | .647 |
| 低碳消费知识 | 1.307 | 2 | 197 | .273 |
| 社会责任意识 | .753 | 2 | 197 | .472 |
| 从众行为 | 1.197 | 2 | 197 | .304 |
| 炫耀性消费 | 4.236 | 2 | 197 | .056 |
| 低碳需求 | 2.948 | 2 | 197 | .055 |
| 家庭环境 | 2.029 | 2 | 197 | .134 |
| 学校环境 | 1.250 | 2 | 197 | .289 |
| 社会环境 | .960 | 2 | 197 | .385 |
| 低碳生活方式 | .637 | 2 | 197 | .530 |
| 低碳购买行为 | 1.074 | 2 | 197 | .344 |
| 回收再利用 | .998 | 2 | 197 | .371 |
| 生活费用 | 3.460 | 2 | 197 | .053 |
| 月消费 | .856 | 2 | 197 | .426 |

*P＜0.05；**P＜0.05；***P＜0.005；

由 ANOVA 的结果（如表 3-7）可知，除从众行为、低碳需求、学校环境和社会环境，其他变量的显著性 P 值均小于 0.5，存在显著性差异。这说明学历的高低对低碳需求和社会环境的影响不大，对其他的因素如环境感知、低碳消费知识、社会责任意识等的影响却很显著。

## （四）低碳消费行为认知度分析

这部分研究主要采用均值分析，针对量表相关问题来反映低碳消费行为的现状。均值在 3 分以上时，分数越高说明越低碳；反之，则越高碳。

表 3-7　学历 Anova 方差分析结果

| 因子 | | 平方和 | df | 均方 | F | 显著性 |
|---|---|---|---|---|---|---|
| 环境感知 | 组间 | 3.878 | 2 | 1.939 | 9.947 | .000 |
| | 组内 | 38.404 | 197 | .195 | | |
| | 总数 | 42.282 | 199 | | | |
| 低碳消费知识 | 组间 | .132 | 2 | .066 | .358 | .007 |
| | 组内 | 36.457 | 197 | .185 | | |
| | 总数 | 36.589 | 199 | | | |
| 社会责任意识 | 组间 | .029 | 2 | .014 | .122 | .028 |
| | 组内 | 23.063 | 197 | .177 | | |
| | 总数 | 23.092 | 199 | | | |
| 从众行为 | 组间 | .849 | 2 | .424 | 1.865 | .158 |
| | 组内 | 44.833 | 197 | .228 | | |
| | 总数 | 45.682 | 199 | | | |
| 炫耀性消费 | 组间 | 1.623 | 2 | .811 | 4.474 | .013 |
| | 组内 | 35.724 | 197 | .181 | | |
| | 总数 | 37.347 | 199 | | | |
| 低碳需求 | 组间 | .052 | 2 | .260 | .108 | .898 |
| | 组内 | 47.938 | 197 | .243 | | |
| | 总数 | 47.990 | 199 | | | |
| 家庭环境 | 组间 | 1.333 | 2 | .666 | 3.122 | .046 |
| | 组内 | 42.048 | 197 | .213 | | |
| | 总数 | 43.381 | 199 | | | |
| 学校环境 | 组间 | .997 | 2 | .499 | 2.551 | .081 |
| | 组内 | 38.503 | 197 | .195 | | |
| | 总数 | 39.500 | 199 | | | |

| 因子 | | 平方和 | df | 均方 | F | 显著性 |
|------|------|--------|-----|------|------|--------|
| 社会环境 | 组间 | 1.309 | 2 | .655 | 2.384 | .095 |
| | 组内 | 54.107 | 197 | .275 | | |
| | 总数 | 55.416 | 199 | | | |
| 低碳生活方式 | 组间 | .193 | 2 | .096 | .785 | .458 |
| | 组内 | 24.220 | 197 | .123 | | |
| | 总数 | 24.413 | 199 | | | |
| 低碳购买行为 | 组间 | .300 | 2 | .150 | .408 | .666 |
| | 组内 | 72.575 | 197 | .368 | | |
| | 总数 | 72.875 | 199 | | | |
| 回收再利用 | 组间 | .246 | 2 | .123 | .427 | .653 |
| | 组内 | 56.803 | 197 | .288 | | |
| | 总数 | 57.049 | 199 | | | |
| 生活费用 | 组间 | 3.984E7 | 2 | 1.992E7 | 64.260 | .000 |
| | 组内 | 6.107E7 | 197 | 309996.498 | | |
| | 总数 | 1.009E8 | 199 | | | |
| 月消费 | 组间 | 2.080E7 | 2 | 1.040E7 | 38.872 | .000 |
| | 组内 | 5.272E7 | 197 | 267594.887 | | |
| | 总数 | 7.352E7 | 199 | | | |

$*P<0.05$；$**P<0.05$；$***P<0.005$；

低碳认知这个理论变量包括了三个显变量：环境感知、低碳消费知识和社会责任意识，三个显变量的均值如表3-8所示。

表3-8 低碳认知变量均值统计分析

| 因子 | 均值 | 标准差 |
|------|------|--------|
| 环境感知 | 4.0671 | .46095 |
| 低碳消费知识 | 4.0943 | .42880 |
| 社会责任意识 | 4.2500 | .34065 |

由上表3-8我们可以看出，大学生在低碳方面有较高的认知度，能够很好地了解什么是低碳，也能够很好地践行低碳行为。细化到各个小问题

上，均值最低的是 B6（均值 3.59），大学生对 pm2.5 是什么还不是十分了解，说明对 pm2.5 的宣传和知识普及还不够。

消费动机这个理论变量包括了三个显变量：从众行为、炫耀性消费和低碳需求，三个显变量的均值如表 3–9 所示。

表 3–9 消费动机变量均值统计分析

| 因子 | 均值 | 标准差 |
|------|------|--------|
| 从众行为 | 4.2779 | .47912 |
| 炫耀性消费 | 4.3221 | .43321 |
| 低碳需求 | 4.1886 | .49108 |

大学生在从众行为上还是存在很多问题，盲目模仿其他人，跟风、跟潮流，同样问题也出现在炫耀性消费上，而大学生在低碳需求行为选择方面均值最低（4.1886）。调查中我们发现，目前市场上大部分低碳产品还达不到消费者的使用要求，消费者的低碳选择有限，低碳需求无法得到满足。

外部环境影响因素这个理论变量包括了三个显变量：家庭环境、学校环境和社会环境，三个显变量的均值如表 3–10 所示。

从表 3–10 我们可以看出，家庭环境对低碳消费行为影响最大，学校环境次之，社会环境影响最小。习惯的养成不是一朝一夕的，是一个长期的过程，家庭、学校对低碳行为的养成给予了一个很好的平台，但也需要良好的社会环境，以鼓励更多的人践行低碳的消费方式。

表 3–10 外部环境变量均值统计分析

| 因子 | 均值 | 标准差 |
|------|------|--------|
| 家庭环境 | 4.4343 | .46690 |
| 学校环境 | 4.3214 | .44552 |
| 社会环境 | 4.2579 | .52771 |

低碳消费行为这个理论变量包括了三个显变量：低碳生活方式、低碳

购买方式和回收再利用，三个显变量的均值如表 3–11 所示。

**表 3–11　低碳消费行为变量均值统计分析**

| 因子 | 均值 | 标准差 |
|---|---|---|
| 低碳生活方式 | 4.1858 | .35025 |
| 低碳购买方式 | 4.7107 | .60515 |
| 回收再利用 | 4.2221 | .53542 |

大学生在低碳购买方式上认同度较高，为了低碳愿意支付略高价格的得分较高。在回收再利用的选项中，垃圾分类处理，循环利用得分均较高。但是在低碳生活方式上得分稍低，某些题项如在外就餐时仍然使用一次性餐具、出行时总是选择自驾游、经常喝瓶装水等选择的人仍然较多。

综上所述，大学生总体呈现非常强烈的低碳意识，这与大学生接受良好的教育是分不开的。在日常生活中，大学生一般会倾向于购买环保的物品，在外出时也做到了随手关灯，在回收再利用方面也能够尽量重复使用直至废弃。但大学生在低碳消费方面存在的问题也不应忽视，如盲目追求新鲜事物，攀比、炫耀、从众等。因此，如何引导大学生消费低碳化，以推动整个社会的低碳消费，是当前低碳社会责任研究的主要议题。


# 第三节　低碳消费行为结构模型


## 一、结构方程模型简介

社会科学研究是一个从理论出发到假设、经验观察，研究者常常会关注一些不能直接测量的理论结构或者变量，比如在职业群体低碳责任推进效应研究中的职业群体作用力、低碳投入动机等，并对这些比较抽象的现象或者概念具体化。其中，常用的研究方法就是结构方程模型研究方法。结构方程模型（Structural Equation Modeling，简称 SEM）是瑞典学者 Karl

G 于 20 世纪 70 年代提出的多指标、多变量的应用统计学方法。在结构方程模型中的抽象概念被称为潜变量，由于潜变量不能直接测量，所以需要设计一系列可以反映其特征或属性的行为变量进行测量，如为了测量炫耀性消费程度，可以通过"是否喜欢买包装华贵的物品"、"是否为了面子而买东西"等可以直接进行测量的行为变量考察炫耀性消费行为对个体的作用程度。结构方程模型也因而称为潜在变量间因果关系模型，模型中的变量包括潜变量、显变量和误差变量三种类型。潜变量，即前述无法通过直接观测得到的变量，但能够根据相应显变量的观察值转换后得到其测量数值，其中作为因的潜变量称为外因潜变量（$\xi$），作为果的潜变量称为内因潜变量（$\eta$）。外因潜变量对内因潜变量的解释会受到其他变因的影响，此影响称为误差变量（$\zeta$）。显变量，也称为观察变量，可以通过直接观测得到，其数值能为潜变量的衡量提供基础和平台。结构方程可以用下面的矩阵方程形式表示：

$$\eta = \beta\eta + \Gamma\zeta + \zeta$$

其中，$\beta$ 为内因潜变量系数矩阵，$\Gamma$ 为外因潜变量系数矩阵，且 $\xi$ 和 $\zeta$ 不存在相关关系。

结构方程分析程序主要分为以下六步：（1）模型概念化。依据理论文献或实证证据发展模型中的潜变量与其指标变量，界定潜变量间的假设关系。（2）模型建构。绘制变量间因果关系的路径图。（3）变量的具体化和量化。打开数据文件读取观察变量，界定潜在变量和误差变量的名称。（4）模型识别。执行模型的估计，若模型可以识别，则会呈现卡方值、自由度与相关统计量。（5）模型的检验和修正。根据各项适配度统计量、参数估计值判别假设模型与样本数据是否适配；若不适配；根据提示进行模型的修正，模型修正后再进行检验；若仍无法适配，则考虑重新构建模型。（6）模型的解释。研究者针对输出结果报表加以解释，模型检验的结果包括整体模型适配度统计量和参数估计值。

## 二、低碳消费行为影响路径设计

结构方程模型最常用的估计方法是最大似然估计（ML），要求被测样本数量在 100—200 之间。本研究抽取 200 样本，可以运用结构方程模型来验证理论假设。

根据上述假设（H1—H7），运行 Amos 建立了大学生低碳消费行为的结构方程模型，模型参数如表 3–12 所示。

表 3–12　原假设的结构方程模型路径系数及显著性

|  |  |  | Estimate | S.E. | C.R. | P |
|---|---|---|---|---|---|---|
| 低碳认知 | ← | 外部环境 | .444 | .068 | 6.580 | *** |
| 消费动机 | ← | 外部环境 | − .006 | .038 | − .146 | .884 |
| 消费动机 | ← | 低碳认知 | − .011 | .076 | − .147 | .884 |
| 消费行为 | ← | 外部环境 | .462 | .099 | 4.659 | *** |
| 消费行为 | ← | 消费动机 | − 3.806 | 27.127 | − .140 | .888 |
| 消费行为 | ← | 低碳认知 | .424 | .142 | 2.995 | .003 |
| P4（从众行为） | ← | 消费动机 | 1.000 |  |  |  |
| P5（炫耀行为） | ← | 消费动机 | 45.116 | 307.873 | .147 | .883 |
| P6（低碳需求） | ← | 消费动机 | − 34.628 | 236.281 | − .147 | .883 |
| P3（社会责任意识） | ← | 低碳认知 | 1.000 |  |  |  |
| P2（低碳知识） | ← | 低碳认知 | 1.079 | .133 | 8.095 | *** |
| P1（环境感知） | ← | 低碳认知 | .948 | .124 | 7.657 | *** |
| P9（社会环境） | ← | 外部环境 | 1.000 |  |  |  |
| P7（家庭环境） | ← | 外部环境 | .562 | .062 | 9.123 | *** |
| P8（学校环境） | ← | 外部环境 | .735 | .065 | 11.381 | *** |
| P10（低碳生活方式） | ← | 消费行为 | 1.000 |  |  |  |
| P11（低碳购买行为） | ← | 消费行为 | .617 | .074 | 8.388 | *** |
| P12（回收再利用） | ← | 消费行为 | .955 | .087 | 11.013 | *** |

根据表 3–12，外部环境到低碳认知的路径消费行为的 P 值具有统计显著性；低碳认知到消费行为具有统计显著性。消费动机的三个路径不显著，考虑进行修正。

## 三、低碳消费行为影响路径修正

根据修正指标对低碳消费行为结构方程模型路径进行修正，校对后，得出如图 3–6 所示的新结构方程模型一次修正图。

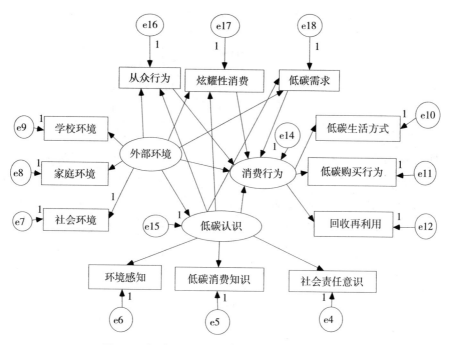

**图 3–6 低碳消费行为结构方程模型一次修正图**

对整体模型适配度检验如表 3–13 所示，本研究主要选取 $\chi^2 / DF$（相对卡方值）、GFI（假设模型可以解释观察数据的比例）、RMSEA（比较理论模型与饱和模型的差异）、AGFI（考虑模型复杂度后的 GFI）、NFI（比较假设模型与独立模型的卡方差异）和 CFI（假设模型与独立模型的非中央性差异）等指标来衡量本研究模型的适配度。

表 3-13  修正模型的拟合指标

| X2/df | GF1 | IFI | RMSEA | AGFI | NFI | CFI |
|-------|-----|-----|-------|------|-----|-----|
| 2.333 | 0.803 | 0.931 | 0.082 | 0.734 | 0.885 | 0.929 |

一般要求，$\chi^2/DF<3$，GFI>0.9、IFI>0.9、NFI>0.9、CFI>0.9，可以说明模型的解释力较好；AGFI>0.9、RMSEA<0.05，说明模型不受样本数和模型复杂度的影响。由表 3-13 可知，模型的拟合程度不够良好，其路径系数如表 3-14 所示。

表 3-14  修正模型的路径系数

| | | | Estimate | 标准化路径 | S.E. | C.R. | P |
|---|---|---|---|---|---|---|---|
| 低碳认识 | ← | 外部环境 | .450 | .623 | .067 | 6.757 | *** |
| P4（从众行为） | ← | 外部环境 | .390 | .331 | .131 | 2.968 | .003 |
| P5（炫耀行为） | ← | 外部环境 | .146 | .105 | .148 | .988 | .323 |
| P6（低碳需求） | ← | 外部环境 | .374 | .445 | .084 | 4.478 | *** |
| P4（从众行为） | ← | 低碳认识 | −.557 | −.340 | .195 | −2.855 | .004 |
| P5（炫耀行为） | ← | 低碳认识 | −1.006 | −.519 | .233 | −4.320 | *** |
| P6（低碳需求） | ← | 低碳认识 | .115 | .099 | .119 | .971 | .331 |
| 消费行为 | ← | 外部环境 | .511 | .572 | .100 | 5.096 | *** |
| 消费行为 | ← | 低碳认识 | .435 | .351 | .144 | 3.020 | .003 |
| 消费行为 | ← | P4（从众行为） | .001 | .001 | .044 | .020 | .984 |
| 消费行为 | ← | P5（炫耀行为） | −.076 | −.118 | .042 | −1.820 | .069 |
| 消费行为 | ← | P6（低碳需求） | −.119 | −.111 | .069 | −1.707 | .088 |
| P3（社会责任意识） | ← | 低碳认识 | 1.000 | .721 | | | |
| P2（低碳知识） | ← | 低碳认识 | 1.029 | .679 | .128 | 8.016 | *** |
| P1（环境感知） | ← | 低碳认识 | .942 | .656 | .121 | 7.808 | *** |

|  |  |  | **Estimate** | 标准化路径 | **S.E.** | **C.R.** | **P** |
|---|---|---|---|---|---|---|---|
| P9（社会环境） | ← | 外部环境 | 1.000 | .897 |  |  |  |
| P7（家庭环境） | ← | 外部环境 | .568 | .638 | .060 | 9.541 | *** |
| P8（学校环境） | ← | 外部环境 | .706 | .730 | .062 | 11.302 | *** |
| P10（低碳生活方式） | ← | 消费行为 | 1.000 | .721 |  |  |  |
| P11（低碳购买行为） | ← | 消费行为 | .619 | .639 | .073 | 8.473 | *** |
| P12（回收再利用） | ← | 消费行为 | .941 | .899 | .085 | 11.104 | *** |

表 3-14 表明，凡是有从众行为、炫耀性行为、低碳需求变量时，P 值基本不显著，因此，考虑将三个变量剔除，再次修正。得出如图 3-7 所示的结构方程模型二次修正图。

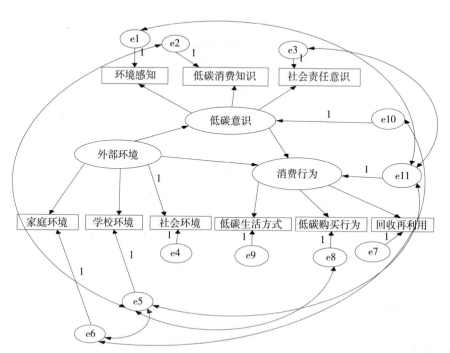

**图 3-7 低碳消费行为结构方程模型二次修正图**

再次对整体模型进行拟合检验，得出结论如表 3-15 所示。

表 3-15　二次修正模型的拟合指标

| X2/df | GF1 | IFI | RMSEA | AGFI | NFI | CFI |
|---|---|---|---|---|---|---|
| 2.172 | 0.943 | 0.962 | 0.047 | 0.892 | 0.931 | 0.961 |

可以看出 $\chi^2 / DF = 2.172 < 3$、GFI $= 0.943 > 0.9$、IFI $= 0.962 > 0.9$、NFI $= 0.931 > 0.9$、CFI $= 0.961 > 0.9$、RMSEA $= 0.047 < 0.05$、AGFI $= 0.892$ 接近于 0.9。结构方程模型检验的各项指标都达到标准，该模型的拟合情况理想。

## 四、结构性分析结果与验证

Amos22.0 输出的各路径系数（结构方程模型二次修正图），通过整理如表 3-16 所示：

表 3-16　模型的路径系数

| | | | Estimate | 标准化路径 | S.E. | C.R. | P |
|---|---|---|---|---|---|---|---|
| 低碳认知 | ← | 外部环境 | .416 | .613 | .067 | 6.176 | *** |
| 消费行为 | ← | 外部环境 | .457 | .533 | .078 | 5.843 | *** |
| 消费行为 | ← | 低碳认知 | .470 | .372 | .123 | 3.818 | *** |
| P1（环境感知） | ← | 低碳认知 | 1.000 | .652 | | | |
| P2（低碳知识） | ← | 低碳认知 | 1.166 | .720 | .155 | 7.503 | *** |
| P3（社会责任意识） | ← | 低碳认知 | 1.035 | .699 | .140 | 7.391 | *** |
| P9（社会环境） | ← | 外部环境 | 1.000 | .892 | | | |
| P8（学校环境） | ← | 外部环境 | .722 | .743 | .065 | 11.076 | *** |
| P7（家庭环境） | ← | 外部环境 | .565 | .632 | .062 | 9.180 | *** |
| P12（回收再利用） | ← | 消费行为 | 1.000 | .910 | | | |

|  |  |  | Estimate | 标准化路径 | S.E. | C.R. | P |
|---|---|---|---|---|---|---|---|
| P11（低碳购买行为） | ← | 消费行为 | .644 | .633 | .068 | 9.438 | *** |
| P10（低碳生活方式） | ← | 消费行为 | 1.039 | .715 | .095 | 10.948 | *** |

本研究的提出的七个假设中，有三个得到了证实，如表 3–17 所示。

表 3–17　假设验证

| 路径 | 是否证实 |
|---|---|
| 外部环境影响→低碳消费行为 | H1 证实 |
| 外部环境影响→低碳认知→低碳消费行为 | H2 证实 |
| 外部环境影响→消费动机→低碳消费行为 | H3 未证实 |
| 外部环境影响→低碳认知→消费动机→低碳消费行为 | H4 未证实 |
| 消费动机→低碳消费行为 | H5 未证实 |
| 低碳认知→低碳消费行为 | H6 证实 |
| 低碳认知→消费动机→低碳消费行为 | H7 未证实 |

（1）外部环境影响因素对低碳消费行为的影响路径值为 0.533，$P < 0.001$，这说明外部环境对低碳消费行为的影响是显著的，H1 成立。

（2）外部环境影响因素正向影响低碳消费行为，低碳认知在该影响过程中起中介作用。外部环境对低碳认知的影响路径值为 0.613，$P < 0.001$，低碳认知对低碳消费行为的影响路径值为 0.372，$P < 0.001$，低碳认知对外部环境到低碳消费行为存在中介效应，中介效应为 0.613*0.372 = 0.228，H2 成立。

（3）外部环境影响因素正向影响低碳消费行为，消费动机在该影响过程中起中介作用。虽然外部环境影响因素对低碳消费行为有影响，但消费动机没有起到中介作用，因此 H3 假设不成立。

（4）外部环境影响因素对低碳认知有影响，但低碳认知对消费动机的影响是不显著的，消费动机对低碳消费行为的影响也是不显著的，因此

H4 假设不成立。

（5）消费动机对低碳消费行为的影响路径值为－3.806，消费动机对低碳消费行为的 P 值为 0.888＞0.5，这说明消费动机对低碳消费行为的影响是不显著的，因此 H5 假设不成立。

（6）低碳认知对低碳消费行为的影响路径值为 0.372，P＜0.001，这说明消费动机对低碳消费行为的影响是显著的。也就是说，通过提高低碳认知，能够提高人们的低碳消费行为。H6 成立。

（7）低碳认知正向影响低碳消费行为，消费动机在该影响过程中起中介作用。低碳认知能够对低碳消费行为有正向影响，但是消费动机不能够起到中介作用，因此 H7 假设不成立。

# 第四节　低碳消费推进能力探讨

## 一、性别、城乡和教育程度对低碳消费行为影响

男性大学生和女性大学生在社会责任意识、从众行为、炫耀性消费、低碳购买行为几个方面表现有所差异。尤其是消费意识和消费观方面，女性与男性不同，女性在对待消费上更随意，存在一定程度的消费盲目性。很多她们不需要的东西，在身边人都拥有以后，她们就想尝试、购买，这样就造成了浪费性消费。

城市大学生和农村大学生在生活费用、月消费、炫耀性消费、家庭环境方面存在差异。这主要是生活环境和生活方式所决定的。农村大学生的生活费用和月消费较城市大学生低，在炫耀性消费方面城市大学生更显著。在家庭环境影响方面，城市家庭对大学生的影响比农村的影响更明显。

除从众行为、低碳需求、社会环境等因素，教育程度对其他的因素都有显著性影响。这说明教育程度的高低对环境感知、低碳消费知识、社会

责任意识、家庭环境、社会环境等因素影响还是很明显的。教育程度的高低虽然不能直接表明知识水平的高低，但可以作为低碳知识的一个考量指标。教育让学生能学到更多知识和技能，学会应对可能出现的各种问题，低碳知识能够让人们更好地践行低碳，作为高知群体的大学生更应该起到践行低碳的榜样作用。

## 二、低碳消费行为的结构性影响

研究表明，大学生整体呈现出很高的低碳责任水平，这与他们的受教育程度有直接关系。大学生在低碳购买方式这个因素的均值最高，愿意为低碳支付略高的价格大学生。大学生在回收再利用这个因素的各方面也有较好的表现，如能够很好地将垃圾分类处理，尽可能地做到循环利用，认为回收再利用是低碳的组成部分等。但在低碳生活方式上还存在一些问题，如在外就餐时仍然使用一次性餐具、出行时喜欢选择自驾游、经常喝瓶装水等。此外，大学生群体中盲目追求新鲜事物，攀比、炫耀、从众等行为，直接导致了高碳消费的发生和发展。针对大学生低碳消费中存在的问题，本研究认为低碳消费行为虽然具有较大程度的自主性，但全社会的践行还需要多方面的推进。

## 三、低碳消费行为的外部推进

### （一）政府方面

政府是低碳的主要推动力，也有责任去促进低碳消费市场，本研究建议从以下几方面推进低碳消费。

1.大力宣传低碳消费知识

政府应该通过媒体舆论，大力宣传低碳。首先，普及环境保护教育，让低碳知识深入人心，加强低碳消费宣传，引起人们的足够关注；其次，政府支出低碳化，政府每年的消费支出占国家财政支出比重较大，避免铺张浪费、避免资源的不合理利用是政府践行低碳责任的关键；再次，鼓励低碳知识分享，让更多人了解日常生活低碳化，可以倡导企业举办各种低碳体验活动，让更多人了解低碳产品的优势。

2. 建立健全相关法律法规

良好的市场环境是推进低碳消费的重要前提。环境标准是环境管理的核心。严格制定温室气体排放标准，制定低碳价格，标明环境成本、减少碳排放，奖励节能和开发新能源的企业，鼓励企业承担低碳社会责任。

3. 宏观经济调控

（1）征收环境税。通过税收的手段促使全民加入到保护生态、维护环境安全的队伍中来。环境税是把市场生产、价格调控、资源分配等多种途径产生的经济价值合理运用到污染环境的质量成本和生态资源的节能中去的经济手段，它包括煤电消耗税、燃料消耗税、水、矿产等资源税等。应该采用和个人所得税征收方法相同的"累进税率"方法，使用得越多纳税越多，以此约束高碳行为，做到合理消费。

（2）适当补贴。低碳补贴等于降低了产品的价格，相对提高了产品的竞争力，适当的补贴可以刺激低碳购买行为。

（3）调整消费结构。减少"炫耀性消费"、"从众行为"等非理性消费模式，通过社会保障等措施缩小贫富差距。

（二）企业方面

企业在日常经营时，应确立可持续发展的观念，用科技创新的方法来控制生产活动对环境造成的影响，积极开发和生产绿色、安全的产品，主动承担企业社会责任。为此，企业应该做到以下几方面：

1. 增强企业面对环境问题的社会使命感

企业的可持续发展离不开社会责任的建设，可持续发展需要做到优先选用可再生材料及回收材料，提高资源利用率，实现"清洁生产"，减少有害原料的使用，减少生产过程中的浪费。在产品原料的选用过程中，应当尽量选取那些具有良好环境兼容性的材料，避免使用有毒、有害和有辐射特性的物质，回收与合理处置废弃产品及零部件，减少资源的浪费。

2. 建立企业污染排放的保障金制度

我国环保的基本原则是"谁开发，谁保护；谁污染，谁治理"，保障金制度可以推进企业践行低碳社会责任，是一种有效的减少污染排放的责任体系和管理办法。

（三）学校方面

规则意识的养成不是一朝一夕能完成的，在大学教育中应该设立低碳消费通识课程。开设低碳经济、低碳消费等课程，通过专业学习，加深学生对于环境问题的重视，提高对于低碳消费必要性的认知。为了提高学生们的积极性，可以开展主题校园活动，如演讲、讲座、辩论赛、宣传教育活动等等，在传授知识的同时激发学生的环境责任感，形成自觉性的低碳行为。

# 第四章　战略关键：低碳社会责任营销

## 第一节　低碳营销概念及其发展

Kolter 提出，营销是一种规划过程，也是产品从生产者向使用者的移动。在各种功能尚未完成之前，营销是不完整的。

营销是一种观念、一种态度，是一种企业的思维方式。任何企业的营销管理都是在特定的指导思想或者是在特定的观念指导下进行的。确立正确的营销观念，对企业经营成败具有至关重要的意义。营销观念的核心是正确处理企业、顾客和社会三者之间的利益关系。有时这些利益是相互矛盾的，有时又是相辅相成的。企业必须在全面分析市场环境的基础上，正确处理三者关系，确定自己的原则和基本取向，并用于指导营销实践，这样才能有效地实现企业目标，保证企业获得成功。随着全球变暖以及能源资源短缺等世界性问题的日益凸显，有关企业承担低碳社会责任的法规政策逐渐完善，消费者对企业及企业产品的低碳要求不断提升，企业低碳责任营销已成为树立良好的企业形象、扩大市场占有量的一个重要手段，也成为营销学的一个崭新领域。

企业社会营销。在 20 世纪 70 年代，随着环境问题日益得到社会的关注，保护消费者权益运动不断兴起，市场营销学者认为营销观念也应随之发生变化。1971 年，杰拉尔德·蔡尔曼和菲利普·科特勒提出了"社会营销"的概念，促使人们将营销学应用到环境保护等一系列具有重大推广意义的社会目标方面。在此基础上，营销学者对"企业营销"进行了一系列的扩充，认为企业应该承担一定的社会责任，这样就出现了"社会的营销"和"社会责任的影响"等一系列相关概念。企业关注的不再是短期经济效益，而是将企业短期目标和社会长期目标结合的相协同目标，以"加强消费者和社会的共同幸福"。企业目标和政府管理目标趋于一致，经营回报需要补偿更多的社会成本，营销理念也发生了根本变化，企业追求的不再是单纯的获利行为，企业的整个运转流程也作为一个开放领域被予以关注，在营销过程中引导消费者接受环境保护、节约能源、践行低碳的理念，从而形成"态度营销"（attitudinal marketing），强调目标市场消费群体观念的转变和加强。态度营销的概念暗含了社会目标以及对社会利益的倾斜，与东北地区的区域经济发展诉求相一致，对企业低碳社会责任营销具有一定的借鉴意义。

企业低碳形象营销。形象是一个企业最外在的表现，形象营销是企业营销的重要手段之一。企业形象营销是指基于公众评价的市场营销活动，是企业在市场竞争中，为实现企业的目标，通过与现实已经发生和潜在可能发生利益关系的公众群体进行传播和沟通，使其对企业营销形成较高的认知和认同，从而建立企业营销良好的形象基础，形成宽松的营销环境的管理活动过程。[1] 目前，政府对低碳理念的宣传力度越来越强，该理念也越来越深入人心。同时，随着与国际市场的进一步接轨，企业的低碳形象成为对外宣传的一个亮点，其生产的低碳产品也迎合了市场上的环保诉求。对于东北中小企业来说，通过形象营销来实现企业低碳责任的方法是比较适合的，不仅可以帮助企业扩大国内市场，而且也有助于它们开拓海外市场。

上述营销概念是我们分析企业低碳责任营销的工具，这些概念不仅形成了相应的逻辑理论基础，也是我们解决实际、选择技术方法及过程时的向导。

---

[1]　参见任传鹏、杜岩、毕继东：《企业形象营销问题研究》，《山东经济》2005 年第 6 期。

## 第二节　执行主体

### 一、企业

企业无疑是低碳责任营销的最主要执行者。企业是社会财富的创造者是推动人类进步的主要力量，在经济生活中扮演着举足轻重的角色，是所有经济活动得以进行的基石。作为市场经济活动的主体，企业对社会与环境影响很大，理应承担相应的社会责任。随着环境问题的不断恶化，市场对低碳环保的诉求越来越强烈，企业需要在市场规律的引导下，根据国家政策的变化制定相应的营销计划，以达到社会、生态和经济三者利益的统一。

企业开展低碳责任营销的内容大致包含以下几方面：首先，制定一个低碳社会责任营销规划，按照规划确定工作；其次，设置专职部门实施具体工作，并确定相应机构的执行方案；最后，形成反馈调整的弹性机制和监督管理的控制机制。

### 二、非营利机构

企业是低碳社会责任的主要承担者，同时也是低碳社会责任营销最主要的执行者。在"社会营销"概念出现的初期，非营利性机构是企业社会责任监督的主体，继而成为低碳责任营销的一个辅助执行者，以支持或处理个人关心或者公众关注的议题或事件为目标。

通过对先进的环保措施和技术进行宣传，鼓励大众使用低碳环保产品，提高大众对低碳环保的认可度，非营利机构在中国对公众的影响力越来越大。通过非营利机构与企业低碳营销策略的相互配合，不断提升企业承担低碳社会责任的动力。

# 第三节 主要内容

## 一、诱因：形象

形象是企业低碳责任营销的首要问题。消费者对企业的认知来源于各种信息的整合，不同的消费者获得的信息量和角度不同，导致对企业的印象也不同，即每个人眼里的企业形象都不尽相同。企业形象是企业综合实力的一个体现，好的企业形象可以使企业扩大市场占有量，获得社会公众的好评和认可。

形象营销不单指企业的产品形象，也包括企业的声誉。在经济全球化的今天，要学习和借鉴跨国公司及大企业的成功做法，强化企业社会责任理念，正确认识和处理企业经济责任与社会责任间的关系，主动承担起回报社会、支持公益、扶贫济弱等社会责任，把企业社会责任变成一种"投资"，提升企业形象，增强企业竞争力。

在企业低碳社会责任营销策略中，不仅要向消费者展示产品的低碳环保性能，也需要让社会大众了解企业在生产中的环保措施，包括材料选取、新能源和新材料的使用、新技术的开发以及最后产品的回收和分解等生产步骤，以提高公众对企业产品环保性的认可度。在低碳理念日益深入人心的今天，企业开展低碳社会责任营销，可以帮助企业树立良好形象。

## 二、核心：提高企业竞争力

在市场竞争中，企业在充分利用外部资源的同时，挖掘自身资源和能力，在为顾客创造价值的基础上实现自我发展。近些年，随着市场竞争的不断加剧，与国际市场接轨的程度日益提高，中小企业遭遇的企业社会责任壁垒明显高于大型企业，缺失企业社会责任将直接影响企业在国际市场的地位。

随着全球对低碳环保的重视，低碳理念进一步深入人心，企业承担低碳社会责任，不仅可以减少很多贸易摩擦，进入海外市场，也能够增加国内市场的占有量。企业低碳发展需要一系列的技术和制度创新，在一定程度上有助于增强企业的竞争力。通过履行企业社会责任，不仅可以提高企业在地区的影响力，也能够增强其国际竞争力。除企业自身的努力之外，政府也应该营造一个有利于改善中小企业融资状况和提高中小企业竞争力的大环境，建立健全有利于中小企业发展的法律法规体系。

## 三、基础：资金的支持和人才的培养

充足的资金和政策支持都是企业承担低碳责任必不可少的条件。调查数据显示，当前中小企业面临的最主要困难是资金问题。企业在调整产品、技术创新和制度创新等方面都需要大量资金。同时，生产成本上升过快，原材料价格普遍上涨及用工成本大幅增加，这些都是导致企业遭遇资金短缺的主要原因。然而，现阶段我国中小企业融资的主要渠道不能够有效地解决这一问题，这就需要政府进一步提高对企业的资金支持，并给予一定的优惠条件，以促进企业低碳发展。

人才是企业低碳创新的重要因素，是企业保持兴旺的持久动力和推陈出新的创意源泉。低碳人才的缺乏不利于企业低碳发展，但目前国内，尤其东北地区人才缺乏现象比较明显，这就需要政府制定相关优惠政策，通过引进低碳人才，促进地区低碳经济发展。与此同时，企业可以自主培养低碳人才，或者通过与高校合作，共同培养企业所需低碳方面的人才。

## 四、能动因子：职业群体

近年兴起的职业群体组织行为理论与实践，为激励中小企业承担低碳社会责任提供了新思路。企业职业群体是企业的人力资本，他们在企业社会责任活动中所付出的时间和努力是企业社会责任不可分割的组成部分。

以企业为主体的社会责任行为多包含对股东和员工负责、搞好与社区的关系、对消费者负责、慈善捐助、环境保护等，而以推进企业社会责任为目标的职业群体公民行为是指以企业工作群体为主体，通过群体价值观引导、群体认同、群体激励、知识分享、参与决策等，所起到的对企业社会责任行为有影响的群体行为。在低碳背景下，职业群体公民行为也能够推进企业承担节能减排等低碳责任。

## 第四节　低碳社会责任营销对象

### 一、利益相关者

企业社会责任问题是企业与消费者、供应商、雇员、政府、投资商这些利益相关者之间的关系问题。企业与利益相关者的关系本质上是一种契约关系，这些契约往往包含了各种隐性契约，企业承担社会责任的过程也是履行这些隐性契约的过程。从企业与社会的冲突来看，如果企业不能很好地履行这些隐性契约，企业与利益相关者之间的交易费用就会上升。企业通过合理解决私人成本与社会成本的分歧，可以增强企业的品牌形象，降低潜在风险，获得消费者、供应商、投资商、政府等利益相关者更多的信任和支持。

政府和企业社会责任的关系在西方经历了由企业自治、政府认可和鼓励、政府与企业合作强化企业社会责任，到最后通过立法规制企业社会责任几个阶段的变迁。卡罗尔在其企业社会表现模型中，把企业社会责任、企业社会回应和利益相关者问题进行了整合，将企业环境社会责任与利益相关者问题联系到了一起，最终的用意是要唤起企业对社会表现的关注。沃蒂克和科克伦从企业社会契约的角度要求企业把环境问题纳入企业的日常管理中。企业界人士与企业研究人员通常用"企业品行"来解释企业环境社会责任，达文波特认为企业承担社会责任是为了坚持合乎伦理的企业行为，平衡利益相关者之间的需要，致力于保护环境。

消费者是营销的前提，拥有一批忠实的消费者是企业的立足之本，各企业都在建立属于自己的消费群体。再好的产品如果价格过高，也很难被消费者接受，企业应根据消费者需求状况、产品成本状况、竞争状况等因素制定一个合理价格。企业要主动争取政府对企业使用低碳技术的财政补贴和低碳消费补贴，这对降低低碳产品价格更具现实意义。价格策略的制定要兼顾企业、消费者和社会三者利益，只有实现三者利益统一，才能推动低碳营销的可持续发展。①

员工是企业的人力资本。为了更好地为企业创造价值，企业需要善待员工。不仅遵循劳动法的规定，还应该切实关心员工的利益，尊重他们的权利。

政府是企业的保障。政府可以通过宏观调控改善我国企业低碳营销的生存及发展环境。在政府提供了完善、公平的商业环境，建立了良好的市场机制后，企业也应根据自身特点打造一套适合本企业生存发展的低碳营销体系，树立低碳营销的观念，制定完善的低碳营销战略，从而保证企业在走低碳发展之路时，能够实现社会效益与经济效益并重，促进企业的可持续发展。

企业社会责任使企业的竞争力增强，不仅兑现了企业对利益相关者的承诺，还建立了一批忠诚的客户。低碳发展的企业也要努力经营，在保值的基础之上，实现利润最大化。除此之外，还要避免财务危机及过大风险的投资，这样才能保证投资商和股东的利益。

## 二、社区

社区作为企业生存的微观环境，对企业发展有很大影响。企业不仅应该融入所在社区，支持社区的活动，还应该承担改善社区环境、促进社

---

① 参见刘艳：《谈低碳环境下企业的低碳营销》，《市场周刊理论研究》2011 年第 8 期。

区发展的责任。如减少生产活动对当地居民生活的影响；增加就业机会，促进当地经济发展；支持社区活动，繁荣社区生活；较少污染，改善小区环境等。

# 第五节　环境与 SWOT 分析

## 一、环境分析

环境影响分析是对企业行为所产生的环境影响进行鉴别和研究。环境影响分析通常用于研究将要实施的政策可能带来的影响，也可以检验已实施政策的实施效果和验证结果。环境影响分析适用于研究政府、企业、家庭和个人的一些社会行为，如工程项目对生态系统的影响等。在审议重大的政府规划项目时都要求进行环境影响研究，同样的要求也针对私人的工程。

从 20 世纪 70 年代开始，我国就已经开展了一些环境影响评价的探索工作。1979 年颁布的《中华人民共和国环境保护法（试行）》奠定了环境影响评价的工作基础，1989 年修改了环境保护法，要求建设项目必须对产生的污染和环境影响作出评价，规定防治措施，经项目主管部门预审，报环境保护行政主管部门批准。此后我国逐渐完善了环境影响评价的法律体系，它由法律、行政法规、部门行政规章和地方性法规组成，如海洋环境保护法、水污染防治法、大气污染防治法、环境噪声污染防治条例、水土保持法和土地管理法等。2003 年 9 月 1 日起实施的《中华人民共和国环境影响评价法》将环境影响评价范围进一步扩大，从建设项目扩大到有关规划、计划草案等宏观性、战略性行为，将环境影响评价确定为国家的一项重大法律制度。《项目申请报告通用文本》要求的环境影响分析内容如下：

（1）环境和生态现状。应阐述项目场址的自然环境条件、现有污染物情况、生态环境条件、特殊环境条件及环境容量等基本情况，为拟建项目的环境和生态影响分析提供依据。

（2）生态环境影响分析。应分析拟建项目在工程建设和投入运营过程中对环境可能产生的破坏因素以及对环境的影响程度，包括废气、废水、固体废弃物、噪声、粉尘和其他废弃物的排放数量，水土流失情况，对地形、地貌、植被及整个流域和区域环境及生态系统的综合影响等。

（3）生态环境保护措施。按照有关环境保护、水土保持的政策法规要求，对可能造成的生态环境损害提出治理措施，对治理方案的可行性、治理效果进行分析论证。从减少污染排放、防止水土流失、强化污染治理、促进清洁生产、保持生态环境可持续能力的角度，按照国家有关环境保护、水土保持的政策法规要求，对项目实施可能造成的生态环境损害提出保护措施，对环境影响治理和水土保持方案的工程可行性和治理效果进行分析评价。治理措施方案的制订，应反映不同污染源和污染排放物及其他环境影响因素的性质特点，所采用的技术和设备应满足先进性、适用性、可靠性等要求；环境治理方案应符合发展循环经济的要求，对项目产生的废气、废水、固体废弃物等，提出回收处理和再利用方案；污染治理效果应能满足达标排放的有关要求。涉及水土保持的建设项目，还应包括水土保持方案的内容。

（4）地质灾害影响分析。在地质灾害易发区建设的项目和易诱发地质灾害的项目，要阐述项目建设所在地的地质灾害情况，分析拟建项目诱发地质灾害的风险，提出防御的对策和措施。对于建设在地质灾害易发区内或可能诱发地质灾害的项目，应结合工程技术方案及场址布局情况，分析项目建设诱发地质灾害的可能性及规避对策。通过工程实施可能诱发的地质灾害分析，评价项目实施可能导致的公共安全问题，是否会对项目建设地的公众利益产生重大不利影响。对依照国家有关规定需要编制的建设项目地质灾害及地震安全评价文件的主要内容，进行简要描述。

（5）特殊环境影响。分析拟建项目对历史文化遗产、自然遗产、风景名胜和自然景观等可能造成的不利影响，并提出保护措施。

## 二、SWOT 分析

SWOT 分析法又称为态势分析法，是一种能够较客观而准确地分析和研究一个单位现实情况的方法。SWOT 四个英文字母分别代表：优势（Strength）、劣势（Weakness）、机会（Opportunity）、威胁（Threat）。利用这种方法可以从中找出对自己有利的、值得发扬的因素，以及对自己不利的、要避开的东西，发现存在的问题，找出解决办法，并明确以后的发展方向。[1]

### （一）优势（Strength）

法律对节能减排、清洁生产的明确规定，使提高能源利用效率、节约能源资源、控制温室气体排放等有助于低碳的行为有法可依，为我国低碳社会责任发展提供了强有力的法律保障。除此之外，多年来我国节能减排经验的积累和政府的支持也为低碳社会责任的推进奠定了坚实的基础。

### （二）劣势（Weakness）

我国现有产业结构不合理，第二产业比重过大，总体技术水平落后成为发展低碳经济的严重障碍。目前现有的低碳技术水平尤其是新能源技术、节能技术远落后于发达国家，企业经营者的整体文化素质和专业素质不高，存在企业管理水平低下，人力资源匮乏等问题。

### （三）机会（Opportunity）

低碳经济全球化，既给我国带来压力，也带来发展的新机遇。与此同时，国际低碳技术开发与合作也为我国发展低碳经济提供了必要的帮助。

---

[1] 参见章长生、周永生、赵德：《基于 SWOT 分析模型的中小企业发展战略》，《战略研究》2007 年第 6 期。

## （四）威胁（Threat）

全球经济衰退对我国造成较大的负面冲击，世界性金融危机的余波仍没有散去。发达国家将污染工业外移，我国承接了大量发达国家的重工业生产，成为全球重工业产品的制造大国，这些势必加重我国的污染排放。

通过 SWOT 分析，我们看到，在中国发展低碳经济不仅应该推进相关的政策，创造宽松的市场环境，进行产业结构调整，发展战略性新兴产业，企业和普通消费者方面还应该树立低碳消费理念。只有这样，走低碳经济之路才有现实的基础和未来的希望。

# 第六节　战略规划：供应链管理

英国著名经济学家克里斯多夫认为，真正的竞争不是企业与企业之间的竞争，而是供应链与供应链之间的竞争。企业要在竞争中赢得胜利，需要整套供应链的顺利运作。

供应链，是指通过对信息流、物流、资金流的控制，围绕核心企业，从采购原材料开始，制成中间产品以及最终产品，由销售网络把产品送到消费者手中，它是将供应商、制造商、分销商、零售商、最终用户连成一个整体的功能网链结构模式。

供应链是一个复杂的系统，要想取得良好的绩效，就必须找到有效的协调管理方法。供应链管理是一种集成的管理思想和方法，是跨越企业界线执行供应链中从供应商到最终用户的物流的计划和控制等职能，从建立合作制造或战略伙伴关系的新思维出发，把供应链上的各个企业作为一个不可分割的整体，从产品生命线的"源头"开始到产品销售市场的"汇"，使供应链上各个企业分担的采购、生产、分销和销售的职能成为一个协调发展的有机体，从全局和整体的角度考虑产品的竞争力，从一种运作性的竞争工具上升为一种管理性的方法体系。供应链作为一个完整的链条，是由企业到企业的链节连接而成，链节本身具有相对完整性和具有链条的基本特征。目前大多数供应链管理（SCM）定义都不包含对环境的关注。一些学者提出了"责任链管理"的概念，即一个企业基于企业社会责任战略来选择供应商时，不仅要考虑他要求的材料，还要考虑诸如工作环境、废弃物排放以及报废产品处理等。长期以来，人们认识到供应链中对于改进环境准则的压力是不均匀的，越靠近市场的那一端压力越大。因而，为了改进供应链，市场端企业必须对他们的供应商施加压力，并为消费者提供可信的产品信息。然而，企业对于供应链其他参与者的了解是非常有限的，因而用企业社会责任准则作为标准可能是一个了解社会责任信息的办法，也就是企业促使供应商把这个准则向前推进，从而产生连带效应，加强管理买卖双方在环境和社会责任方面表现的信息有效性。企业社会责任驱动的供应链管理网络结构模型如图4—1所示。

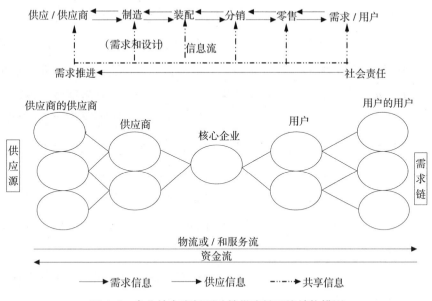

**图4—1 企业社会责任驱动的供应链网络结构模型**

供应链前端是供应链中从供应商到核心企业这一段子链功能的网链结构。供应链中段是处于链接构中心的核心企业，既可以是产品制造业，也可以是大型零售企业（如沃尔玛）。供应链末端企业是从核心企业到最终用户这段的网链。供应链节点是由专业化联合的各加盟企业构成，节点企业在需求信息的驱动下，通过网链的职能分工与合作（如制造、装配、分销、零售等），通过共享的过程控制（信息流、资金流、物流或/和服务流）实现共同的集体目的——整个供应链的不断增值。相对于供应链前端和中间企业，在供应链末端的企业承受较多的社会责任压力，通过生产守则等社会责任标准逐级向供应链前端传递，促进社会责任信息共享。企业社会责任驱动的供应链企业信息披露与以下几个方面存在相关关系。

（1）公司的规模与企业社会责任信息披露呈正相关关系。政治成本理论认为，公司的规模越大，就越有可能受到政府机构、环保组织、媒体、其他社会团体等的关注，其发生事故越多，产生的影响就越大。大企业披露社会责任信息符合成本收益原则，可以有效地减少由企业信誉、股价波动等带来的企业社会责任损失。

（2）公司财务状况与企业社会责任信息披露存在相关关系。持正相关的观点认为具有较好盈利能力的企业会更加支持企业社会责任活动，因而会披露更多的企业社会责任信息，以表明自己是负责的公司，提高企业的形象；相反，持负相关的观点认为企业即使有较好的经济绩效，也不会披露企业社会责任活动相关的信息，以避免来自商品和服务市场被质疑商品价格转嫁给顾客的压力，以及资本市场股票被抛售导致的股价下降的压力。如果企业财务状况不好，一般不会从事较多的企业社会责任活动，以免让股东知道企业将本已不足的企业资源用于社会责任活动，而引起抛售股票导致股价降低，因而财务状况不好的企业与企业社会责任信息披露存在负相关关系。

（3）股权性质与企业社会责任信息披露存在相关关系。企业社会责任发起于大型的跨国企业，雇员多为本地人，为了更好地融入当地社区，外资企业比当地公司有更强烈的愿望从事企业社会责任活动，更愿意披露社区建设方面的企业社会责任信息。此外，政府控股企业和国有企业有更多的压力去报告企业社会责任活动，与民营企业或外资企业相比，国有企业承担的社会责任更大，国有企业披露社会责任信息可以表明本企业遵守国家相关规章制度的情况。

（4）环境影响程度与企业社会责任信息披露相关。那些对环境产生重大影响的行业更加有可能披露环境影响信息，如采掘业。重污染行业的企业披露企业社会责任信息，表明企业承担了环境保护、员工健康与安全、社区参与等方面的责任，可以减少或避免来自环境保护组织、劳工组织、政府管制等方面的压力。我国劳动法规定，对从事有职业危害作业的劳动者应当定期进行健康检查等，而环境保护法第24条规定，"产生环境污染和其他公害的单位，必须把环境保护工作纳入计划，建立环境保护责任制度；采取有效措施，防治在生产建设或者其他活动中产生的废气、废水、废渣、粉尘、恶臭气体、放射性物质以及噪声振动、电磁波辐射等对环境的污染和危害"。因而，重污染行业企业对企业社会责任信息的披露也是对企业遵守国家法律法规的一个声明。

# 第七节　行动计划

行动计划是推进低碳发展战略安排的具体措施，通过时间进度的框架明确各类任务，即五"W"行动计划，五"W"行动计划必须涉及：执行者（who）、工作内容（what）、时间（when）、地点（where）、原因（why）方面的内容，同时还要回答怎么做（how）、多少钱（how much）等具体问题。行动计划应当做到执行人都清楚自己的职责所在，各司其职。同时，要对其工作绩效进行评估，适时调整方案，循环反复直至低碳社会责任营销的战略规划目标完成（如图4-2所示）。

由于低碳社会责任战略规划执行的复杂性，其行动计划要根据不同的情形进一步细化方案。不同城市、不同规模的企业在选择上也要考虑责权利的均衡，做到具体问题具体分析。

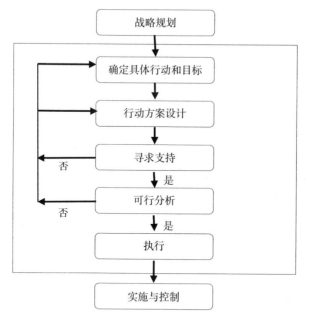

**图 4-2　低碳社会责任行动计划的循环过程**

# 第八节　实施与控制

长期以来，企业各类规划往往存在方案多，实践少，成功更少的状况，以至于"规划规划，墙上挂挂"的戏言不胫而走。从管理者、规划者的角度而言，加强规划与实践的紧密联系是让规划得以成功执行的积极举措。

低碳社会责任行动计划的安排中应当设计定期检查并调整的反馈机制，并适时公开，畅通规划执行者的信息渠道，通过合理的规划提高低碳营销质量，实现低碳社会发展战略的预期目标。

# 第九节 低碳社会责任营销的具体策略

## 一、产品策略

生产低碳产品是企业低碳发展的主要产品策略。企业通过对低碳消费市场的调查，根据市场反馈的信息，选择推出消费者接受程度较高的低碳产品。这里的低碳产品主要是指低能耗、低污染、低排放生产的产品。低碳产品的生产不仅要做到生产过程中各个环节的低碳化，还包括从设计、投资、生产、销售到服务等一系列环节的低碳要求。

## 二、价格策略

企业在对低碳产品进行定价时，应综合考虑产品定价所涉及的因素，如低碳产品的需求状况、生产成本、消费者求新求异等心理因素。由于增加了低碳生成及管理成本，低碳产品的价格可能会略高于一般产品，而价格是消费者购买行为中最敏感的因素，因此企业应尽可能控制产品的成本，制定合理的产品价格以获得消费者的认同。同时，国家也应制定相应的政策，对低碳产品给予研发资金上的支持、税收上的优惠，对生产低碳产品的企业采取适当的奖励，以利于低碳产品价格的合理制定。

## 三、渠道策略

传统营销依赖层级推进的商业渠道，并且辅以大量的人力、物力、资金等进入市场，是典型的"高碳营销模式"。而"低碳营销模式"则要求企业通过网络等科技力量，根据自身情况和低碳产品的属性，培养营销人员的低碳意识，建立合理的分销渠道。低碳营销必须统一观念、创新运作模式，降低营销成本。以"低碳营销"的典型模式网络营销为例，其营销模式主要通过信息技术和网络媒体辅助实现。网络营销能够节约大量的人力、物力，可实现资源的有效整合，减少产品的流转，不仅能快速传递消费者对产品的认可度，也实现了低碳营销。

## 四、促销策略

从产品生命周期的各阶段来看，低碳产品处于导入期，此时企业的产品策略应该是挖掘、培养消费者的低碳意识，引导消费者了解低碳产品、接受低碳产品，并进行合理的消费。虽然近年来全球气候变暖的影响已加深了消费者对节能减排重要性的认识，但消费者对于碳足迹、碳汇等专业名词的理解仍然有限，如何在推广初期用通俗易懂的语言让消费者理解低碳，并且与企业的品牌联系在一起，是企业低碳营销面临的首要问题。此外，企业还应协同政府做好低碳宣传工作，积极宣传低碳文化，增加消费者对低碳产品和服务的认知，树立企业良好的低碳形象，把节能减排、改善环境的理念传向全社会。

# 第五章　聚焦：中小企业低碳社会责任推进策略

## 第一节　东北中小企业低碳社会责任能力促进因素分析

受"振兴东北老工业基地"政策影响，东北地区经济发展步伐加快，能源消耗快速增长，老工业基地高耗能高排放企业对环境的影响日益显现，碳减排面临着结构性的困难。低碳是哥本哈根气候会议上我国面向全世界的一项重要承诺，要减低或控制温室气体排放，到 2020 年，单位 GDP 能耗要比 2005 年再减排 40% 到 45%。减少碳排放除了需要依靠少数大型企业（集团）之外，更应全力促进中小企业承担低碳责任。中小企业是东北地区经济、社会发展中的重要力量，让高耗能企业尤其是数量众多的中小企业践行节能减排已成为东北地区全社会的目标。与此同时，中小企业社会责任问题亦成为东北地区经济国际化的发展障碍。东北中小企业在各省区均占到工业企业单位数的 90% 以上，多为冶金、化工、食品、建材等劳动密集型行业，从业人员多为农民工，劳工问题突出，贸易摩擦较多，近年来遭遇的企业社会责任壁垒明显高于大型企业。因此，如何引导企业创新发展，提高企业低碳社会责任能力，使之适应国际供应链的发展需要，是老工业基地中小企业当前最迫切的任务。

## 一、职业群体视角下东北中小企业低碳社会责任问题分析

### （一）中小企业低碳社会责任困境

企业低碳社会责任是低碳发展背景下对企业社会责任的特殊要求，是企业社会责任研究的延伸。从企业社会责任概念诞生伊始，其内容就不固定，而是随着企业社会活动领域的扩大不断变化。但是，它始终包括经济、环境、法律、社区和利益相关者五个方面，这使得多数企业社会责任的研究都从这五个方面跟进。当前理论界对企业社会责任的研究已经超越了初期阶段关于该概念的争论，更多地进入了企业社会责任衍生概念的研究，如公共责任、社会回应、企业社会绩效、经济伦理和社会责任的投资等。随着经济全球化的深入发展，低碳责任成为目前企业社会责任的研究重点。

中小企业普遍存在定位问题，长期以来由道德缺失、生产效率过低，以及管理水平低下所引发的信任危机、生存危机和发展危机，让中小企业很难成长与发展。而老工业基地经济发展的滞后性，让东北中小企业面临更大的生存压力。大多数东北地区中小企业仍依赖于传统融资方式，没有采取更为灵活的间接融资方式，这使得中小企业长期融资渠道狭窄、资金不畅，过分依赖自有资金和银行贷款；生产的产品品种过于单一，技术水平不高，企业行为短期化问题严重，停产破产企业数量增加；能源、原材料、劳动力等生产要素价格全面上涨，而环保的压力又迫使政府开始强化环境保护的执法和惩治力度，导致企业的环保支出明显增加，这些都造成企业成本上涨压力加剧，利润下降。综合来看，资金、能力和环境的不足让东北老工业基地本就薄弱的中小企业承担低碳社会责任存在一定的难度。

### （二）职业群体行为对东北中小企业低碳社会责任的激励作用

近年兴起的职业群体的组织行为理论与实践为激励中小企业践行低碳社会责任提供了新思路。自从 1988 年奥甘提出组织公民行为概念以来，从群体层面关注组织公民行为已成为组织行为学、社会学与人力资源管理

研究的一个新热点。吕政宝认为用团队或群体模式运行的企业，必须要关注群体行为表现，使工作群体的行为规范符合企业整体的行为规范，从而促进企业整体绩效的提升。职业群体公民行为研究在企业管理中的作用突出表现在企业绩效激励和群体行为激励两个方面。在企业绩效激励方面，以乔治和本登豪森为代表的研究表明，群体的亲社会行为与群体的销售业绩之间存在显著的相关关系；珀西、王磊的研究表明，当一个群体认识到其目标与组织一致比不一致之时更有可能表现出群体层次组织公民行为。在群体公民行为激励方面，萨拉姆柯塔、陈晓萍等人分别证实了任务型和关系型领导对群体公民行为的影响作用，王琼芝提出企业对工作群体行为的激励包括强化整体绩效目标，给员工提供表现、学习和成长的机会，让员工参与决策，授权，以及增强进入团队的难度。

作为企业社会责任的主要承受者和传递者的职业群体，对于推进东北地区中小企业承担低碳社会责任起到不可忽视的作用。东北地区由于长期的历史原因，企业文化中盛行集体主义，在这种集体主义的企业文化中，个体更容易将自己识别为某个群体中的一员，更倾向于遵从群体中的社会规范，形成职业群体公民行为。在企业低碳社会责任激励方面，职业群体公民行为的作用主要体现在：可以促进东北中小企业员工从自我角度以及群际关系角度来进一步理解企业低碳发展责任，从而改善中小企业劳资关系，提升企业低碳发展的内在动力，为振兴东北、走出中小企业困境出谋划策；能够发现老工业基地中小企业在履行低碳社会责任方面存在的不足，为政府部门制定政策提供理论依据。通过产业发展和制度安排等切实可行办法，提高中小企业低碳社会责任的践行能力，同时为打破中小企业社会责任的国际贸易壁垒、提高国际竞争能力献策献计。

## 二、职业群体视角下东北中小企业低碳社会责任能力促进因素

企业职业群体是企业的人力资本，他们在企业社会责任活动中所付出的时间和努力是企业社会责任不可分割的组成部分。以职业群体为主体的

企业低碳社会责任激励行为是指以企业工作群体为分析对象，在一定的低碳发展条件下，如何促进职业群体低碳意识形成，并内化为职业群体的行为动机。因此，在探索性调查和专家咨询的基础上，本研究将职业群体视角下东北中小企业低碳社会责任能力促进因素大致分为以下三个方面。

## （一）企业的低碳发展条件

企业低碳发展是技术创新作用的结果。自熊彼特于 1912 年提出创新理论以来，创新一直都受到各国的重视。中小企业在技术创新方面扮演着重要角色，但一直存在着人力资源、技术、资金不足的问题，这也长期制约中小企业的技术创新。因此，企业需要积极寻求并营造一个良好的市场环境，包括资金、技术和政策上的支持，给中小企业的技术创新创造条件，为其在更大范围、更广领域、更高层次参与市场竞争提供发展空间。本研究在认同低碳发展是中小企业国际化的必然选择基础上，肯定地方政府在低碳发展方面的扶持作用，将宏观经济发展和政府扶持作用作为企业发展方式选择的主要外部推进因素。但是从长远来看，中小企业必须发展自主创新模式，并在创新中不断学习，发展独具特色的低碳技术，打破大企业和国外企业的技术垄断，因此创新学习和企业发展构成其低碳发展的内部推进因素。

## （二）职业群体的低碳意识

职业群体的低碳意识是企业文化塑造的重要组成部分。企业文化在某种意义上可以说是一种群体行为习惯，塑造企业文化重在培养企业内部良好的群体行为习惯。根据双因素理论，影响职业群体行为的因素可分为激励因素和保健因素，激励因素包括工作上的成就感、对未来的期望以及责任感等，是促进员工产生情感和规范承诺的主要因素，可有效激发员工工作的内部动机；而保健因素是与个体外在需求是否得到满足相关的因素，可激发员工的外部动机。本研究认为，职业群体在双因素作用下，将形成低碳责任的期望目标，并产生低碳价值观、群体认同、群体激励、知识分享等由己及人、由企业到社会层层递进的促进效应，从而逐步提升职业群体的低碳意识，达到促进企业低碳社会责任的作用。

### （三）职业群体的行为动机

职业群体的行为动机通常表现为员工的工作投入度。员工在组织中对某项工作的承诺和责任心及为此付出的努力称为投入度，投入度提升对个人和企业绩效都有积极影响。斯柯菲力（Schaufeli）等人认为投入度是一种与工作相关的积极的、充满情绪与动机的状态，具有持久性和弥散性的特点，可分为认知、情感和行为三个层面。企业领导力委员会（CLC）将员工投入度划分为两类：理性投入和情感投入。本研究从行为动机角度将员工在企业低碳社会责任促进方面的行为动机分为自我投入和工作投入两个主要方面。当这种投入能够给员工带来金钱（提职、加薪等）、荣誉、人缘、个人发展或者职业安全方面的利益时，就会产生"自我投入"；当员工认同、热衷和相信自己所从事的工作时，就会产生"工作投入"，后者对企业低碳社会责任的促进，比更侧重实际利益的自我投入更高。

## 三、职业群体视角下东北中小企业低碳社会责任促进能力的层次分析

### （一）层次分析法基本原理与步骤

层次分析法（AHP）是美国运筹学教授萨蒂（T. L. Saaty）于 20 世纪 70 年代初提出的一种系统分析方法，有处理多目标、多准则、多层次和难于完全用定量方法来分析与决策的复杂大系统决策问题的特征。通过划分互相联系的有序层次使复杂问题中的各种因素条理化，根据对一定客观现实的判断，就每一层次的相对重要性给予定量表示，利用数学方法确定表示每一层次的全部元素的相对重要性次序的数值，并通过排序结果分析和解决问题。层次分析法解决问题的基本思路包括以下四个方面。

（1）建立层次结构模型。将问题中所包含的因素划分为不同层次，用

结构图形式说明层次的递阶结构与因素的从属关系。

（2）构造判断矩阵。根据判断，就每一层次的因素的相对重要度给予定量表示。

（3）层次单排序及其一致性检验。利用数学方法确定每一层次全部因素的相对于上一层因素重要程度值。

（4）层次总排序。通过排序问题进行分析和决策。

## （二）低碳社会责任能力促进因素的层次分析结构

根据职业群体视角下东北中小企业低碳社会责任能力促进因素分析，本研究将企业的低碳发展条件、职业群体的低碳意识和低碳行为动机三个因素作为准则层，将政府扶持、企业发展、创新学习、宏观经济、促进效应、期望目标、自我投入和工作投入等八个指标作为因素层。由于三个因素存在交互作用，因而每一因素对应的指标分为主要影响指标和次要影响指标两类。图 5-1 是低碳社会责任能力促进因素的三层递阶层次结构模型。

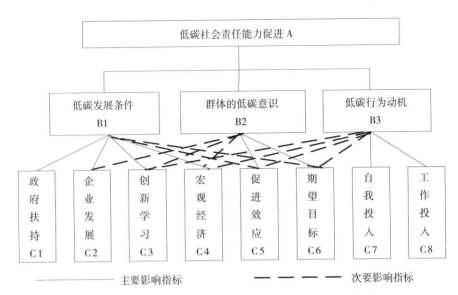

**图 5-1　低碳社会责任能力促进因素的三层递阶层次结构模型**

### （三）构造判断矩阵并计算权重

判断矩阵元素的值反映了对各因素相对重要性的认识，一般采用1—9及其倒数的标度方法。如果相互比较因素的重要性能用具有实际意义的比值说明时，判断矩阵相应元素的值可以取这个比值，见表5-1。为了保证层次单排序的可行，需要对排序（或判断矩阵）进行一致性检验，

$$CI = \frac{\lambda_{\max} - n}{n - 1} \tag{1}$$

式中 n 是判断矩阵的阶数，RI 为平均随机一致性指标，具体数值见表5-2。本研究采用专家评分法，确定职业群体视角下企业低碳社会责任能力促进因素的判断矩阵和一致性检验如下：

1. A—$B_j$ 层判断矩阵。相对于低碳社会责任能力促进的总目标，首先考虑的是低碳发展条件；其次是低碳行为动机；再次是群体的低碳意识（表5-3）；

2. $B_1$—$C_i$ 层判断矩阵。相对于低碳发展条件准则，各考虑的因素次序是：期望目标—企业发展—创新学习—宏观经济—促进效应（表5-4）；

3. $B_2$—$C_i$ 层判断矩阵。相对于职业群体的低碳意识准则，各考虑的因素次序是：期望目标—自我投入—创新学习—促进效应—工作投入（表5-5）；

4. $B_3$—$C_i$ 层判断矩阵。相对于职业群体的低碳行为动机，各考虑的因素次序是：促进效应—期望目标—自我投入—工作投入—创新学习（表5-6）。

**表5-1　判断矩阵标度及其含义**

| 标度 | 含义 |
| --- | --- |
| 1 | $B_i$ 和 $B_j$ 同等重要 |
| 3 | $B_i$ 比 $B_j$ 稍微重要 |
| 5 | $B_i$ 比 $B_j$ 明显重要 |
| 7 | $B_i$ 比 $B_j$ 强烈重要 |

| 标度 | 含义 |
|------|------|
| 9 | $B_i$ 比 $B_j$ 极端重要 |
| 倒数 | $B_{ji} = 1/B_{ij}$（与上述含义相反） |
| 2，4，6，8 | 重要程度介于上述标度之间 |

表 5-2  平均随机一致性指标值

| n | 1 | 2 | 3 | 4 | 5 |
|---|---|---|---|---|---|
| RI | 0 | 0 | 0.58 | 0.9 | 1.12 |
| n | 6 | 7 | 8 | 9 | 10 |
| RI | 1.24 | 1.32 | 1.41 | 1.45 | 1.49 |

表 5-3  A—$B_j$ 层判断矩阵及准则权重计算

| A | B1 | B2 | B3 | W | 次序 |
|---|----|----|----|---|------|
| B1 | 1 | 5 | 3 | 0.6483 | 1 |
| B2 | 1/5 | 1 | 1/2 | 0.1220 | 3 |
| B3 | 1/3 | 2 | 1 | 0.2297 | 2 |
| 单排序一致性检验：λmax = 3.0037，CI = 0.0018，RI = 0.5180，CR = 0.0036<0.1，通过 | | | | | |

表 5-4  $B_1$—$C_i$ 层判断矩阵及因素权重计算

| B1 | C1 | C2 | C3 | C4 | C5 | C6 | W | 次序 |
|----|----|----|----|----|----|----|---|------|
| C1 | 1 | 1/9 | 1/9 | 1/3 | 1/3 | 1/9 | 0.0247 | 6 |
| C2 | 9 | 1 | 2 | 3 | 3 | 1/3 | 0.1932 | 2 |
| C3 | 9 | 1/2 | 1 | 4 | 3 | 1/6 | 0.1523 | 3 |
| C4 | 3 | 1/3 | 1/4 | 1 | 3 | 1/9 | 0.0698 | 4 |
| C5 | 3 | 1/3 | 1/3 | 1/3 | 1 | 1/9 | 0.0493 | 5 |
| C6 | 9 | 3 | 1/6 | 9 | 9 | 1 | 0.5107 | 1 |
| 单排序一致性检验：λmax = 6.4593，CI = 0.0919，RI = 1.2482，CR = 0.0736<0.1，通过 | | | | | | | | |

表 5–5　$B_2$—$C_i$ 层判断矩阵及因素权重计算

| B2 | C3 | C5 | C6 | C7 | C8 | W | 次序 |
|---|---|---|---|---|---|---|---|
| C3 | 1 | 3 | 1/6 | 0.2 | 3 | 0.0949 | 3 |
| C5 | 1/3 | 1 | 1/9 | 1/9 | 2 | 0.0471 | 4 |
| C6 | 1/6 | 9 | 1 | 3 | 9 | 0.5217 | 1 |
| C7 | 5 | 9 | 1/3 | 1 | 5 | 0.2961 | 2 |
| C8 | 1/3 | 1/2 | 1/9 | 1/5 | 1 | 0.0401 | 5 |
| 单排序一致性检验：λmax＝5.2992，CI＝0.0748，RI＝1.1089，CR＝0.0675＜0.1，通过 | | | | | | | |

表 5–6　$B_3$—$C_i$ 层判断矩阵及因素权重计算

| B3 | C3 | C5 | C6 | C7 | C8 | W | 次序 |
|---|---|---|---|---|---|---|---|
| C3 | 1 | 0.2 | 1/3 | 0.2 | 0.5 | 0.0585 | 5 |
| C5 | 5 | 1 | 2 | 2 | 5 | 0.3834 | 1 |
| C6 | 3 | 1/2 | 1 | 3 | 4 | 0.2911 | 2 |
| C7 | 5 | 1/2 | 1/3 | 1 | 3 | 0.1899 | 3 |
| C8 | 2 | 1/5 | 1/4 | 1/3 | 1 | 0.0771 | 4 |
| 单排序一致性检验：λmax＝5.2778，CI＝0.0694，RI＝1.1089，CR＝0.0626＜0.1，通过 | | | | | | | |

对同一层次中所有层次单排序的基础上，可以计算出 $C_i$ 层次对 A 层次重要性的综合权重值，进行总层次排序。设 $B_j$ 层次对 A 层次的单排序值的权重向量为 WB，$C_i$ 层次中的因素对 $B_j$ 层次中各元素的单排序权重向量为

$$C＝(c_{ji}), \quad i＝1, 2, \cdots, m \tag{2}$$

则 Ci 层次中各元素对 A 层次的各因素综合权重排序为，

$$W＝WB \cdot C＝(\omega_1, \omega_2, \cdots, \omega_m)$$

其中，$\omega_i＝\sum_{j=1}^{3} \omega_{bj} c_{ji} \cdots, i＝1, 2, \cdots, 8 \tag{3}$

总排序随机一致性比率检验

$$CR = \frac{\sum_{j=1}^{3} CR_j \omega_{bj}}{\sum_{j=1}^{3} RI_j \omega_{bj}} \tag{4}$$

根据上面求出的准则层和标准层各影响因素的权重，计算总排序表，数值结果见表5-7。由表5-7可知，各因素相对于低碳社会责任能力促进的总目标，可考虑的次序是：期望目标—促进效应—企业发展—创新学习—自我投入—宏观经济—工作投入—政府扶持。

表5-7　低碳社会责任能力促进因素综合权重和排序

| A | B1 | B2 | B3 | $C_i$ 权重 | 次序 |
|---|---|---|---|---|---|
| $B_j$ 权重 | 0:6483 | 0.1220 | 0.2297 | | |
| C1 | 0.0247 | 0.0000 | 0.0000 | 0.0160 | 8 |
| C2 | 0.1932 | 0.0000 | 0.0000 | 0.1252 | 3 |
| C3 | 0.1523 | 0.0949 | 0.0585 | 0.1237 | 4 |
| C4 | 0.0698 | 0.0000 | 0.0000 | 0.0453 | 6 |
| C5 | 0.0493 | 0.0471 | 0.3834 | 0.1258 | 2 |
| C6 | 0.5107 | 0.5217 | 0.2911 | 0.4616 | 1 |
| C7 | 0.0000 | 0.2961 | 0.1899 | 0.0798 | 5 |
| C8 | 0.0000 | 0.0401 | 0.0771 | 0.0226 | 7 |
| 总排序一致性检验 | CI＝0.0159，RI＝1.1992，CR＝0.0662＜0.1，通过 | | | | |

（四）结果分析

从上述分析说明，若要提高东北中小企业低碳社会责任能力，应该从以下四个方面出发。

（1）企业低碳社会责任文化建设。要注重企业文化层面，建立低碳的企业文化，树立职业群体的低碳社会责任期望目标，并形成层层递进的促进效应。

（2）企业主动选择和创新学习。这就需要中小企业根据自身的发展主动选择低碳社会责任模式，并在发展中能够不断地创新学习。

（3）从自我投入到工作投入的转变。经济全球化和中国经济的快速发展，必须给选择低碳发展模式的中小企业员工带给切实利益，借此让职业群体逐步认同并热衷企业的低碳模式。

（4）地方政府的扶持作用。具备创新精神的地方政府，通过规制和政策导向，能够起到推进或转变企业发展方向的作用。因此，给予低碳发展企业一定的财政、税收、技术和人才引进等支持，是促进东北中小企业低碳社会责任的有效方法。

## 四、中小企业低碳社会责任能力促进研究反思

东北地区中小企业的现状让企业几乎无力承担低碳社会责任，在经济全球化和低碳发展背景下，如何转变东北中小企业的发展模式是地方政府当前最迫切的任务。本研究从职业群体角度出发，运用层次分析法，探索东北中小企业低碳社会责任能力的促进因素，并将各因素按重要程度考虑和排序，有一定的参考价值。然而，层次分析法的关键是因素分析和专家判断的可靠性，其主观性局限还有待进一步完善。本研究将结合多元回归、典型相关和路径分析等方法，进一步分析各因素的作用和干扰项。

## 第二节　职业群体推进企业低碳责任效应分析模型

随着低碳经济的发展，要求政府作出碳减排的承诺已进入量化阶段，而东北老工业基地高耗能高排放企业尤其是中小企业对环境的影响日益显现。与此同时，中小企业社会责任问题亦成为东北地区经济国际化的发展障碍。如何推进东北地区中小企业低碳经济和社会责任发展，使之适应国际供应链的发展需要，是老工业基地中小企业当前最迫切的任务。然而，东北地区中小企业规模小、实力弱、资金不充裕的现状让企业承担低碳方

面的社会责任具有相当的难度。

低碳责任是低碳发展背景下对企业社会责任的特殊要求，是企业社会责任研究的延伸。相对于其他领域，低碳方面的企业社会责任研究明显滞后，成果也不多。多数都还停留在组织行为层面，其研究也仅限于员工福利、工作环境和童工等问题，缺少对不同行业、不同体制、不同规模的企业研究。在地域研究方面，针对南方企业社会责任的研究较多，而针对东北老工业基地这一特定地域，尤其是中小企业的研究不多见。此外，东北地区由于长期的历史原因，企业文化中盛行集体主义，在这种集体主义的企业文化中，个体更容易将自己识别为某个群体中的一员，更倾向于遵从群体中的社会规范，因而作为企业社会责任的主要承受者和传递者的企业员工，对于推进东北地区中小企业承担低碳社会责任应该可以起到不可忽视的作用，然而这方面的研究尤其乏善可陈。

自从 1988 年 Organ 提出组织公民行为（OCB）定义以来，从群体层面关注组织公民行为已成为组织行为学、社会学与人力资源管理研究的一个新热点。职业群体公民行为（GCB）是工作群体作为整体所表现出来的，有利于促进整个组织总体目标实现的一种角色外行为。陈晓萍等认为群体公民行为能够有效提升员工个体、工作群体绩效和整个企业组织的绩效水平，显著提高员工的工作满意感和组织承诺水平，增加员工的个体组织公民行为，并在一定程度上降低离职意向，减少离职率。在实践中将组织公民行为理论应用于企业团队管理已成为一种行之有效的方式，并发展出群体组织公民行为、团队组织公民行为、公司公民行为、群体公民行为等几个相关议题。

职业群体公民行为研究在企业管理中的作用突出表现在企业绩效激励和群体行为激励两个方面。在企业绩效激励方面，以 George 和 Bettenhausen 为代表的研究表明群体的亲社会行为与群体的销售业绩之间存在显著的相关关系；Pearce、王磊的研究表明，当一个群体认识到其目标与组织一致比不一致时更有可能表现出群体层次组织公民行为。吕政宝认为用团队或群体模式运行的企业，必须要关注群体行为表现，使工作群体的行为规范符合企业整体的行为规范，从而促进企业整体绩效的提升。在群体公民行为激励方面，Siciliano、孟慧等人分别证实了任务型和关系型领导对群体公民行为的影响作用，王琼芝提出企业对工作群体行为的激励包括强化整体绩效目标，给员工提供表现、学习和成长的机会，让员工参与决策，授权，以及增强进入团队的难度。

企业职业群体是企业的人力资本，他们在企业社会责任活动中所付出的时间和努力成为企业社会责任不可分割的组成部分。以企业为主体的社会责任行为多包含对股东和员工负责、搞好与社区的关系、对消费者负责、慈善捐助、环境保护等，而以推进企业社会责任为目标的职业群体公民行为则以企业工作群体为主体，通过群体价值观引导、群体认同、群体激励、知识分享、参与决策等，对企业社会责任行为产生影响。在低碳背景下，通过职业群体公民行为推进企业承担节能减排等低碳责任，进而促进区域经济的低碳发展。以下将利用结构方程模型，对影响中小企业低碳责任水平的各因素进行路径分析，从而测定东北中小企业低碳责任发展现状，并以此为依据进行结构效应分析，提出东北中小企业低碳发展的对策与建议。


## 一、模型建构

### （一）理论假设与指标设计

为了分析职业群体公民行为通过推进中小企业低碳责任水平提升，促进地区经济低碳发展的理论假设，我们考虑了职业群体作用力、低碳意识、投入动机、低碳经济发展和低碳责任水平等要素形式。由于上述要素是无法直接观测的变量（潜变量），必须以适当的可观测变量（显变量）加以反映，为此我们对上述要素指标进行分解，显变量则以李克特分量表累计得分形式进行测量，据此建立职业群体低碳责任推进效应影响因素指标体系，如表 5-8 所示。

表5-8 职业群体低碳责任推进效应影响因素指标体系

| 目标 | 潜变量 | 显变量 | 操作定义 |
|---|---|---|---|
| 职业群体低碳责任推进效应 | 职业群体作用力 | 互动程度、群体凝聚力、群体目标、工作满意度、协作精神 | 企业员工群体的工作满意程度、互动程度、协作精神、凝聚力和目标完成能力对形成低碳企业文化的作用程度。 |
| | 低碳投入动机 | 自我投入 | 企业员工在企业低碳社会责任促进方面的投入程度。投入程度的提升对个人和企业绩效都有积极影响，可分为自我投入和工作投入。 |
| | | 工作投入 | |
| | 低碳发展条件 | 政府扶持、企业发展、创新学习、经济环境 | 企业低碳发展所需要的内外推进因素。宏观经济环境和政府扶持可作为企业发展方式选择的主要外部推进因素，但从长远来看，创新学习和企业发展需要才能形成其低碳发展的内部推进力量。 |
| | 低碳意识 | 促进效应 | 职业群体低碳意识的提升程度。在双因素（激励因素和保健因素）作用下，将形成群体的低碳责任期望目标，并产生低碳价值观、群体认同、群体激励、知识分享等由己及人，由企业到社会层层递进的促进效应，为此所产生的职业群体的低碳意识提升程度。 |
| | | 期望目标 | |
| | 低碳责任水平 | 知名度、科技水平、节能减排、创新水平、安全水平、社会交往、员工交往、管理水平、环境污染 | 企业员工对企业在低碳管理和社会责任承担方面的评价。 |

综合相关理论研究和上述分析，构造职业群体低碳责任推进效应结构方程概念模型如图5-20所示，该结构方程模型存在如下假设：（1）职业群体低碳责任推进效应影响因素可以用职业群体作用力、低碳满足感、投入动机、发展条件和低碳责任水平五个维度进行描述；（2）诸显变量如群体凝聚力不能直接作用于不同维度的潜变量如低碳责任水平，要通过其所属维度的潜变量如职业群体作用力来体现；（3）各显变量与其所属维度之间存在正向关系；（4）各显变量及其残差之间可存在相互作用关系；（5）各潜变量之间可存在相互作用关系，对潜变量之间的因果关系假设如下：

（1）职业群体作用力对低碳责任水平的影响路径有四条：一是职业群体作用力直接影响低碳责任水平，此为直接效应（H1）；二是以低碳意识为中介变量，而影响低碳责任水平，此为间接效应（H2）；三是以低碳投入动机为中介变量，而影响低碳责任水平，此为间接效应（H3）；四是职业群体作用力影响低碳投入动机，次而影响低碳发展条件，进而影响低碳责任水平，此亦为间接效应（H4）。

（2）低碳投入动机对低碳责任水平的影响路径有两条：一是低碳投入动机直接影响低碳责任水平，此为直接效应（H5）；二是以低碳发展条件为中介变量，而影响低碳责任水平，此为间接效应（H6）。

（3）低碳意识对低碳责任水平的影响路径有两条：一是低碳意识直接影响低碳责任水平，此为直接效应（H7）；二是低碳意识先影响低碳投入动机，进而影响低碳发展条件，再次实现对低碳责任水平的影响，此为间接效应（H8）。

（4）低碳发展条件变量直接影响低碳责任水平，此为直接效应（H9）。

## （二）抽样设计和调查数据特征

本研究依据 2011 年 11 月至 2012 年 3 月组织的《东北地区中小企业低碳社会责任调查》量表数据分析所得。在本次调查中，课题组设计了 1 个《低碳责任水平》总加量表，《低碳发展经验和态度》和《职业群体行为》2 个李克特量表，其中两个李克特量表又分为 13 个分量表。低碳责任水平量表为打分形式，其他量表问题为陈述形式，陈述题中正向题从肯定到否定给予 4、3、2、1 分，而反向题计分时，则分别给予 1、2、3、4 分。

本次调查的目标企业为能源消耗大，碳排放量多的企业。首先，通过互联网企业黄页了解企业信息，选择目标企业构成样本框，采用整群抽样方法选择典型行业，如供热行业、电力行业和各类对环境有影响的生产加工业，包括建材生产和加工、水泥企业、冶金、化工/石化、粮食/食品生产和加工、制药业、印刷业等，中选行业中的所有企业进入样本框；其次，采用系统抽样法抽选企业；再次，对每一入选企业员工抽样，调查员到达企业后进行现场抽样，自备抽样卡 20 张，采用分层抽样原则抽取样本：（1）到每一企业后先抽部门，将部门编号，随机抽取约 3—10 个部门；（2）调查每个部门的所有岗位/工种，对每个岗位/工种抽 3—5 人。设定抽样原则：总体 50—100 人，抽样约 10—30 人；总体 100—200 人，抽样约 30—50 人；总体 500 人以下，抽样约 100 人；总体 500 人以上，抽样不超过 200 人。

根据上述抽样方法，课题组在辽宁、吉林和黑龙江三省各中选企业和部门调查了 2595 个样本，其中辽宁省 1151 人、吉林省 856 人、黑龙江省 588 人，调查样本的行业和职务分布情况如表 5-9 所示。

表 5-9　调查样本的行业分布情况

| 行业 / 职务 | 化工 | 建材/建筑 | 农牧渔业和食品加工 | 生产加工/制造 | 物流交通和服务业 | 制药/医药 | 电力 | 造纸/印刷 | 采掘/资源型生产 | 合计 |
|---|---|---|---|---|---|---|---|---|---|---|
| 普通员工 | 341 | 418 | 35 | 840 | 75 | 61 | 94 | 22 | 62 | 1948 |
| 基层管理人员 | 124 | 73 | 4 | 31 | 8 | 29 | 37 | 2 | 5 | 313 |
| 中层管理人员 | 76 | 69 | 13 | 37 | 48 | 0 | 4 | 22 | 0 | 269 |
| 高层管理人员 | 19 | 9 | 6 | 15 | 12 | 0 | 4 | 0 | 0 | 65 |
| 合计(%) | 560 (21.6) | 569 (21.9) | 58 (2.2) | 923 (35.6) | 143 (5.5) | 90 (3.5) | 139 (5.4) | 46 (1.8) | 67 (2.6) | 2595 (100) |

（三）测量的信度与效度

量表的信度越高，代表量表越稳定，问卷的有效性和可靠性则越大。在李克特量表法中常用的信度检验方法有"内在信度"和"折半信度"。在"多选项量表"中，内在信度特别重要，所谓内在信度指的是每一个量表是否测量单一概念，同时组成量表题项的内在一致性程度如何。"Cronbach α"系数是内在信度最常使用的方法。一般认为，信度 α 系数应不低于 0.6，0.8 以上被认为具有较高的信度，每个层面的内在信度 α 系数通常会较总量表的信度低。

作为一个测量工具，量表不仅要有可靠的信度，还必须能够准确、真实地度量事物的属性，即具有测量的效度或准确度。量表测量的效度具有三种类型：表面效度、准则效度和结构效度。表面效度，是从概念定义以及经验角度判断测量项目"看起来"符合测量的目的和要求；准则效度是指用新的方式或指标所得到的测量结果与原有准则的测量结果作比较，若具有相同的效果，那么这套新的测量指标就具有准则效度，应用准则效度会大量增加问题数量，使问卷变得冗长复杂；结构效度涉及一个理论的关系结构中的其他概念（或变量的测量），如假设技术创新水平与低碳社会责任水平有关，且技术创新水平越高，低碳社会责任水平越高，那么，我们的测量在技术创新水平与低碳社会责任水平方面的结果具有一致性，则称我们的测量具有结构效度。通常用因子分析法检验量表的"结构效度"。因子分析是一种潜在结构分析法，用于效度检验的有两个重要指标：一个是"共同度"（communality），另一个是"特征值"（eigenvalue）。所谓共同度，就是个别变量可以被共同因子解释的方差百分比，是个别变量与共同因素间多元相关的平方，共同度越大说明量表结构效度越好；特征值是每个变量在某一共同因子的因子负荷量的平方总和，将每个共同因子的特征值除以总题数，就是这个共同因子可以解释的方差（变异量）。按 Kaiser 准则，受试样本数大于 250 例，平均解释力（本文采用的结构效度检验值）应在 0.6 以上，但不能低于 0.5。

根据上述信度和效度计算方法和检验标准，各量表的层面名称、筛选后的题数、信度和效度检验值如表 5-10 所示。上述量表各项经过筛选后信度 α 系数均在 0.6 以上，各分量表结构效度也均在 0.5 以上，说明用本量表收集的数据进行分析具有较高的可信度和较好的解释能力，适合作进一步分析。

表 5-10　量表的信度和效度分析

| 量表层面 | 题数 | 信度 α系数 | 结构效度 | 量表层面 | 题数 | 信度 α系数 | 结构效度 |
|---|---|---|---|---|---|---|---|
| 1. 职业群体作用力 | 39 | 0.918 | 52.422% | 3. 低碳发展条件 | 22 | 0.790 | 61.804% |
| 互动程度 | 12 | 0.808 | 47.621% | 政府扶持 | 6 | 0.600 | 48.438% |
| 群体凝聚力 | 9 | 0.649 | 49.327% | 企业发展 | 8 | 0.614 | 48.759% |
| 群体目标 | 6 | 0.672 | 39.610% | 创新学习 | 3 | 0.690 | 61.700% |
| 工作满意度 | 6 | 0.707 | 47.196% | 经济环境 | 5 | 0.660 | 74.233% |
| 协作精神 | 6 | 0.651 | 59.927% | 4. 低碳意识 | 16 | 0.756 | 62.989% |
| 2. 低碳投入动机 | 15 | 0.778 | 52.302% | 促进效应 | 8 | 0.640 | 66.770% |
| 自我投入 | 6 | 0.679 | 47.010% | 期望目标 | 8 | 0.655 | 70.688% |
| 工作投入 | 9 | 0.628 | 51.830% | 5. 低碳责任水平 | 7 | 0.894 | 61.427% |

## 二、模型运行与结果分析

### (一) 结构方程模型建立与修正

结合上述分析，运用 SPSS19.0 和 Amos17.0 软件，在调查数据中随机选择 5% 共 132 个样本带入下述的概念模型中（图 5-2a），依据假设对模型中各变量之间的因果路径关系进行分析，并根据修正指标对模型进行调整，修正后的职业群体低碳责任推进效应结构方程模型如图 5-2b 所示，模型适配度检验见表 5-11。

结构方程模型适配度检验是模型内外质量的检验。整体模型适配度可以说是模型的外在质量检验，各测量模型的信度和效度代表模型内在质量的检验，其中整体模型适配度检验一般包括绝对适配度、增量适配度和简约适配度三类检验。代表模型内在质量的信度和效度检验可参见表 5-10，表 5-11 显示的是代表外在质量的模型整体适配度检验，可以看出模型整

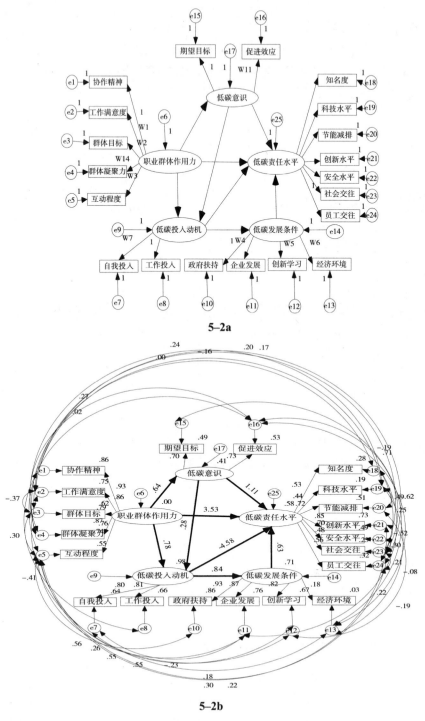

5–2a

5–2b

**图 5–2 职业群体低碳责任推进效应模型**

体适配度检验全部通过。

表 5–11 结构方程整体模型适配度检验

| 项目 | 指标 | 判断标准 | 说明 |
|---|---|---|---|
| 绝对适配度 | N = 132 | $\chi^2$ 自由度检验最适样本数为 100 至 200 | 适合做模型适配度检验 |
| | P = 0.263 | P＞0.05 | 模型成立 |
| | $\chi^2$/DF = 1.075 | $\chi^2$/DF＜2 | 假设模型与样本数据契合度较好 |
| | GFI = 0.902 | GFI＞0.9 | 模型良性适配良好 |
| | RMSEA = 0.024 | RMSEA＜0.05 | 模型残差适配良好 |
| 增量适配度 | NFI = 0.926 | NFI＞0.9 | 模型标准适配良好 |
| | CFI = 0.994 | CFI＞0.96 | 模型比较适配良好 |
| 简约适配度 | AIC = 296.941 | 用于多模型比较，越小越好 | 单模型可不计考量 |
| | PNFI = 0.648 | PNFI＞0.5 | 模型简约适配良好 |

（二）结果分析

根据表 5–12 所示结构方程模型路径检验结果，对前述因果假设路径（H1—H9）进行验证：

H1 职业群体作用力——低碳责任水平，不成立；

H2 职业群体作用力——低碳意识——低碳责任水平，不成立；

H3 职业群体作用力——低碳投入动机——低碳责任水平，不成立；

H4 职业群体作用力——低碳投入动机——低碳发展条件——低碳责任水平，成立；

H5 低碳投入动机——低碳责任水平，不成立；

H6 低碳投入动机——低碳发展条件——低碳责任水平，成立；

H7 低碳意识——低碳责任水平，不成立；

H8 低碳意识——低碳投入动机——低碳发展条件——低碳责任水平，

成立；

H9 低碳发展条件——低碳责任水平，成立。

因此，在职业群体低碳责任推进效应研究中，可以得到四条显著路径：一为职业群体作用力——低碳投入动机——低碳发展条件——低碳责任水平；二为低碳投入动机——低碳发展条件——低碳责任水平；三为低碳意识——低碳投入动机——低碳发展条件——低碳责任水平；四为低碳发展条件——低碳责任水平。

表 5-13 显示的是各潜变量在模型中的影响效应，包括直接效应和间接效应两个方面。总效应是两个方面效应的加总，如果一个变量对另一个变量的间接效应大于直接效应，则说明两个变量间的中间变量发挥了更高的影响效应。可以看出，职业群体作用力变量对低碳意识、低碳投入动机、低碳发展条件和低碳责任水平均具备较高的影响力，其中低碳投入动机和低碳发展条件两个变量作为中间变量时影响效应较高：

（1）低碳投入动机在两条通向低碳发展条件的路径中均发挥积极的正向影响。在职业群体作用力——低碳投入动机——低碳发展条件这条路径中，职业群体作用力作用于低碳发展条件的间接效应（0.811）＞直接效应（0）；在低碳意识——低碳投入动机——低碳发展条件这条路径中，低碳意识作用于低碳发展条件的间接效应（0.238）＞直接效应（0），但这条路径不显著，所以影响力较弱。

（2）低碳发展条件在通向低碳责任水平的路径中起到了积极的正向影响。在低碳投入动机——低碳发展条件——低碳责任水平这条路径中，低碳投入动机作用于低碳责任水平的间接效应（0.533）＞直接效应（-4.584），但由于这条路径也不显著，导致这条路径上低碳发展条件的影响力被抵消。

表 5-12　理论模型路径检验结果

| 路径 | | | 非标准化系数 | 标准化系数 | P | 结果 |
|---|---|---|---|---|---|---|
| 低碳意识 | ← | 职业群体作用力 | 0.697 | 0.638 | *** | 显著 |
| 低碳投入动机 | ← | 职业群体作用力 | 0.808 | 0.784 | *** | 显著 |
| 低碳投入动机 | ← | 低碳意识 | 0.267 | 0.283 | 0.001 | 显著 |
| 低碳发展条件 | ← | 低碳投入动机 | 1.031 | 0.841 | *** | 显著 |
| 低碳责任水平 | ← | 低碳发展条件 | 0.121 | 0.634 | 0.007 | 显著 |
| 低碳责任水平 | ← | 低碳投入动机 | −1.068 | −4.584 | 0.539 | 不显著 |
| 低碳责任水平 | ← | 低碳意识 | 0.243 | 1.105 | 0.618 | 不显著 |
| 低碳责任水平 | ← | 职业群体作用力 | 0.847 | 3.526 | 0.543 | 不显著 |

表 5-13　职业群体低碳责任推进的标准化直接效应和间接效应

| | 职业群体作用力 | | 低碳意识 | | 低碳投入动机 | | 低碳发展条件 | |
|---|---|---|---|---|---|---|---|---|
| | 直接效应 | 间接效应 | 直接效应 | 间接效应 | 直接效应 | 间接效应 | 直接效应 | 间接效应 |
| 低碳意识 | 0.638 | 0 | 0 | 0 | 0 | 0 | 0 | 0 |
| 低碳投入动机 | 0.784 | 0.181 | 0.283 | 0 | 0 | 0 | 0 | 0 |
| 低碳发展条件 | 0 | 0.811 | 0 | 0.238 | 0.841 | 0 | 0 | 0 |
| 低碳责任水平 | 3.526 | −3.203 | 1.105 | −1.148 | −4.584 | 0.533 | 0.634 | 0 |

## 三、低碳社会责任水平提升对策分析

上文利用结构方程模型和东北地区中小企业低碳社会责任调查结果，以职业群体为分析单位，构建了中小企业职业群体低碳责任推进效应的结构方程模型，并对职业群体作用力、低碳意识、低碳投入动机、企业的低碳发展条件和低碳责任水平之间的关系假设进行验证，为制定东北中小企业低碳发展政策提供理论依据。结构方程模型研究表明，职业群体作用力和低碳意识能够间接推进低碳责任水平的提升，而在各影响因素中，低碳投入动机和低碳发展条件起着关键作用。基于此，本研究提出的低碳社会责任水平提升对策具体如下：

第一，低碳发展条件越好，低碳责任水平越高（0.634）。经济全球化和中国经济的快速发展，让低碳发展成为中小企业国际化的必然选择。中小企业低碳发展条件包括内外两方面影响，其中政府扶持和经济环境构成两个外部影响，创新学习和企业发展构成两个内部影响，职业群体作用力通过对低碳投入动机的影响，不仅推动了企业的创新学习和发展需要等内部力量，也获得了政府扶持和经济环境改善等更多的外部力量，从而推进中小企业低碳责任水平的提高。而数量众多、环境影响较大的中小企业低碳责任水平的提升促进了区域低碳责任水平提升，由此构成低碳经济良性循环，从而带动整个地区实现低碳发展。在今后的发展中，中小企业尤其是制造业中小企业应注重与企业发展密切结合的创新活动，积极促进低碳科技成果的转化。政府部门应从政策上为中小企业实施这一战略提供保障，让企业在创新学习中增强自己的低碳技术研发实力，最终实现自主创新的低碳发展模式，减少对技术引进的过分依赖。

第二，低碳投入动机越强，低碳发展条件越好（0.841）。如何给选择低碳发展模式的中小企业员工以切实利益，让职业群体逐步认同并热衷企业的低碳发展模式，应该是企业和地方政府的首要目标。根据斯柯菲力（Schaufeli）等人的研究，投入度是一种与工作相关的积极的、充满情绪与动机的状态，具有持久性和弥散性的特点，可分为认知、情感和行为三个层面。从行为动机角度可将员工在企业低碳社会责任促进方面的投入分为自我投入和工作投入两个方面。当这种投入能够给员工带来金钱（提职、加薪等）、荣誉、人缘、个人发展或者职业安全方面的利益时，就会产生"自我投入"；当员工认同、热衷和相信自己所从事的工作时，就会产生"工作投入"，后者对企业低碳社会责任的促进，比更侧重实际利益的自我投入更高。因此，从自我投入到工作投入的转变是提高员工低碳投入度，促进低碳发展条件改善的关键。在这一过程中，宏观经济环境和政府扶持作用是企业发展方式选择的主要外部推进因素，但从长远来看，中小企业只有选择自主创新模式，通过创新学习，发展独具特色的低碳技术，才能形成企业低碳发展的内部推进动力，才能打破大企业和国外企业的技术垄断。东北中小企业低碳发展的潜力在于职业群体公民行为引导的低碳投入度，继续保障员工的切实利益，同时加大低碳技术研发的投入，运用中小企业对市场反应灵活的优势，加快低碳生产和市场的融合。

第三，职业群体作用力越大，低碳意识（0.697）和低碳投入动机（0.808）越强。从表5-12所示的结果来看，低碳投入动机和低碳意识都不能直接作用于低碳责任水平，而且低碳意识只有通过低碳投入动机才能发挥作用。根据双因素理论，影响职业群体行为的因素可分为激励因素和保健因素。激励因素包括工作上的成就感、对未来的期望以及责任感等，是促进员工产生情感和规范承诺的主要因素，可有效激发员工工作的内部动机；而保健因素是指与个体外在需求是否得到满足相关的因素，可激发人的外部动机。由工作满意程度、互动程度、协作精神、凝聚力和目标完成能力构成的职业群体作用力在双因素影响下，将形成期望的低碳责任目标，并产生低碳价值观、群体认同、群体激励、知识分享等由己及人，由企业到社会层层递进的促进效应，从而成为企业低碳社会责任水平推进的主要影响因素。东北中小企业要注重培养低碳企业文化，实现低碳投入度和低碳意识的多层次引导，形成低碳发展的职业群体凝聚力和核心竞争力。同时，立足本地经济发展现状，改革人才培养目标，引进低碳人才队伍，并通过调整员工福利和奖惩机制，以及优化资源配置等多元介入方式，拓展低碳创新型人才培养的路径。

## 第三节 职业群体推进企业低碳发展路径分析模型

### 一、模型建构

在运用结构方程分析法时，需要确定样本数以符合结构方程模型分析的要求。结构方程模型最常用的估计方法是最大似然估计（ML），要求被测样本数量在100—200之间。本选题利用 SPSS19.0 在项目 2595 个调查样本中，随机抽取了 5%、共计 126 个样本带入假设的概念模型当中，根据假设对模型中各变量之间的因果路径关系进行分析，并根据修正指标进行调整。

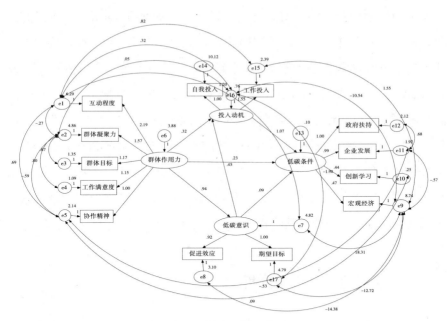

**图 5-3 结构方程模型修正图**

在结构方程模型路径图的基础上进行运算，根据修正指标对结构方程路径进行修改，使得修正后的结构方程模型具有一定的理论价值和现实意义。结构方程模型的修正主要包括模型扩展和模型限制，本研究根据修正指标对结构方程模型进行修正，如图 5-3 所示。

表 5-14  结构方程模型适配度

| 项目 | 指标 | 判断标准 | 说明 |
|---|---|---|---|
| 绝对适配度 | N = 126 | $\chi^2$ 自由度检验样本数为 100 至 200 | 适合做模型适配度检验 |
| | P = 0.43 | P > 0.05 | 模型成立 |
| | $\chi^2$/DF = 1.032 | $\chi^2$/DF < 2 | 假设模型与样本数据契合度较好 |
| | GFI = 0.955 | GFI > 0.9 | 模型良性适配良好 |
| | RMSEA = 0.014 | RMSEA < 0.05 | 模型残差适配良好 |
| 增量适配度 | NFI = 0.973 | NFI > 0.9 | 模型标准适配良好 |
| | CFI = 0.999 | CFI > 0.96 | 模型比较适配良好 |

对于模型修正之后，对其适配度进行检验如表 5-14 所示。本研究随机选取了 126 个样本，$\chi^2$ 自由度检验样本数为 100 至 200，符合要求，本研究样本适合做模型适配度检验。本研究主要选取 P 值（卡方值）、$\chi^2$/DF（自由度）、GFI（指标拟合度）、RMSEA（近似误差均方根）、NFI（线性拟合指数）和 CFI（比较拟合指数）等指标来衡量本研究模型的适配度，从表 5-14 可以看出 P = 0.43 > 0.05、$\chi^2$/DF = 1.032 < 2、GFI = 0.955 > 0.9、RMSEA = 0.014 < 0.05、NFI = 0.973 > 0.9 以及 CFI = 0.999 > 0.96，所有指标均达到可接受范围要求。所以，从整体而言可以判断本研究理论模型的适配度可以接受，该模型是合理的，可以用来检验本研究所提出的假设。

## 二、模型运行与结果分析

在建立结构方程之前，在本研究第二部分中对各变量之间的关系作了多项假设，需要根据结构方程运算结果对之前的假设分别进行验证，以检验他们的正确性和合理性，进而为本研究的结论提供理论上的支持。本研究结构方程路径研究结果如表 5-15 所示，可以据此对因果路径假设（H1—H7）进行验证。

表 5-15 理论模式的路径系数及假设验证

| 路径 | 非标准化系数 | 标准化系数 | P | 结果 |
|---|---|---|---|---|
| 职业群体作用力→低碳发展条件 | 0.23 | 0.17 | 0.068 | 不显著 |
| 职业群体作用力→低碳意识 | 0.94 | 0.64 | *** | 显著 |
| 职业群体作用力→低碳投入动机 | 0.32 | 0.32 | 0.037 | 显著 |
| 低碳意识→低碳发展条件 | 0.09 | 0.09 | 0.305 | 不显著 |
| 低碳投入动机→低碳发展条件 | 1.07 | 0.78 | *** | 显著 |
| 低碳意识→低碳投入动机 | 0.45 | 0.66 | *** | 显著 |

（一）职业群体作用力对中小企业低碳发展条件的影响

本研究假设企业职业群体作用力对中小企业低碳发展条件具有正相关关系，即职业群体作用力越高，对企业低碳发展条件的改进作用就越大，越能促进企业的转型发展。从图 5-3 可以发现，职业群体作用力对企业低碳发展条件发生效用的路径系数为 0.23，P = 0.068 > 0.05，呈不显著相关关系，所以职业群体作用力对中小企业低碳发展条件的改进有正向影响的假设不成立。

（二）职业群体作用力对职业群体低碳意识的影响

本研究假设企业职业群体作用力与职业群体的低碳意识呈正相关关系，即职业群体作用力越高，其低碳意识也就越高。从图 5-3 可以看出，职业群体作用力对低碳意识发生效应的路径系数为 0.94，P = 0.00 < 0.05，呈显著正相关关系，所以职业群体作用力的升高有利于职业群体的低碳意识提升的假设成立。

（三）职业群体作用力对低碳投入动机的影响

本研究假设企业群体作用力与职业群体低碳动机呈正相关关系，即职业群体作用力越高，其低碳投入动机也就越高。从表 5-15 可以看出，职业群体作用力对低碳投入动机发生效应的路径系数为 0.32，P = 0.037

<0.05，呈显著正相关关系，所以职业群体作用力的升高有利于职业群体低碳投入动机的提升的假设成立。

### （四）职业群体低碳意识对中小企业低碳发展条件改进的影响

本研究假设职业群体低碳意识与中小企业发展条件呈正相关关系，即随着职业群体低碳意识的提升，中小企业低碳发展条件也就能发挥更大的作用。从表5-15可以看出，职业群体低碳意识对中小企业低碳发展条件的改进的发生效应的路径系数为0.09，P＝0.305＞0.05，呈不显著相关关系，所以职业群体低碳意识的提升能够改进中小企业低碳发展条件的假设不成立。

### （五）职业群体低碳投入动机对改进中小企业发展条件的影响

本研究假设职业群体低碳投入动机与中小企业发展条件的改进呈正相关关系，即随着职业群体低碳投入动机的提升，中小企业低碳发展条件也就能发挥更大的作用。从表5-15可以发现，职业群体低碳投入动机对中小企业低碳发展条件改进发生效应的路径系数为1.07，P＝0.00＜0.005，呈显著相关关系，所以职业群体低碳投入动机的提升能够改进中小企业低碳发展条件的假设成立。

### （六）职业群体低碳意识对职业群体低碳投入动机的影响

本研究假设职业群体低碳意识与职业群体低碳投入动机呈显著正相关关系，即随着职业群体低碳意识的提升，职业群体低碳投入动机也就越高。从表5-15可以发现，职业群体低碳意识对职业群体低碳投入动机发生效应的路径系数为0.45，P＝0.00＜0.05，呈显著正相关关系，所以职业群体低碳意识对职业群体低碳投入动机具有提升作用的假设成立。

表5-16为各潜变量在结构方程模型中的影响效应，包括直接效应和间接效应两方面。总效应则是直接效应与间接效应的加总，如果一个变量对另外一个变量的间接效应大于直接效应，则说明中间变量在这两个变量

之间发挥了更大的效应。间接效应可以分为两种情况：当因变量和自变量之间只有一个中介变量时，间接变量效应的大小是两个路径系数的乘积；当在因变量和自变量之间有多个中介变量时，间接效应应当是从自变量出发，通过每个中介变量作用到因变量的路径系数的乘积之和。本研究结构方程模型经过修正之后，各变量之间的直接效应和间接效应如表5–16所示。

表5–16 变量关系表

| | 职业群体作用力 | | 低碳意识 | | 低碳投入动机 | |
|---|---|---|---|---|---|---|
| | 直接效应 | 间接效应 | 直接效应 | 间接效应 | 直接效应 | 间接效应 |
| 低碳意识 | 0.940 | 0 | 0 | 0 | 0 | 0 |
| 低碳投入动机 | 0.320 | 0.432 | 1.070 | 0 | 0 | 0 |
| 低碳发展条件 | 0.230 | 0.790 | 0.090 | 0 | 1.070 | 0 |

从表5–16可以看出职业群体作用力对职业群体低碳投入动机的直接效应（0.32）小于其间接效应（0.432），即本研究假设职业群体作用力先影响职业群体低碳意识，进而影响职业群体低碳投入动机的假设成立，职业群体低碳意识在职业群体作用力与职业群体低碳意识之间起到中介效应。

职业群体作用力对低碳发展条件的直接效应（0.23）与其间接效应（0.79），即本研究假设职业群体作用力首先影响低碳意识，次而影响低碳投入动机，进而影响中小企业低碳发展条件改进的假设成立，职业低碳意识与低碳投入动机在职业群体作用力与中小企业发展条件改进之间起到中介效应。

由于低碳意识与中小企业之间呈不显著相关关系，所以职业群体影响职业群体低碳意识进而影响企业低碳发展条件改进的假设不成立。

从以上结果分析可以看出，职业群体作用力通过职业群体低碳意识与低碳投入动机，对中小企业低碳发展条件的改进具有影响作用。因此，提升中小企业职业群体作用力，从企业职工群体当中发掘更大的驱动力，对改善中小企业低碳发展条件、提升中小企业低碳社会责任水平具有重大意义。

## 三、职业群体推进对策分析

以上分析表明，职业群体作用力对中小企业低碳发展效应的提升具有重要作用，职业群体低碳意识在职业群体作用力和中小企业低碳发展条件之间发挥着重要的中间作用。因此，本研究尝试从以下几个层面提出一些对策，使东北地区中小企业的低碳发展条件发挥最大的效应，加速企业发展方式的转型，提升企业承担低碳社会责任的能力。

### （一）企业发展战略层面

SWOT分析方法创始人、哈佛大学商学院教授肯尼思·安德鲁斯认为，企业发展战略是企业的决策方式。为了实现企业的发展目标应该制定相应的方针和计划，发展战略同时反映了企业的发展目标，不仅对企业的生产经营范围给予明确的规定，同时也明确了企业应承担的社会责任。由此可以看出，企业发展战略是对企业发展的一种长远规划、一种总的指导方针。但由于中小企业自身的缺陷，如产品品种单一、市场范围小等，导致绝大多数中小企业没有具体的发展战略，这对企业实现可持续发展十分不利。目前，东北地区中小企业为了实现短期效益，仍然会采取一些落后的经济增长方式，如增加能源消耗、提升人力资本的比重，短期内会使企业的利益实现增长，但长期来看，不仅阻碍了企业的低碳发展，还会导致东北地区中小企业忽视自身应当承担的社会责任。

企业实现低碳发展，提升低碳社会责任水平，最为重要的是要依靠中小企业的创新发展战略。然而对于东北中小企业而言，由于历史和体制原因，创新主要集中在一些研究院和大型企业中。东北中小企业自主创新仍然处于初级阶段，且规模小，影响范围十分有限，而且研发能力不足、低碳人才匮乏，其成本和技术更新速度缓慢，这些都严重减缓了企业转型发展的步伐，降低了东北地区中小企业的低碳社会责任水平。

因此，对于东北地区中小企业而言，首先需要制定一个明确的企业低碳发展战略，将低碳社会责任纳入到企业发展战略当中，细化在企业每个阶段的发展目标之内。同时，企业应当为员工营造一个良好的工作环境，提高员工对企业发展目标的认同，提升工作认同感，并主动参与到企业的低碳行动中。虽然，近年来东北地区宏观经济不景气，中小企业的低碳发展能力有限，但如果工作群体层面能够更加认可企业低碳发展，并愿意为企业目标而付出更多努力，无疑对整个地区的低碳化发展将起到积极的推动作用。

### （二）群体凝聚力层面

前文表明，群体凝聚力越高，群成员之间有可能表现出更多的公民行为，当这种行为累积转变为该群体内部规范时，也约束着该群体内部成员的群体公民行为。当企业当中的工作小组凝聚力提高时，工作小组与工作小组之间也会发展正式或者非正式的群体间的交往，也就越有可能变现出更多的有利于群体目标实现的群体公民行为，更注重树立和维护企业形象，创造出有利于提高工作效率的工作环境。这样，可以使企业现有的条件发挥最大的效用，即使在不利的条件也会对企业实现低碳发展有一定的促进作用。

当职业群体目标与企业目标一致时，群体凝聚力会得到提升，也会表现出更多的有利于企业目标实现的群体公民行为。但是，如果职业群体目标与企业目标相反时，也会产生一定程度的群体公民行为，只是这种群体公民行为对于企业发展和企业目标的实现作用是相反的。所以，目标的一致性对积极的职业群体行为的产生很重要，尤其在企业目标的达成方面。企业在执行低碳发展战略时，要推进企业目标与大部分工作小组目标的一致性，采取公平、民主的管理模式，让员工有一种主人翁意识，能够更加认同企业的发展目标。研究也发现，增加群体凝聚力也能促使职业群体公民行为的出现，低碳意识的强化有助于让每个工作小组都认同企业的低碳发展目标，推进企业低碳发展目标的实现进程。

### （三）企业文化层面

企业文化是一个企业在生产过程中经过长期的累积形成的，是被企业职工所接受和认同的价值观，对企业生产和企业职工行为都有一定的指导作用，并借助一定的传播媒介在企业中长期存在并延续下来。已有研究证明，企业文化对企业社会责任以及企业绩效具有显著的影响，先进的企业化有利于企业承担社会责任，有助于企业绩效的提升。

企业文化是一个企业整体的价值观，反映了企业精神、伦理道德以及其存在的意义，并为企业所有的员工所认同。当企业文化通过一定的媒介存在并传递下去的时候，就会使得每一代职工对企业有强烈的归属感，而且企业文化具有高度的稳定性，能够长期指导职工的行为。所以，东北地区中小企业在实现低碳发展的过程中，要将低碳发展的理念贯彻到企业文化当中去，真正被企业职工群体所接受，内化为他们自身的价值观，为企业实现低碳生产贡献自己的力量，提升东北地区中小企业职业群体的低碳投入动机，提高低碳意识。同时，东北地区集体主义文化较为盛行，使得企业文化相对更容易为职业群体所接受，更有利于一个良好的工作环境的建立，从而提高企业职工的工作满意度，有利于职业群体公民行为的产生。当有一个绿色的企业文化作为行为指导价值观的时候，也有利于职工低碳意识的提升，提高低碳投入动机，从而使得企业能够从内部发掘企业实施低碳发展的驱动力，促使低碳发展条件发挥更大的作用，加速企业转型，推进东北地区中小企业低碳社会责任水平。

### （四）领导力层面

世界领导力大师、组织行为学研究专家，美国领导力研究中心创始人保罗·赫塞认为，领导力就是影响力，每个人都可以拥有领导力，但只有你成功地影响了他人的行为，你才能成为具有领导力的领导。具体来说，领导力就是领导者用其个人能力、职业素养、管理经验以及个人魅力影响其他人的一种表现，其目标是协调企业内部关系，领导企业员工通过改革实现企业目标，提高组织绩效的过程。

一个真正具有领导力的领导，能够将企业员工紧紧地团结在一起，提高企业凝聚力，以利于职业群体公民行为的生成。具有较强领导力的工作小组领导能够增加群体之间的互动与交流，并推进职业群体公民行为的生成。具有一定领导力的领导会将他的价值观以一种有效的方式传递给职工，并运用到日常的企业管理之中，以提高员工在工作中的低碳投入度，减少企业实现低碳改革的阻碍。因此，领导力的培养是东北地区中小企业低碳发展的关键之一，对企业的转型发展具有重要作用。

综上所述，为实现低碳发展，东北地区中小企业在推进低碳社会责任的过程中需要注意以下几个方面：首先，要将企业低碳发展纳入企业发展战略当中，将低碳发展目标细化到每个工作小组当中；其次，在企业管理过程中，提高职业群体的凝聚力；再次，树立低碳企业文化，并取得企业职工的认同，树立良好的企业形象；再次，提升企业领导力，完善企业管理机制，提升企业生效率。这些措施都会对提升职工低碳意识和低碳投入动机有一定的促进作用，从而减少企业低碳发展的阻力，加快东北地区经济增长方式的转型，提升东北地区中小企业低碳社会责任水平。

# 第四节　现代企业社会责任驱动的供应链发展策略研究

20 世纪以来，在科学技术进步和经济全球化的推动下，世界经济发展加速，国与国之间的经济技术合作越加紧密，其负面影响也日趋严重。在近几年的金融危机中，中国经济能够快速复苏，一个重要原因就是政府的强有力的宏观调控在起作用。但是中国经济仍然面临着两大挑战，一个是国际商品价格上涨，使企业的生产成本增加，企业生存面临很大压力；另一个是国际市场需求不足，出现产能过剩局面。此外，南北差距、贫富悬殊、失业、自然资源破坏、生态恶化、食品安全、环境事故频发等严重社会问题，也考验着中国经济发展的可持续性。当前欧美企业界和学术领域越来越重视企业社会责任的研究，而这种重视在全球供应链企业中正发挥着越来越重要的作用。作为全球供应链的一环，中国经济在其发展中也需要承担其自身的社会责任，这意味着中国企业除了最大限度地为股东创造价值和效益，还应该尽量减少其经营行为的消极影响。

## 一、现代企业社会责任问题的本质与议题

当行动者追逐各自特殊的利益时，是什么或哪些社会力量把他们聚集在一起，克服社会冲突、实现共赢的目标呢？企业家和企业管理者认识到社会冲突存在的基础，在社会互动中会尽力去缩小由于拥有资源占有权而带来的社会不平等，通过承担社会责任，寻求对自身权利的更多社会认同，以此来减缓社会冲突的压力。按照社会学家乔纳森·特纳的看法，人们的确在交易中追逐物质性的目的，但他们也动员并交换非物质性的资源，比如情感、服务和符号。在互惠交换中，企业承担社会责任成为其追求交换效率的另一种需要或手段。交换关系发生在企业和利益相关者、企业与政府之间，在这种不可割裂的关系中一直存在着一定形式的"秩序的看不见的手"，这只"看不见的手"必然对企业行为产生影响。企业社会责任作为一种"秩序"影响结果，就以其固有的形式客观存在着。

### （一）企业社会责任问题

企业社会责任问题的根源在于企业与社会的冲突。这种冲突来源于两种渠道：一是私人成本与社会成本的分歧，二是分配不公导致的冲突。西方企业社会责任培育机制的形成与发展先后经历了企业与社会冲突（19世纪至20世纪50年代）、初步形成（20世纪50年代至70年代）、快速发展（20世纪80年代至90年代）和与全球化企业社会责任运动相融合（21世纪）几个阶段。在企业的社会成本超出私人成本时，企业对周围的利益相关者产生了负的外部性。在不存在外部性时，企业可以通过单纯追求利润

最大化来同时满足企业和社会的利益，通过为股东创造财富和为人提供工作、向政府缴纳税收等，同时对社会和股东作出了贡献。而在外部性存在时，企业单纯追求利润最大化目标时会对社会产生负面影响，使企业股东利益最大化的决策不再是对社会最优的决策。如产生污染的化工厂，它所产生的一部分成本——对周围环境的污染——并非由企业承担，而是由它周边的社区居民承担的。只有将外部性进行内部化，使企业在追求其自身利润最大化时充分考虑到利润最大化行为所带来的全部成本，才能使企业与社会的利益达成一致，达到资源的最优配置。

企业社会责任问题是企业与顾客、供应商、雇员、政府、投资者这些利益相关者之间的关系问题。企业与利益相关者的关系本质上是一种契约关系，这些契约往往包含了各种隐性契约，企业承担社会责任的过程也是履行这些隐性契约的过程。从企业与社会的冲突来看，如果企业不能很好地履行这些隐性契约，没有尊重利益相关者的利益，企业便会受到他们的抵制，企业与这些利益相关者之间的交易费用就会上升。企业通过合理解决私人成本与社会成本的分歧，可以增强企业的品牌形象，降低未来可能出现的潜在风险，获得顾客、供应商、投资者、政府等更多的信任和支持。西方政府和企业社会责任的关系在历史上经历了由企业自治、政府认可和鼓励，到政府与企业合作强化企业社会责任，最后通过立法规制企业社会责任几个阶段的变迁。进入21世纪，企业社会责任已经逐渐发展成为政府实现其治理目标的一部分。

## （二）现代企业社会责任议题

主流的企业管理理念认为，企业社会责任就是企业在创造利润、对股东利益负责的同时，还要承担的对员工、对消费者、对社区和环境的社会责任，包括遵守商业道德、生产安全、职业健康、保护劳动者的合法权益、保护环境、支持慈善事业、捐助社会公益、保护弱势群体，等等。我国经济学家厉以宁认为，企业社会责任可以分为法律层次和社会层次两个方面。法律层次的企业社会责任是一条底线，如果某个企业连法律层次的社会责任都未能履行，即使自愿捐献了若干资金用于社会公益事业，依然不能被认为是一个尽到社会责任的企业；道德层次的企业社会责任是企业自愿承担的。

现代企业社会责任的议题并不固定，它随着企业社会活动领域的扩大而不断变化。一些组织如联合国（UN）、欧盟（EU）、亚太经合组织（OECD）、商业社会责任协会（BSR）、世界可持续发展工商理事会（WBCSD）、加拿大议会在其中发挥了重要作用。其中，得到较广泛运用的是欧盟和社会责任国际（SAI）的企业社会责任定义。欧盟认为，企业社会责任是"企业在与股东协商自愿的基础上，把对社会和环境的影响整合到经营运作中的理念"。而社会责任国际将企业社会责任阐释为"企业除了对股东负责，即创造财富之外，还必须对全体社会承担责任，一般包括遵守商业道德、保护劳工权利、保护环境、发展慈善事业、捐赠公益事业、保护弱势群体"，等等。截至 2007 年，大约有 50 个多个企业社会责任的定义，这些定义主要来自欧洲和美国，此外还有一些定义来自印度和加拿大。通过对这些定义的研究，可以看出企业社会责任的议题主要包括五个方向：环境、社会、经济、股东和自愿性。根据 Dahlsrud 等人的研究整理的企业社会责任议题的维度和内涵，见表 5–17。

表 5–17　企业社会责任议题的维度和内涵

| 维度 | 内涵 | 短语举例 | 出现频率（%） |
|---|---|---|---|
| 环境 | 自然环境 | 更清洁的环境；环境管理；与企业运作相关的环境问题 | 88 |
| 社会 | 企业和社会的关系 | 有助于建立一个更美好的社会；将社会事务融入企业运营中；考虑他们在社会中所能影响到的全部范围 | 88 |
| 经济 | 社会经济或财务方面，包括根据企业运作情况对 CSR 所作的描述 | 为经济发展做贡献；保持盈利；企业经营 | 86 |

| 维度 | 内涵 | 短语举例 | 出现频率（%） |
|------|------|---------|------|
| 利益相关者 | 利益相关者或利益相关者群体 | 与利益相关者相互影响；企业组织怎样与员工、供应商、顾客和社区相互配合 | 80 |
| 自愿性 | 法律规范之外的行为 | 处理好公司与利益相关者的关系；以道德价值为基础；超越法律义务；志愿的 | 59 |

概括来说，这些定义阐释了企业社会责任的内容，但并没有明确界定什么样的企业是有社会责任的企业，也没有一致的标准，这导致了实践操作中的混乱。随着企业社会责任研究的不断深入，一些企业将社会责任标准运用到生产和经营管理中，如 AA1000、ISO14000、社会责任报告倡议准则（GRI）、SA8000、环境管理评价系统（EMAS），防止贿赂协议（UNODCCP 1999ab）以及一些生产守则和标签。同时，由这些标准和守则发展出了一些企业社会责任相关管理工具应用于实践，如环境影响评价（EPE）、环境账户（EAC）、清洁生产（CP）、生命周期评价（LCA）和生命周期成本（LCC）等，而这些管理工具作为社会责任操作化方法贯穿了整个供应链。

## 二、现代企业社会责任的驱动力分析

随着经济全球化的程度不断加深，中国日益成为一个"世界工厂"，世界上 80% 的玩具，70% 的厨房用具，75% 的鞋子和 50% 的衣服都是中国制造的。和西方企业的社会责任认识相比，多数中国企业认为社会责任就是遵守当地的法规。不少中国企业并不了解相关法规，也不了解企业社会责任标准的重要性。他们的雇工程序、生产过程和管理体系与企业社会责任行动不协调，也缺乏建设企业社会责任体系的能力。迅速崛起的中国制造业在吸引外资来中国投资建厂的同时，也引起了国际社会尤其是西方国家对中国企业社会责任问题的广泛关注。企业社会责任履行好的中国企业，更容易得到跨国公司的青睐。

## 三、企业社会责任涵化

涵化（acculturation）是指两个或两个以上不同文化体系间由于持续接触和影响而造成的一方或双方发生的影响、传递、交流和整合。企业社会责任涵化是社会责任理念对企业文化的影响、传递、交流和整合。社会责任涵化的目的是让企业在没有任何正式的法律义务要求的情况下，自愿承担社会责任的行为。欧盟《推动欧洲企业社会责任框架》绿皮书提出了企业社会责任的自愿方法：在自愿的基础上，企业将对社会与环境的关注融入其商业运营中，融入其与利益相关者的互动过程中。欧盟的绿皮书认为，具有社会责任感不仅意味着符合法律的要求，而且要超越被动的服从，为人力资本、环境和与利益相关者之间的关系投入更多。自愿性是社会责任涵化的目标，主要通过两种形式实现：一种是道义劝告，这是基于人们对道德价值及公民义务的认识程度；另一种是由非政府组织的压力所激发的自愿行为。

## 四、供应链企业社会责任发展策略

现代企业的竞争是供应链的竞争，国际社会对中国企业社会责任关注的主要焦点是供应链。供应链能让产品成为主导品牌，能让中国产品出现在世界各大超市的货架上。跨国企业主要受国际性标准影响，常常是购买方（国外大品牌）而不是政府管理者要求企业遵守劳动法，但从中长期来看，自愿性将逐步成为中国企业社会责任的发展趋势。

长期以来，人们认识到供应链中对于改进企业社会责任的压力是不均匀的，越靠近市场的那一端压力越大。为了分散消费者对供应链末端企业的社会责任关注，就需要对供应链上的成员进行社会责任整合。供应链不同环节企业社会责任的侧重内容不同，因而其发展策略也不同。结合供应链管理，本研究将企业社会责任的供应链发展策略分为三个部分，即供应链前端企业的风险规避策略、供应链中端企业的核心优势策略和供应链后端企业的信息共享策略。

## （一）风险规避策略

采用风险规避策略的供应链前端企业，是供应链中从供应商到核心企业这一段功能网链结构。供应链前端企业多为对环境产生重大影响的行业，如采掘业、石油、造纸、化学、森林行业等。与供应链其他环节企业相比，供应链前端企业在环境保护、劳动安全、员工健康和福利、社区等方面需要从事更多的企业社会责任活动，在信息披露中需要更强调这些方面的社会责任信息，以避免来自环境保护组织、劳工组织等社会责任激进组织更多的压力和批评。

## （二）核心优势策略

采用核心优势策略的供应链中段企业是处于链结构中心的核心企业，是供应链上拥有该供应链的瓶颈约束资源（技术、市场、原始资源、信息），决定供应链的运行节拍与效率，在物流、信息流、资金流等资源配置方面胜任组织协调工作，能够实现并提升整体供应链核心竞争优势的企业。核心企业最初多为生产企业，也可以是大型零售企业（如沃尔玛）。它们在供应链中具有很强的影响力、吸引力和融合力，是信息交换的中心，物流集散的调度中心，资金的结算中心和统筹规划的协调中心。吸引供应商和分销商加入到供应链中，协调利益相关者的关系是核心优势企业社会责任的发展策略，这一发展策略在维系供应链有效运作过程中扮演着十分重要的角色，尤其对形成供应链战略伙伴关系影响最大。

## （三）信息共享策略

采用信息共享策略的供应链后端企业是从核心企业到最终用户这段的网链，也被称为市场端企业。供应链后端企业以分销商和零售商构成的消费供应链为主。在当前国内以商业资本为主的经济形势和以销定产的生产环境下，供应链后端与消费者接近的消费供应链显得更为重要。相对于供应链前端和中间企业，在供应链末端的企业承受较多的社会责任压力。因而，为了改进供应链，市场端企业必须对他们的供应商施加压力，并为消费者提供可信的产品信息。然而，企业对于供应链其他参与者的了解是非常有限的，因而用企业社会责任准则作为向供应链前端推进的标准可能是一个了解社会责任信息的办法，可以促进社会责任信息共享，从而产生连带效应，加强管理买卖双方在环境和社会责任方面表现的信息有效性。

# 第六章　分项排序：低碳社会责任推进能力

比较东北中小企业低碳社会责任推进能力的最根本目的是制定区域发展战略，提升东北地区低碳竞争力。因此，这个比较不仅需要了解不同行业、不同城市、不同省份东北中小企业在区域经济体系中的位置，更需要了解东北地区的低碳发展动力，即从政策制定部门、合作企业和职业群体的行为模式分析中发现，东北中小企业、行业和职业人的优势、劣势是什么，以便知道在哪些方面，需要更好地改进；在哪些方面，需要扬长避短，有效竞争。为此，以下分析将以东北中小企业低碳社会责任推进能力分项比较为主线，在比较中显示有关指标方面的相对数值。这样既了解东北地区中小企业在低碳发展各方面相比较的优劣势，同时也知道东北内部各省份、各城市和各行业在区域经济体系中的优劣势状况。

## 第一节　分行业排序

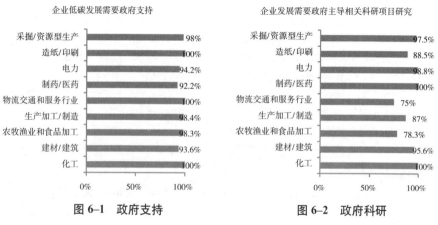

图 6-1　政府支持　　　　　　　图 6-2　政府科研

企业低碳发展需要政府促进企业间合作

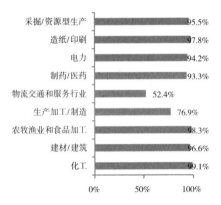

图6-3 促进合作

企业低碳发展需要政府具备创新精神（抛弃旧的，创造新的）

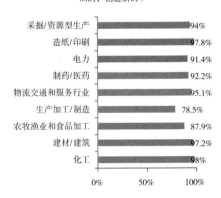

图6-4 政府创新

企业低碳发展需要政府加强地区间的合作

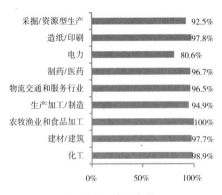

图6-5 地区合作

企业低碳发展需要政府加强国际间（跨国境）的合作

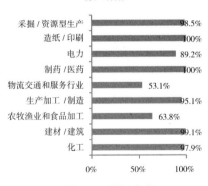

图6-6 国际合作

企业低碳发展需要政府出台相关减免税政策

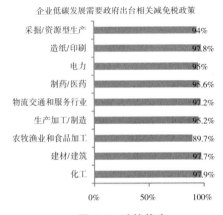

图6-7 政策优惠

企业低碳发展需要政府培养和引进相关专业人才

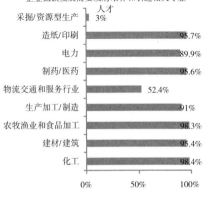

图6-8 人才需求

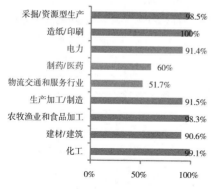

图6-9 企业获益

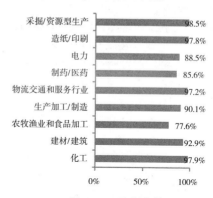

图6-10 降低负债

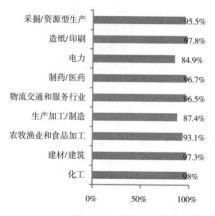

图6-11 提高市场占有率

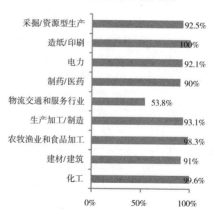

图6-12 更好沟通

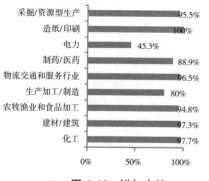

图6-13 增加支持

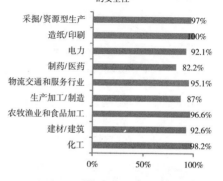

图6-14 产品安全

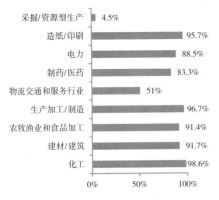

图6-15　人身安全

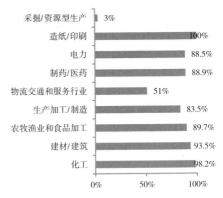

图6-16　提高管理水平

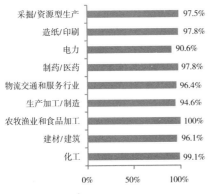

图6-17　结合个人发展

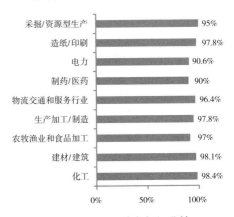

图6-18　结合部门业绩

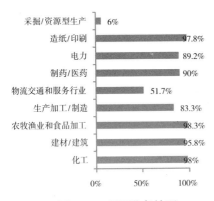

图6-19　需要业务培训

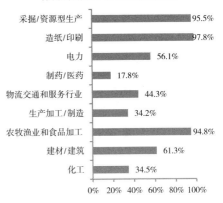

图6-20　低碳是口号

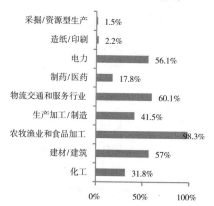

图 6-21 低碳是大企业的事

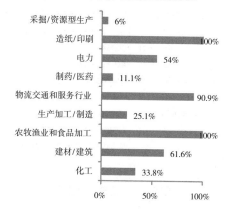

图 6-22 低碳与地区经济

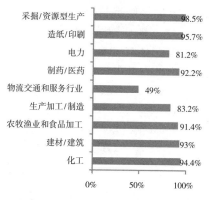

图 6-23 经济水平低也要低碳

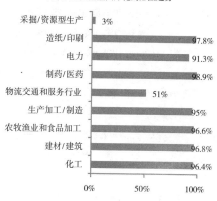

图 6-24 低碳是国际化趋势

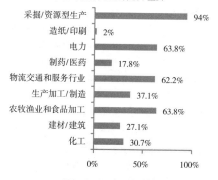

图 6-25 低碳不重要

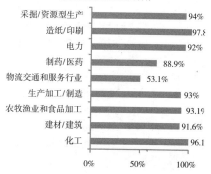

图 6-26 促进企业合作

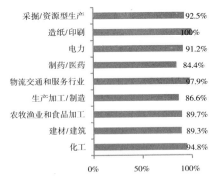

图 6-27　促进经济发展

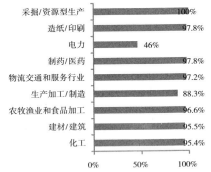

图 6-28　提高国际竞争力

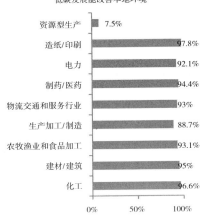

图 6-29　改善本地环境

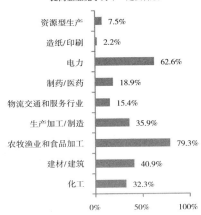

图 6-30　提高竞争力不一定低碳

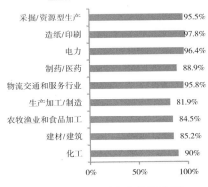

图 6-31　对个人发展有利

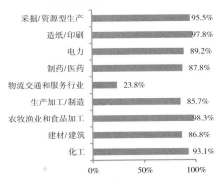

图 6-32　对部门发展有利

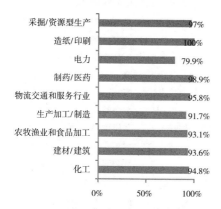

图 6-33 看过低碳宣传

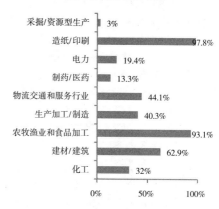

图 6-34 与科技无关

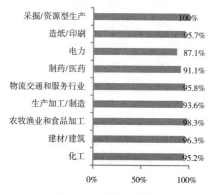

图 6-35 需要低碳管理技术

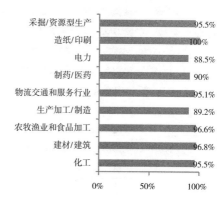

图 6-36 培训管理人员

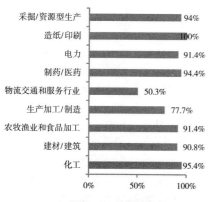

图 6-37 培训工人

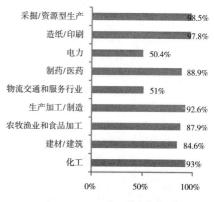

图 6-38 需要低碳人才

261

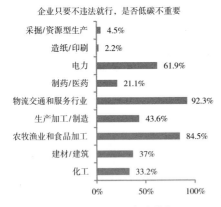

图 6-39　不违法就行

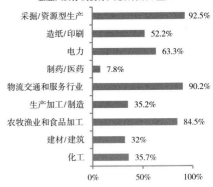

图 6-40　企业挣钱就行

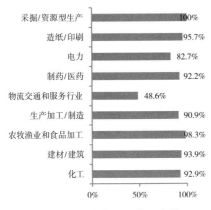

图 6-41　为安全，按要求做

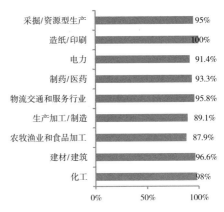

图 6-42　为荣誉，按要求做

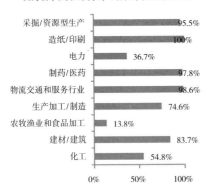

图 6-43　和领导关系好

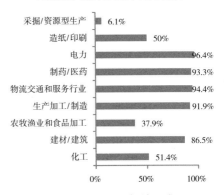

图 6-44　不想被刁难

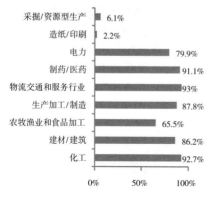

图 6-45　为处好关系，按要求做

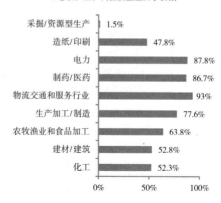

图 6-46　为不孤立，按要求做

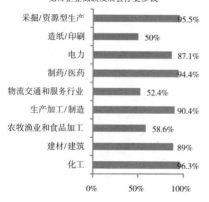

图 6-47　低碳更挣钱

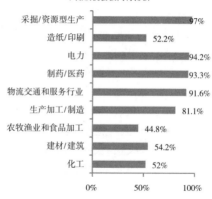

图 6-48　不低碳受排挤

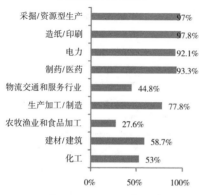

图 6-49　不低碳，没订单

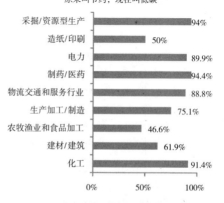

图 6-50　低碳前身是节约

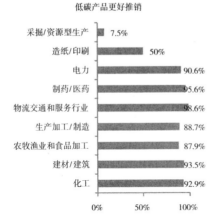

图 6-51　低碳更好销售

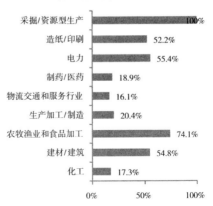

图 6-52　成本太高

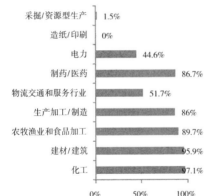

图 6-53　改善小区环境

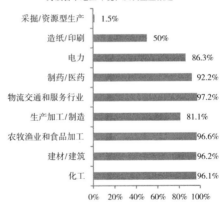

图 6-54　改善地区环境

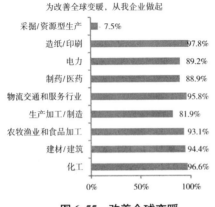

图 6-55　改善全球变暖

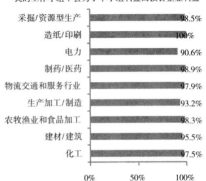

图 6-56　不会损害企业利益

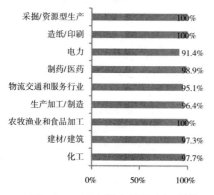

图 6-57 不会损害其他小组利益

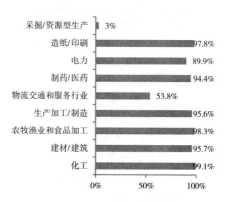

图 6-58 符合企业要求

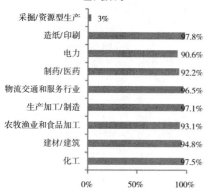

图 6-59 参加联谊、会议

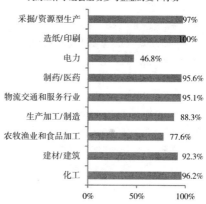

图 6-60 主动参与变革

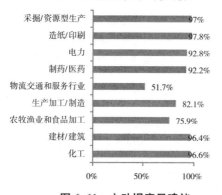

图 6-61 主动提意见建议

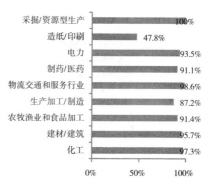

图 6-62 出勤率高

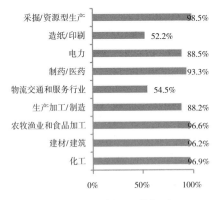

图 6-63  介绍工作经验

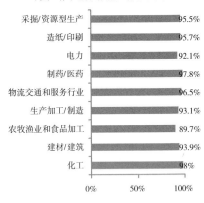

图 6-64  经常相互沟通

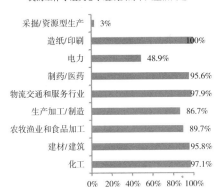

图 6-65  关心个人生活问题

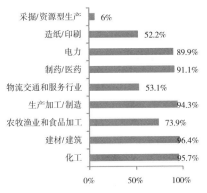

图 6-66  帮助解决困难

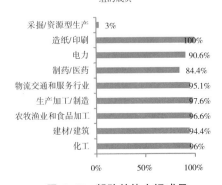

图 6-67  帮助其他小组成员

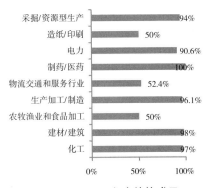

图 6-68  喜欢其他成员

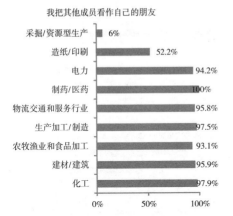

图 6-69　把成员看做朋友

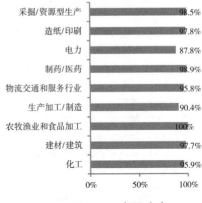

图 6-70　凝聚力高

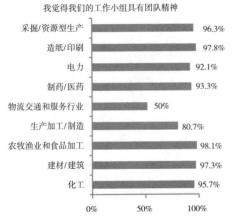

图 6-71　具有团队精神

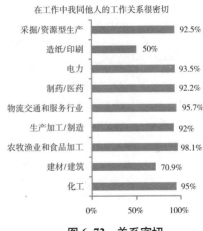

图 6-72　关系密切

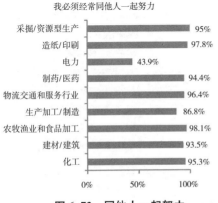

图 6-73　同他人一起努力

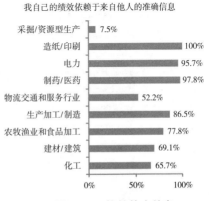

图 6-74　依赖他人信息

我工作的方式对他人有重要影响

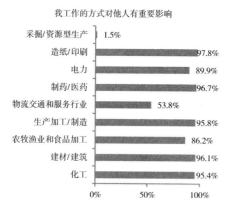

图 6-75　我对他人有影响

我的工作要求同他人很频繁地进行协商

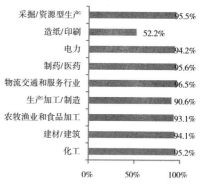

图 6-76　与他人频繁协商

我们工作小组的优先目标与企业的优先目标相似

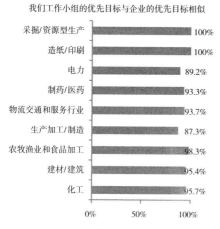

图 6-77　与企业优先目标相似

我们工作小组与企业有相似的工作目标

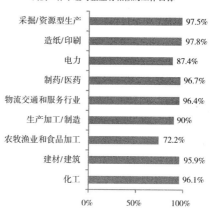

图 6-78　与企业目标相似

我们工作小组与企业的工作目标没有差异

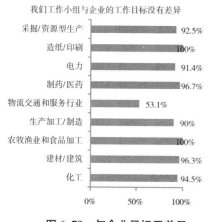

图 6-79　与企业目标无差异

我所在小组是非常具有胜任力的

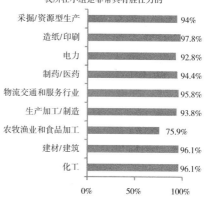

图 6-80　具有胜任力

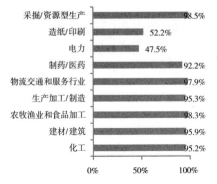

图 6-81 做事效率高

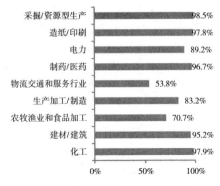

图 6-82 能把工作做好

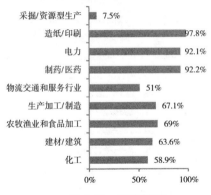

图 6-83 工资较高

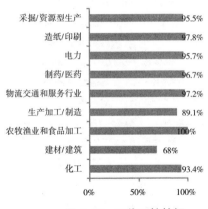

图 6-84 工作环境较好

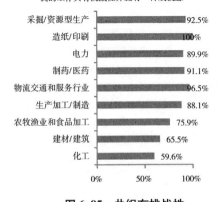

图 6-85 共组有挑战性

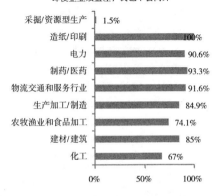

图 6-86 效益差，也不离开企业

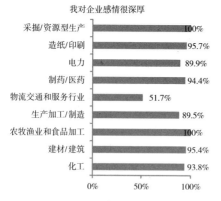

图 6-87　对企业感情深厚

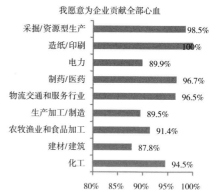

图 6-88　为企业贡献全部

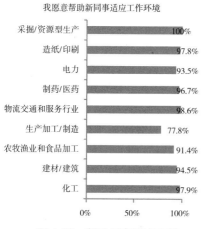

图 6-89　帮助同事适应环境

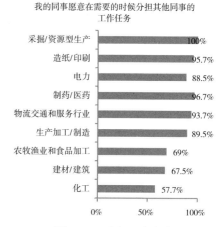

图 6-90　分担同事任务

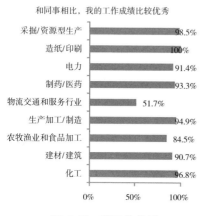

图 6-91　我工作优秀

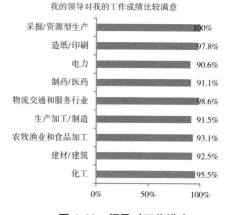

图 6-92　领导对工作满意

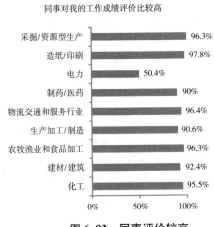

图 6-93 同事评价较高

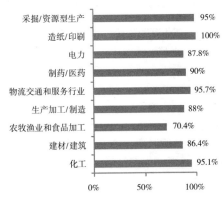

图 6-94 经常受单位表扬

# 第二节 分城市排序

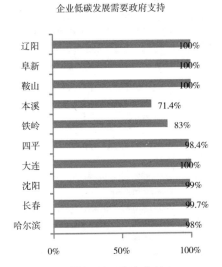

图 6-95 政府支持

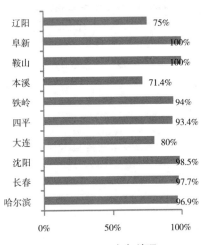

图 6-96 政府科研

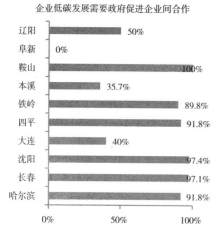

企业低碳发展需要政府促进企业间合作

**图 6-97　促进合作**

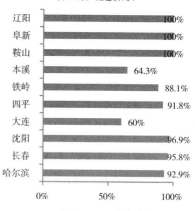

企业低碳发展需要政府具备创新精神（抛弃旧的，创造新的）

**图 6-98　政府创新**

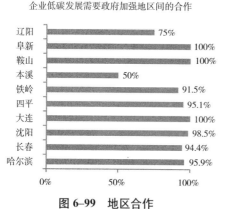

企业低碳发展需要政府加强地区间的合作

**图 6-99　地区合作**

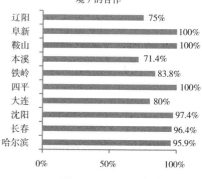

企业低碳发展需要政府加强国际间（跨国境）的合作

**图 6-100　国际合作**

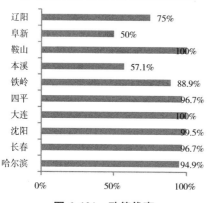

企业低碳发展需要政府出台相关减免税政策

**图 6-101　政策优惠**

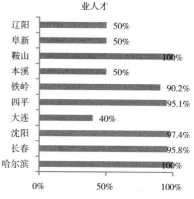

企业低碳发展需要政府培养和引进相关专业人才

**图 6-102　人才需求**

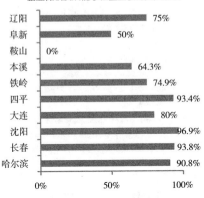

图 6–103　企业获益

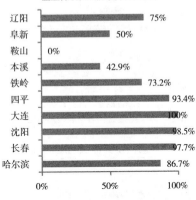

图 6–104　降低负债

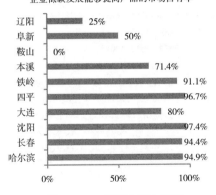

图 6–105　提高市场占有率

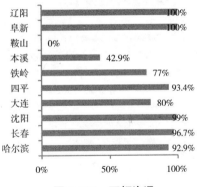

图 6–106　更好沟通

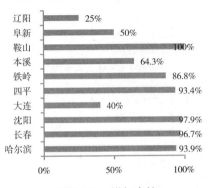

图 6–107　增加支持

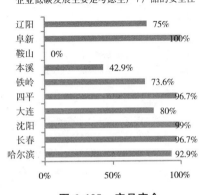

图 6–108　产品安全

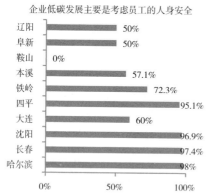

图 6-109　人身安全

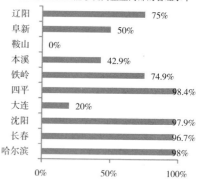

图 6-110　提高管理水平

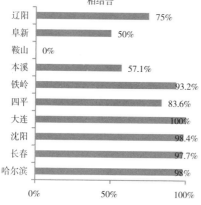

图 6-111　结合个人发展

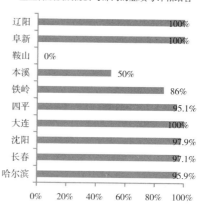

图 6-112　结合部门业绩

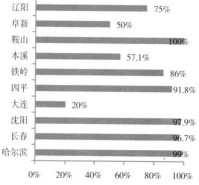

图 6-113　需要业务培训

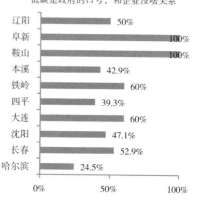

图 6-114　低碳是口号

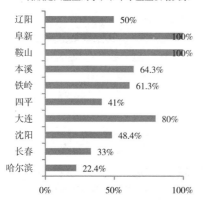

图 6-115　低碳是大企业的事

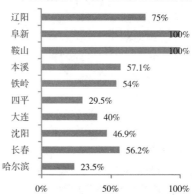

图 6-116　低碳与地区经济

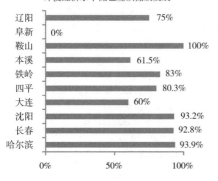

图 6-117　经济水平低也要低碳

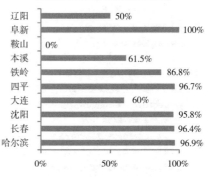

图 6-118　低碳是国际化趋势

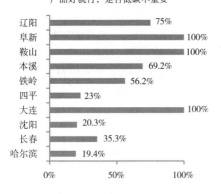

图 6-119　低碳不重要

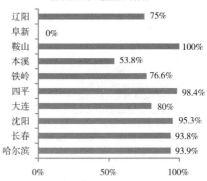

图 6-120　促进企业合作

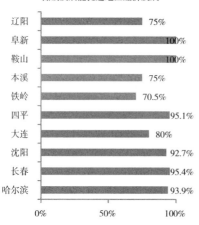

图 6-121 促进经济发展

图 6-122 提高国际竞争力

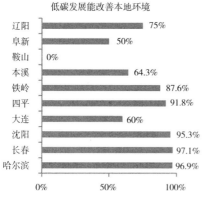
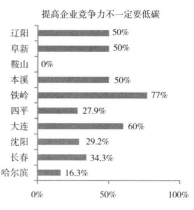

图 6-123 改善本地环境

图 6-124 提高竞争力不一定低碳

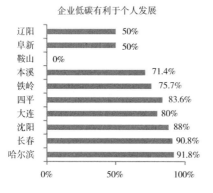
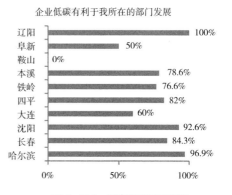

图 6-125 对个人发展有利

图 6-126 对部门发展有利

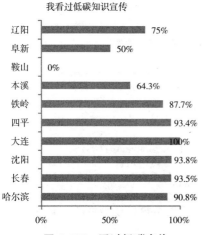

图6-127 看过低碳宣传

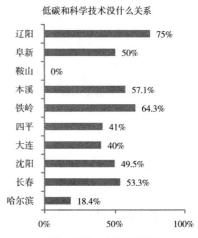

图6-128 与科技无关

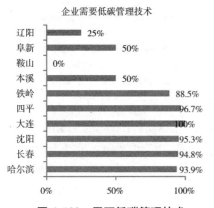

图6-129 需要低碳管理技术

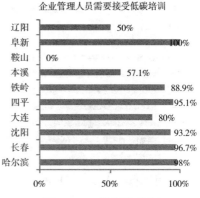

图6-130 培训管理人员

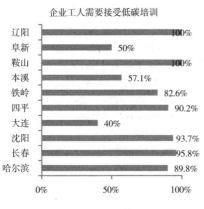

图6-131 培训工人

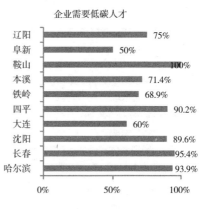

图6-132 需要低碳人才

277

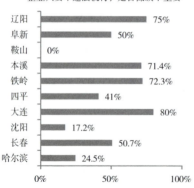

图 6-133　不违法就行

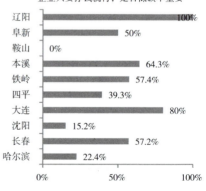

图 6-134　企业挣钱就行

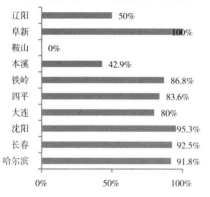

图 6-135　为安全，按要求做

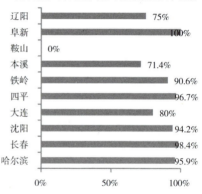

图 6-136　为荣誉，按要求做

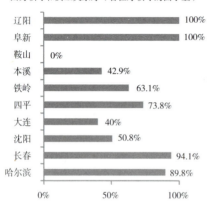

图 6-137　和领导关系好

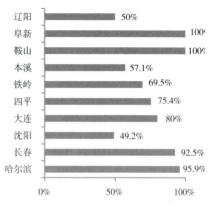

图 6-138　不想被刁难

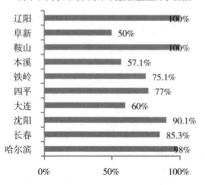

图 6-139 为处好关系，按要求做

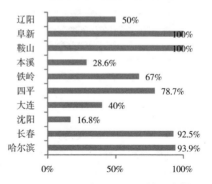

图 6-140 为不孤立，按要求做

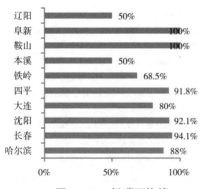

图 6-141 低碳更挣钱

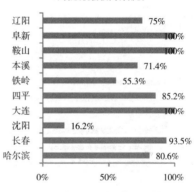

图 6-142 不低碳受排挤

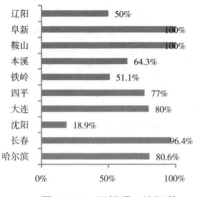

图 6-143 不低碳，没订单

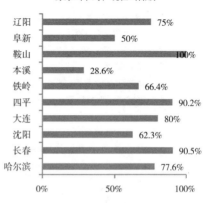

图 6-144 低碳前身是节约

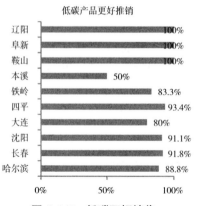

**图 6-145 低碳更好销售**

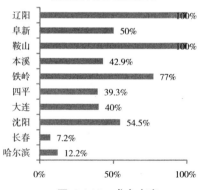

**图 6-146 成本太高**

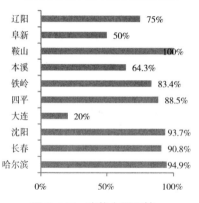

**图 6-147 改善小区环境**

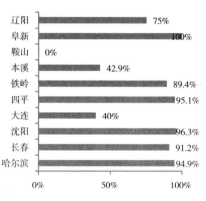

**图 6-148 改善地区环境**

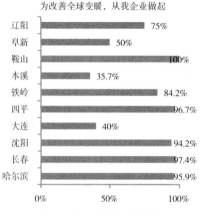

**图 6-149 改善全球变暖**

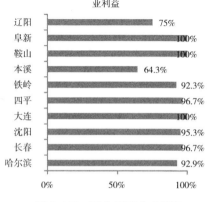

**图 6-150 不会损害企业利益**

我的工作小组不会为了本小组利益而损害其他小组的利益

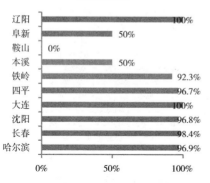

**图 6–151　不会损害其他小组利益**

我的工作小组的行为规范符合企业要求

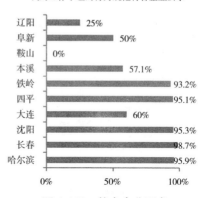

**图 6–152　符合企业要求**

我的工作小组会参加并支持企业的各种联谊、会议等

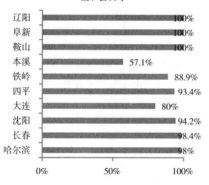

**图 6–153　参加联谊、会议**

我的工作小组会主动参与企业的变革行动

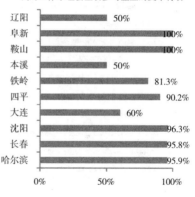

**图 6–154　主动参与变革**

我的工作小组会向企业提供相关的意见建议

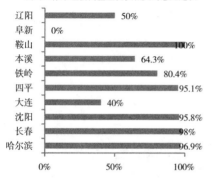

**图 6–155　主动提意见建议**

与其他工作小组相比，我的工作小组出勤率较高

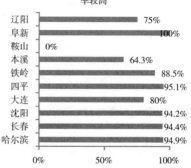

**图 6–156　出勤率高**

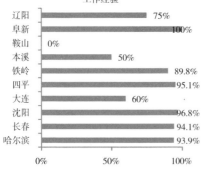

图6-157 介绍工作经验

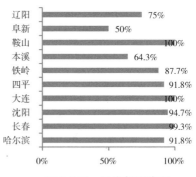

图6-158 经常相互沟通

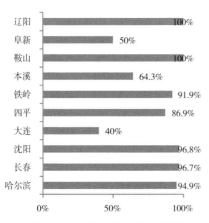

图6-159 关心个人生活问题

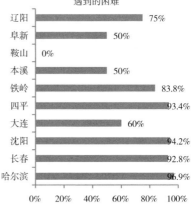

图6-160 帮助解决困难

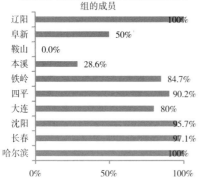

图6-161 帮助其他小组成员

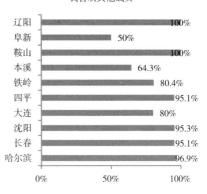

图6-162 喜欢其他成员

我把其他成员看作自己的朋友

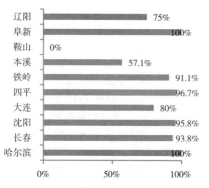

图 6-163　把成员看做朋友

我们工作小组的凝聚力很高

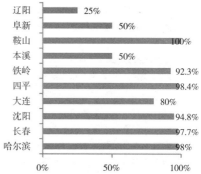

图 6-164　凝聚力高

我觉得我们的工作小组具有团队精神

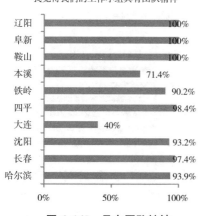

图 6-165　具有团队精神

在工作中我同他人的工作关系很密切

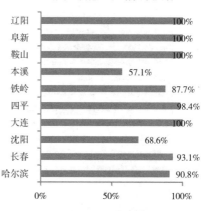

图 6-166　关系密切

我必须经常同他人一起努力

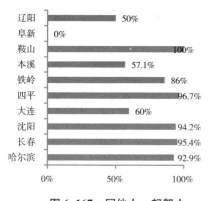

图 6-167　同他人一起努力

我自己的绩效依赖于来自他人的准确信息

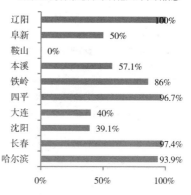

图 6-168　依赖他人信息

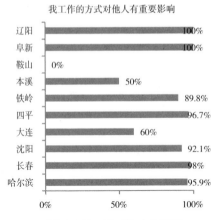

图 6-169　我对他人有影响

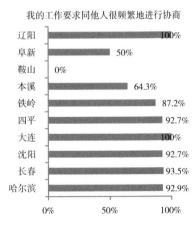

图 6-170　与他人频繁协商

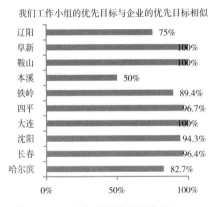

图 6-171　与企业优先目标相似

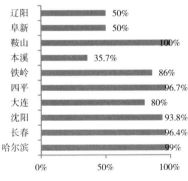

图 6-172　与企业目标相似

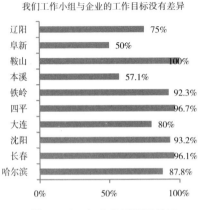

图 6-173　与企业目标无差异

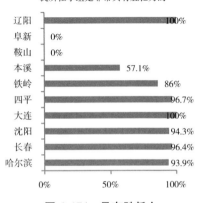

图 6-174　具有胜任力

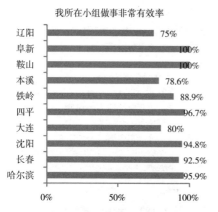

图 6-175 做事效率高

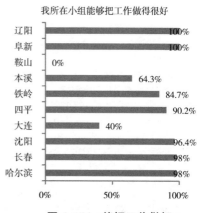

图 6-176 能把工作做好

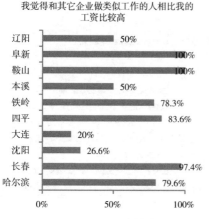

图 6-177 工资较高

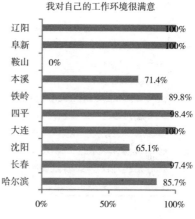

图 6-178 工作环境较好

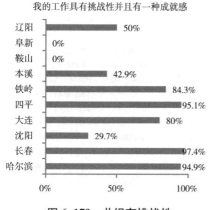

图 6-179 共组有挑战性

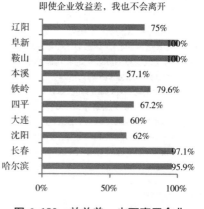

图 6-180 效益差，也不离开企业

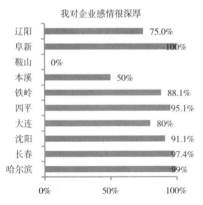

图 6-181　对企业感情深厚

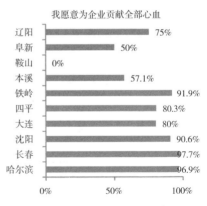

图 6-182　为企业贡献全部

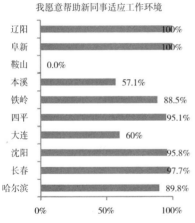

图 6-183　帮助同事适应环境

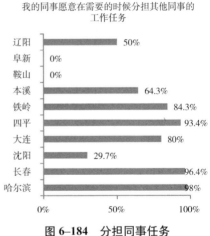

图 6-184　分担同事任务

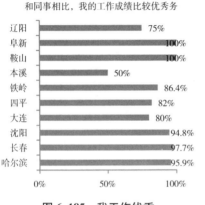

图 6-185　我工作优秀

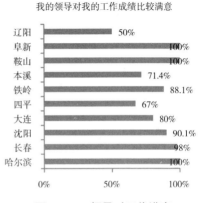

图 6-186　领导对工作满意

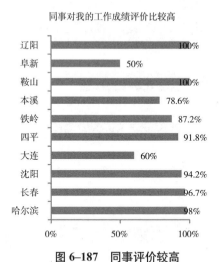

图 6-187 同事评价较高

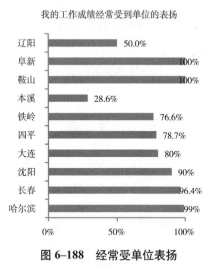

图 6-188 经常受单位表扬

# 第三节 分省排序

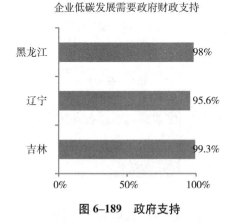

图 6-189 政府支持

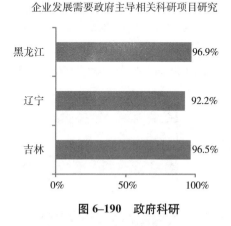

图 6-190 政府科研

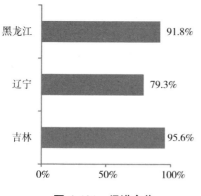

图 6-191　促进合作

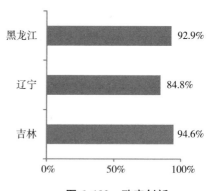

图 6-192　政府创新

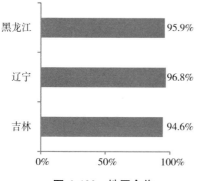

图 6-193　地区合作

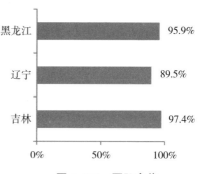

图 6-194　国际合作

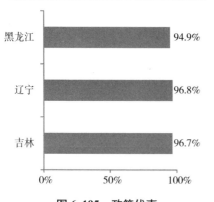

图 6-195　政策优惠

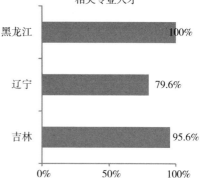

图 6-196　人才需求

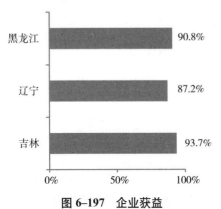

图 6-197　企业获益

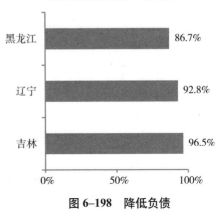

图 6-198　降低负债

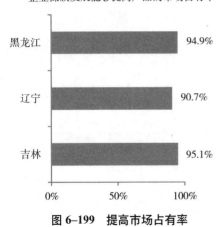

图 6-199　提高市场占有率

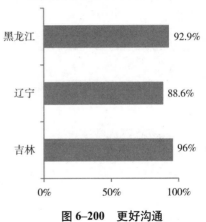

图 6-200　更好沟通

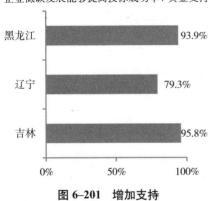

图 6-201　增加支持

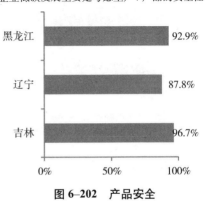

图 6-202　产品安全

企业低碳发展主要是考虑员工的人身安全

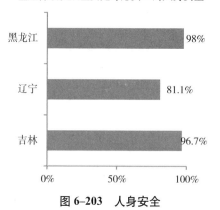

图 6-203　人身安全

企业低碳发展能够提高企业内部的管理水平

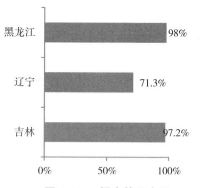

图 6-204　提高管理水平

企业低碳发展需要与员工的业绩及个人发展相结合

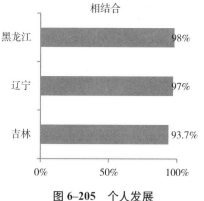

图 6-205　个人发展

企业低碳发展需要与部门的业绩考评相结合

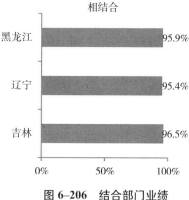

图 6-206　结合部门业绩

企业低碳发展需要对员工进行相关业务培训

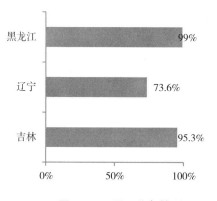

图 6-207　需要业务培训

低碳是政府的口号，和企业没啥关系

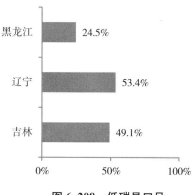

图 6-208　低碳是口号

低碳是大企业的事，和中小企业没啥关系

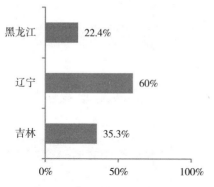

图 6–209　低碳是大企业的事

本地经济发展水平低，企业谈不上低碳发展

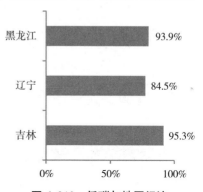

图 6–210　低碳与地区经济

即使经济水平低也应该低碳发展

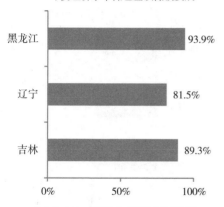

图 6–211　经济水平低也要低碳

低碳发展是企业国际化的必然趋势

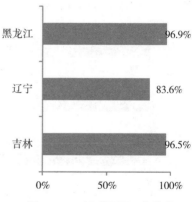

图 6–212　低碳是国际化趋势

产品好就行，是否低碳不重要

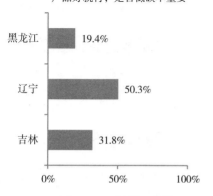

图 6–213　低碳不重要

低碳发展促进企业间合作

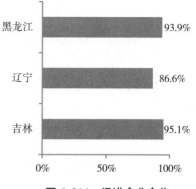

图 6–214　促进企业合作

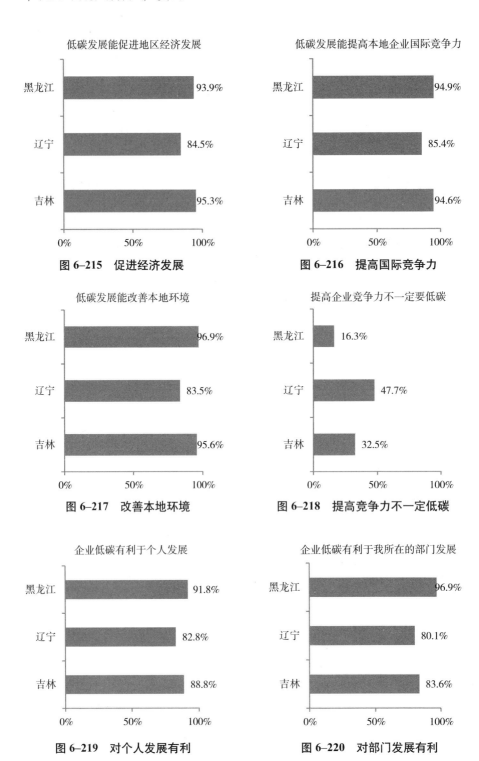

图6-215　促进经济发展

图6-216　提高国际竞争力

图6-217　改善本地环境

图6-218　提高竞争力不一定低碳

图6-219　对个人发展有利

图6-220　对部门发展有利

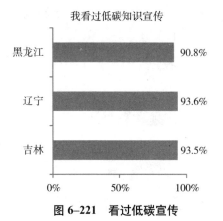

图 6-221 看过低碳宣传

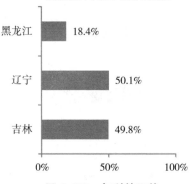

图 6-222 与科技无关

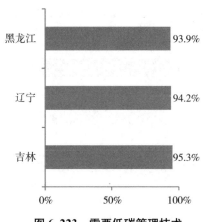

图 6-223 需要低碳管理技术

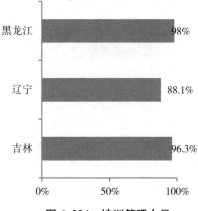

图 6-224 培训管理人员

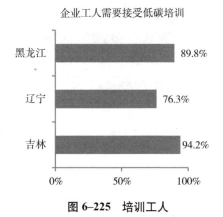

图 6-225 培训工人

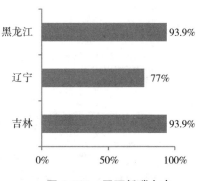

图 6-226 需要低碳人才

企业只要不违法就行，是否低碳不重要

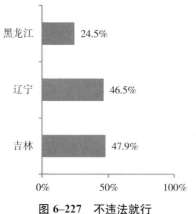

图 6-227　不违法就行

企业只要挣钱就行，是否低碳不重要

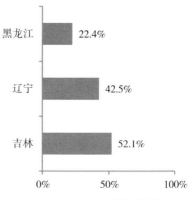

图 6-228　企业挣钱就行

为了我自身的安全，我会按企业要求去做

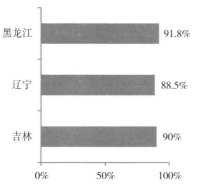

图 6-229　为安全，按要求做

为了集体 / 部门的荣誉，我会按企业要求去做

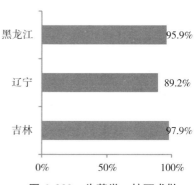

图 6-230　为荣誉，按要求做

因为领导和员工关系好（看在好领导的面子上）

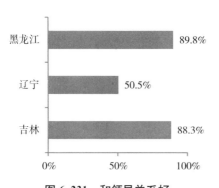

图 6-231　和领导关系好

不想被领导刁难（领导命令不得不执行）

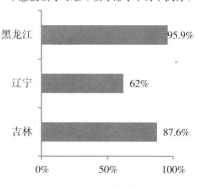

图 6-232　不想被刁难

为了和同事处好关系，我会按企业要求去做

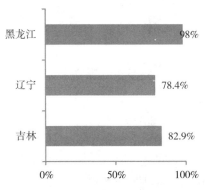

图 6–233　为处好关系，按要求做

不想被孤立，我会按企业要求去做

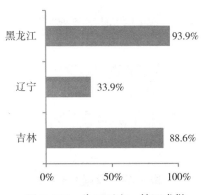

图 6–234　为不孤立，按要求做

觉得企业低碳发展会挣更多钱

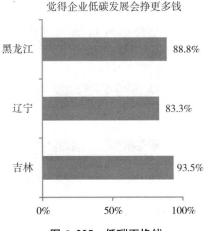

图 6–235　低碳更挣钱

不低碳就会被同行排挤

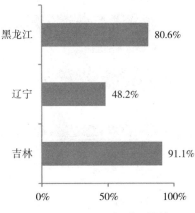

图 6–236　不低碳受排挤

不低碳就接不到国内订单

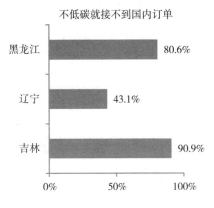

图 6–237　不低碳，没订单

原来叫节约，现在叫低碳

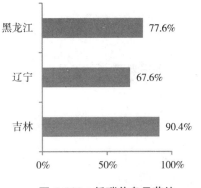

图 6–238　低碳前身是节约

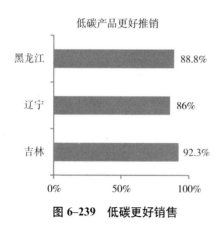

图 6-239　低碳更好销售

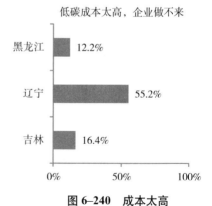

图 6-240　成本太高

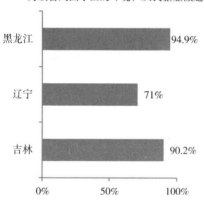

图 6-241　改善小区环境

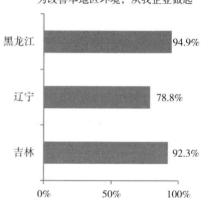

图 6-242　改善地区环境

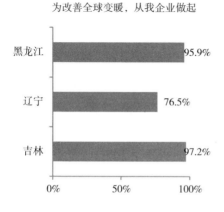

图 6-243　改善全球变暖

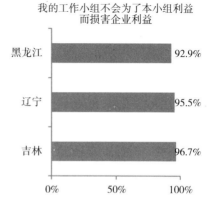

图 6-244　不会损害企业利益

我的工作小组不会为了本小组利益而损害其他小组的利益

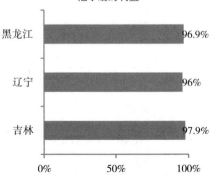

**图 6–245 不会损害其他小组利益**

我的工作小组的行为规范符合企业要求

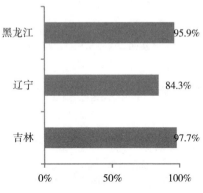

**图 6–246 符合企业要求**

我的工作小组会参加并支持企业的各种联谊、会议等

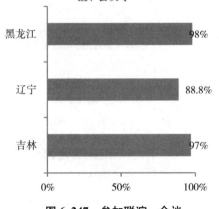

**图 6–247 参加联谊、会议**

我的工作小组会主动参与企业的变革行动

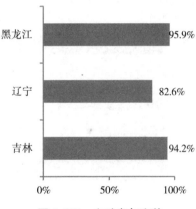

**图 6–248 主动参与变革**

我的工作小组会向企业提供相关的意见建议

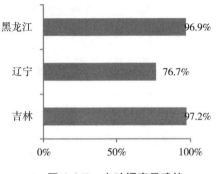

**图 6–249 主动提意见建议**

与其他工作小组相比，我的工作小组出勤率较高

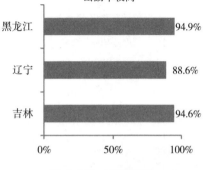

**图 6–250 出勤率高**

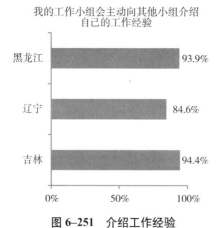

图 6–251　介绍工作经验

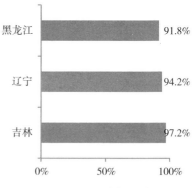

图 6–252　经常相互沟通

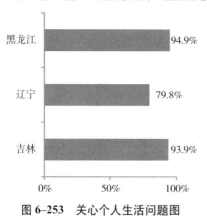

图 6–253　关心个人生活问题图

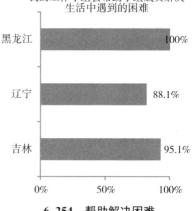

6–254　帮助解决困难

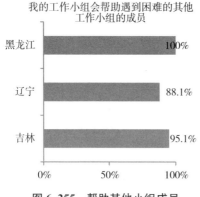

图 6–255　帮助其他小组成员

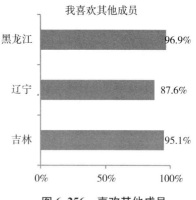

图 6–256　喜欢其他成员

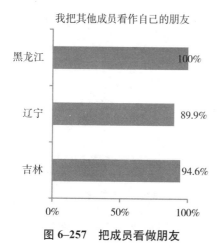

图 6–257　把成员看做朋友

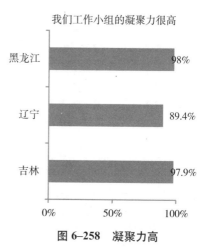

图 6–258　凝聚力高

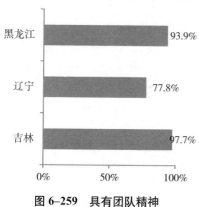

图 6–259　具有团队精神

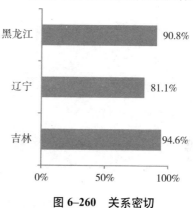

图 6–260　关系密切

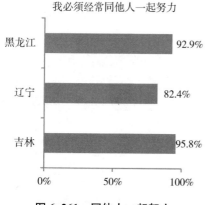

图 6–261　同他人一起努力

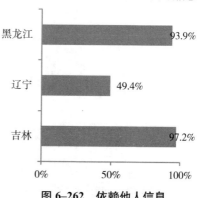

图 6–262　依赖他人信息

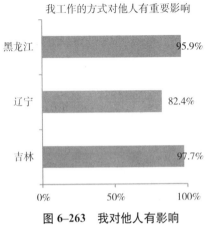

图 6-263　我对他人有影响

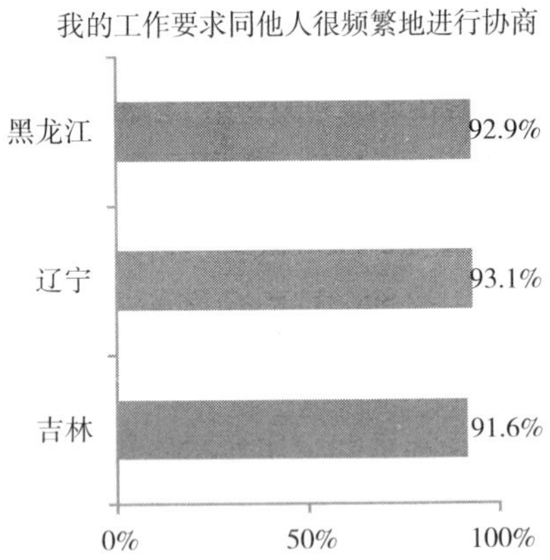

图 6-264　与他人频繁协商

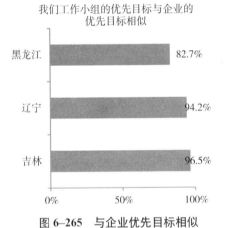

图 6-265　与企业优先目标相似

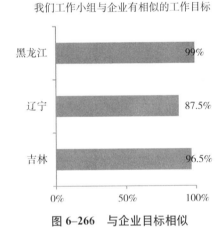

图 6-266　与企业目标相似

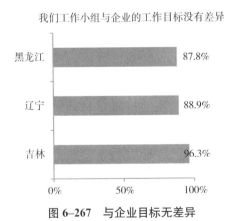

图 6-267　与企业目标无差异

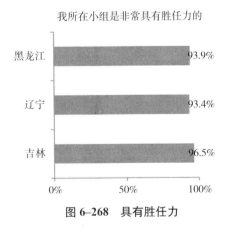

图 6-268　具有胜任力

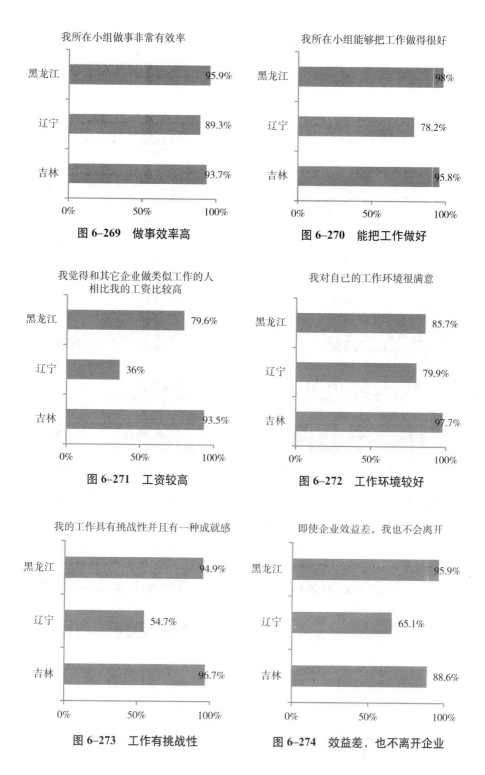

图 6-269　做事效率高

图 6-270　能把工作做好

图 6-271　工资较高

图 6-272　工作环境较好

图 6-273　工作有挑战性

图 6-274　效益差，也不离开企业

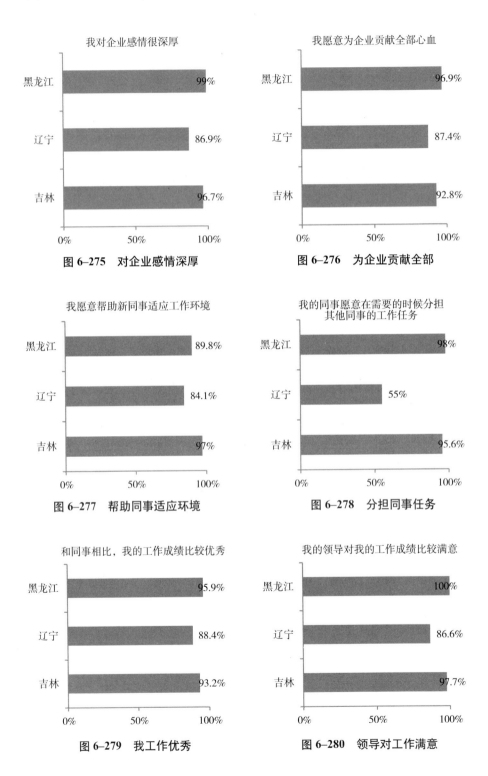

图 6-275　对企业感情深厚

图 6-276　为企业贡献全部

图 6-277　帮助同事适应环境

图 6-278　分担同事任务

图 6-279　我工作优秀

图 6-280　领导对工作满意

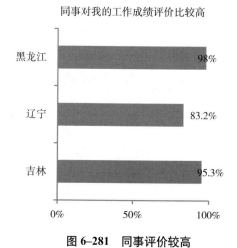

图 6–281  同事评价较高

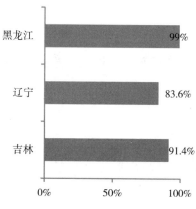

图 6–282  经常受单位表扬

# 附录　东北地区中小企业低碳社会责任调查

尊敬的企业界朋友：

您好！

我们是"东北地区中小企业低碳社会责任"课题组成员，为促进地区经济生态化和创新发展，实现政府的低碳社会责任承诺，需要了解本地区中小企业的发展现状和经验，及时向政府及有关部门反映中小企业发展存在的问题，并就如何拓宽中小企业的发展渠道提出政策建议。我们这次调查的目的是想知道您在发展方面的真实想法，希望能够得到您的支持和帮助。本调查仅供研究使用，答案也没有正确错误之分，请根据自己的实际情况填写如下问卷。

衷心感谢您的支持与合作！

## I 企业现状

| 企业位置： 省 市 县 | | 所属行业： | |
|---|---|---|---|
| 主要业务（如：电力、冶金、化工、建材、运输/物流等） | | 职工人数： 人 | |
| 注册资本： 万元 | 普通职工平均工资： 元 | | 管理人员平均工资： 元 |
| 经济类型：□国有（营）；□民营；□港澳/台独（合）资；□外商独（合）资；□其他类型 | | | |

请为本企业的知名度打分：（　　　） C1＿＿＿＿

请为本企业的管理水平打分（　　　）：C2＿＿＿＿

请为本企业的科技水平打分：(　　　　) C3_____

请为本企业节能减排水平打分：(　　　　) C4_____

请为本企业的技术创新水平打分：(　　　　) C5_____

请为本企业对环境的污染程度打分：(　　　　) C6_____

请为本企业员工的安全保护水平打分：(　　　　) C7_____

请为本企业法人的社会交往广泛程度打分：(　　　　) C8_____

请为本企业管理层与员工交往的密切程度打分：(　　　　) C9_____

　　　6　　5　　4　　3　　2　　1

很高_____　很低

1. 您企业目前承受的下述压力有：_____

(1) 企业社会责任国际认证；

(2) 能耗压力；

(3) 资金紧张

(4) 成本压力；

(5) 产品／食品安全压力；

(6) 来自政府方面的节能减排压力；

(7) 浪费行为；

(8) 员工的不合作行为；

(9) 要求企业减少环境影响的压力；

(10) 要求企业提供健康和安全保障的压力；

(11) 其他_____

2. 您企业目前已经做到的下述方面有：_____

(1) 产品的低碳设计；

(2) 优先选用可再生和回收材料；

(3) 尽量选用低消耗、少污染的材料；

(4) 使用新能源；

(5) 实现清洁生产，避免使用有害原料，减少生产过程能源和材料的
　　浪费，减少废弃物；

(6) 保持产品的清洁与卫生，不危害人体健康和环境；

(7) 开发：7–1 节能产品　7–2 新能源产品

　　　　 7–3 节能建筑　7–4 其他_____

(8) 实施低碳包装；

(9) 制定低碳价格，标明环境成本；

(10) 营销过程中的低碳化；

(11) 减少运输工具的油耗；

(12) 合理安排运输／配送布局；

(13) 对废弃物产品或物质以及零部件等的回收、拆卸和处理；

(14) 向分销商提供企业的环境信息；

(15) 要求供应商提供产品的环境信息；

(16) 优先考虑环境友好型供应商；

(17) 优先考虑环境友好型分销商；

(18) 拥有环保设备：

　　　 18–1 废水处理　　18–2 工业除尘

　　　 18–3 废气净化　　18–4 尾气检测

　　　 18–5 油烟净化　　18–6 脱硫

　　　 18–7 节能，如风能、太阳能、节能泵、节煤剂

　　　 18–8 垃圾处理　　18–9 其他

(19) 其他_____

3. 您企业打算做的有：_____

(1) 产品的低碳设计；

(2) 优先选用可再生和回收材料；

(3) 尽量选用低消耗、少污染的材料；

(4) 使用新能源；

(5) 实现清洁生产，避免使用有害原料，减少生产过程能源和材料的浪费，减少废弃物；

(6) 保持产品的清洁与卫生，不危害人体健康和环境；

（7）开发：7–1 节能产品　7–2 新能源产品

　　　　　7–3 节能建筑　7–4 其他＿＿＿＿

（8）实施低碳包装；

（9）制定低碳价格，标明环境成本；

（10）营销过程中的低碳化；

（11）减少运输工具的油耗；

（12）合理安排运输/配送布局；

（13）对废弃物产品或物质以及零部件等的回收、拆卸和处理；

（14）向分销商提供企业的环境信息；

（15）要求供应商提供产品的环境信息；

（16）优先考虑环境友好型供应商；

（17）优先考虑环境友好型分销商；

（18）拥有环保设备：

　　　18–1 废水处理　　18–2 工业除尘

　　　18–3 废气净化　　18–4 尾气检测

　　　18–5 油烟净化　　18–6 脱硫

　　　18–7 节能，如风能，太阳能，节能泵，节煤剂

　　　18–8 垃圾处理　　18–9 其他＿＿＿＿＿＿＿＿

（19）其他＿＿＿＿＿＿＿＿＿＿＿＿＿＿＿＿＿＿＿＿＿

4. 您认为下述哪些方面将有助于企业施行低碳管理：＿＿＿＿＿＿＿

（1）企业建立起完善的环境影响绩效评价体系；

（2）企业制定减少排放污染责任制度；

（3）企业向政府部门交减少排放保证金；

（4）征收环境税，如煤电消耗税，燃料消耗税，水、矿产等资源税；

（5）通过环境法规与标准促进低碳发展；

（6）政府部门奖励节能和开发新能源的企业；

（7）政府部门惩罚污染排放超标的企业；

（8）政府部门给予补贴；

8-1 能耗　　　　8-2 环保

8-3 清洁生产　　8-4 其他_____

（9）通过利益相关方对企业施压：

9-1 来自供应商　　9-2 来自分销商

9-3 来自消费者　　9-4 来自政府部门

9-5 来自当地社区

（10）其他_____

| 性别：□男　□女 | 年龄：___岁 | | 工作年限：___年 | 月工资：_____元 |
|---|---|---|---|---|
| 文化程度：□小学及以下；　□初中；<br>　　　　　□高中或中专；　□大专；<br>　　　　　□本科；　　　　□硕士；<br>　　　　　□博士及以上 | | 职务：□普通员工；　　　　□基层管理人员；<br>　　　□中层管理人员；　□高层管理人员；<br>　　　□企业法人<br>岗位：（比如：生产、销售、管理、财务等） | | |

# Ⅱ 低碳发展经验和态度量表

| | 完全不同意 | 不同意 | 同意 | 完全同意 | |
|---|---|---|---|---|---|
| 第一部分——发展条件分量表 | | | | | |
| 一、低碳与政府扶持 | | | | | |
| （1）企业低碳发展需要政府财政扶持 | 1 | 2 | 3 | 4 | D1___ |
| （2）企业低碳发展需要政府主导相关科研项目研究 | 1 | 2 | 3 | 4 | D2___ |
| （3）企业低碳发展需要政府促进企业间合作 | 1 | 2 | 3 | 4 | D3___ |
| （4）企业低碳发展需要政府具备创新精神（抛弃旧的，创造新的） | 1 | 2 | 3 | 4 | D4___ |
| （5）企业低碳发展需要政府加强地区间的合作 | 1 | 2 | 3 | 4 | D5___ |
| （6）企业低碳发展需要政府加强国际间（跨国境）的合作 | 1 | 2 | 3 | 4 | D6___ |
| （7）企业低碳发展需要政府出台相关减免税政策 | 1 | 2 | 3 | 4 | D7___ |
| （8）企业低碳发展需要政府培养和引进相关专业人才 | 1 | 2 | 3 | 4 | D8___ |

| | 完全不同意 | 不同意 | 同意 | 完全同意 | |
|---|---|---|---|---|---|
| 二、低碳与企业发展 | | | | | |
| （1）企业低碳发展能够让企业获得更大收益 | 1 | 2 | 3 | 4 | D9＿＿ |
| （2）企业低碳发展能够降低负债率 | 1 | 2 | 3 | 4 | D10＿＿ |
| （3）企业低碳发展能够提高产品的市场占有率 | 1 | 2 | 3 | 4 | D11＿＿ |
| （4）企业低碳发展能够更好地与客户沟通 | 1 | 2 | 3 | 4 | D12＿＿ |
| （5）企业低碳发展能够提高业务增长率 | 1 | 2 | 3 | 4 | D13＿＿ |
| （6）企业低碳发展能够提高投标成功率／资金支持 | 1 | 2 | 3 | 4 | D14＿＿ |
| （7）企业低碳发展主要是考虑生产／产品的安全性 | 1 | 2 | 3 | 4 | D15＿＿ |
| （8）企业低碳发展主要是考虑员工的人身安全 | 1 | 2 | 3 | 4 | D16＿＿ |
| （9）企业低碳发展能够提高企业内部的管理水平 | 1 | 2 | 3 | 4 | D17＿＿ |
| 三、低碳与创新学习 | | | | | |
| （1）企业低碳发展需要员工的积极合作 | 1 | 2 | 3 | 4 | D18＿＿ |
| （2）企业低碳发展需要与员工的业绩及个人发展相结合 | 1 | 2 | 3 | 4 | D19＿＿ |
| （3）企业低碳发展需要与部门的业绩考评相结合 | 1 | 2 | 3 | 4 | D20＿＿ |
| （4）企业低碳发展需要多采纳员工的合理化建议 | 1 | 2 | 3 | 4 | D21＿＿ |
| （5）企业低碳发展需要对员工进行相关业务培训 | 1 | 2 | 3 | 4 | D22＿＿ |
| 四、低碳与宏观经济发展 | | | | | |
| （1）低碳是政府的口号，和企业没啥关系 | 1 | 2 | 3 | 4 | D23＿＿ |
| （2）低碳是大企业的事，和中小企业没啥关系 | 1 | 2 | 3 | 4 | D24＿＿ |
| （3）本地经济发展水平低，企业谈不上低碳发展 | 1 | 2 | 3 | 4 | D25＿＿ |
| （4）即使经济水平低也应该低碳发展 | 1 | 2 | 3 | 4 | D26＿＿ |
| （5）不低碳发展，外资企业不愿意投资 | 1 | 2 | 3 | 4 | D27＿＿ |
| （6）低碳发展是企业国际化的必然趋势 | 1 | 2 | 3 | 4 | D28＿＿ |
| **第二部分——低碳意识分量表** | | | | | |
| 一、促进效应 | | | | | |
| （1）产品好就行，是否低碳不重要 | 1 | 2 | 3 | 4 | D29＿＿ |
| （2）低碳发展促进企业间合作 | 1 | 2 | 3 | 4 | D30＿＿ |
| （3）低碳发展能促进地区经济发展 | 1 | 2 | 3 | 4 | D31＿＿ |

| | 完全不同意 | 不同意 | 同意 | 完全同意 | |
|---|---|---|---|---|---|
| (4) 低碳发展能提高本地企业国际竞争力 | 1 | 2 | 3 | 4 | D32____ |
| (5) 低碳发展能改善本地环境 | 1 | 2 | 3 | 4 | D33____ |
| (6) 提高企业竞争力不一定要低碳 | 1 | 2 | 3 | 4 | D34____ |
| (7) 企业低碳有利于个人发展 | 1 | 2 | 3 | 4 | D35____ |
| (8) 企业低碳有利于我所在的部门发展 | 1 | 2 | 3 | 4 | D36____ |
| 二、期望目标 | | | | | |
| (1) 我看过低碳知识宣传 | 1 | 2 | 3 | 4 | D37____ |
| (2) 低碳就是不浪费 | 1 | 2 | 3 | 4 | D38____ |
| (3) 低碳和科学技术没什么关系 | 1 | 2 | 3 | 4 | D39____ |
| (4) 企业需要低碳管理技术 | 1 | 2 | 3 | 4 | D40____ |
| (5) 企业管理人员需要接受低碳培训 | 1 | 2 | 3 | 4 | D41____ |
| (6) 企业工人需要接受低碳培训 | 1 | 2 | 3 | 4 | D42____ |
| (7) 企业需要低碳人才 | 1 | 2 | 3 | 4 | D43____ |
| (8) 企业只要不违法就行,是否低碳不重要 | 1 | 2 | 3 | 4 | D44____ |
| (9) 企业只要挣钱就行,是否低碳不重要 | 1 | 2 | 3 | 4 | D45____ |
| 第三部分——行为动机分量表 | | | | | |
| 一、自我投入 | | | | | |
| (1) 为了我自身的安全,我会按企业要求去做 | 1 | 2 | 3 | 4 | D46____ |
| (2) 为了集体/部门的荣誉,我会按企业要求去做 | 1 | 2 | 3 | 4 | D47____ |
| (3) 为了我职业目标的实现(提职、奖金、加薪、跳槽等) | 1 | 2 | 3 | 4 | D48____ |
| (4) 因为领导和员工关系好(看在好领导的面子上) | 1 | 2 | 3 | 4 | D49____ |
| (5) 不想被领导刁难(领导命令不得不执行) | 1 | 2 | 3 | 4 | D50____ |
| (6) 为了和同事处好关系,我会按企业要求去做 | 1 | 2 | 3 | 4 | D51____ |
| (7) 不想被孤立,我会按企业要求去做 | 1 | 2 | 3 | 4 | D52____ |
| 二、工作投入 | | | | | |
| (1) 觉得企业低碳发展会挣更多钱 | 1 | 2 | 3 | 4 | D53____ |
| (2) 不低碳就会被同行排挤 | 1 | 2 | 3 | 4 | D54____ |
| (3) 不低碳就会被政府惩罚 | 1 | 2 | 3 | 4 | D55____ |

| | 完全不同意 | 不同意 | 同意 | 完全同意 | |
|---|---|---|---|---|---|
| （4）低碳很时髦，可以为企业树形象 | 1 | 2 | 3 | 4 | D56＿＿ |
| （5）不低碳就接不到国外订单 | 1 | 2 | 3 | 4 | D57＿＿ |
| （6）不低碳就接不到国内订单 | 1 | 2 | 3 | 4 | D58＿＿ |
| （7）原来叫节约，现在叫低碳 | 1 | 2 | 3 | 4 | D59＿＿ |
| （8）低碳产品更好推销 | 1 | 2 | 3 | 4 | D60＿＿ |
| （9）低碳成本太高，企业做不来 | 1 | 2 | 3 | 4 | D61＿＿ |
| （10）为改善周围小区的环境，从我企业做起 | 1 | 2 | 3 | 4 | D62＿＿ |
| （11）为改善本地区环境，从我企业做起 | 1 | 2 | 3 | 4 | D63＿＿ |
| （12）为改善全球变暖，从我企业做起 | 1 | 2 | 3 | 4 | D64＿＿ |

# Ⅲ　职业群体行为量表

| | 完全不同意 | 不同意 | 同意 | 完全同意 | |
|---|---|---|---|---|---|
| 一、互动程度 | | | | | |
| （1）我的工作小组不会为了本小组利益而损害企业利益 | 1 | 2 | 3 | 4 | D65＿＿ |
| （2）我的工作小组不会为了本小组利益而损害其他小组的利益 | 1 | 2 | 3 | 4 | D66＿＿ |
| （3）我的工作小组的行为规范符合企业要求 | 1 | 2 | 3 | 4 | D67＿＿ |
| （4）我的工作小组会刻意与其他小组融洽相处 | 1 | 2 | 3 | 4 | D68＿＿ |
| （5）我的工作小组时刻维护企业形象 | 1 | 2 | 3 | 4 | D69＿＿ |
| （6）我的工作小组会参加并支持企业的各种联谊、会议等 | 1 | 2 | 3 | 4 | D70＿＿ |
| （7）我的工作小组会主动参与企业的变革行动 | 1 | 2 | 3 | 4 | D71＿＿ |
| （8）我的工作小组会向企业提供相关的意见建议 | 1 | 2 | 3 | 4 | D72＿＿ |

|  | 完全不同意 | 不同意 | 同意 | 完全同意 | |
|---|---|---|---|---|---|
| (9) 与其他工作小组相比，我的工作小组出勤率较高 | 1 | 2 | 3 | 4 | D73____ |
| (10) 我的工作小组会主动向其他小组介绍自己的工作经验 | 1 | 2 | 3 | 4 | D74____ |
| (11) 我的工作小组会积极进行内部变革，以谋求企业最大利益 | 1 | 2 | 3 | 4 | D75____ |
| (12) 我的工作小组会与其他工作小组联络与沟通 | 1 | 2 | 3 | 4 | D76____ |
| (13) 我的工作小组关心小组成员的个人生活问题 | 1 | 2 | 3 | 4 | D77____ |
| (14) 我的工作小组会帮助小组成员解决生活中遇到的困难 | 1 | 2 | 3 | 4 | D78____ |
| (15) 我的工作小组会给其他工作量沉重的小组提供支援 | 1 | 2 | 3 | 4 | D79____ |
| (16) 我的工作小组会帮助遇到困难的其他工作小组的成员 | 1 | 2 | 3 | 4 | D80____ |
| **二、群体凝聚力** | | | | | |
| (1) 我喜欢其他成员 | 1 | 2 | 3 | 4 | D81____ |
| (2) 我把其他成员看作自己的朋友 | 1 | 2 | 3 | 4 | D82____ |
| (3) 我们工作小组的凝聚力很高 | 1 | 2 | 3 | 4 | D83____ |
| (4) 我觉得我们的工作小组具有团队精神 | 1 | 2 | 3 | 4 | D84____ |
| (5) 在工作中我同他人的工作关系很密切 | 1 | 2 | 3 | 4 | D85____ |
| (6) 我必须经常同他人一起努力 | 1 | 2 | 3 | 4 | D86____ |
| (7) 我自己的绩效依赖于来自他人的准确信息 | 1 | 2 | 3 | 4 | D87____ |
| (8) 我工作的方式对他人有重要影响 | 1 | 2 | 3 | 4 | D88____ |
| (9) 我的工作要求同他人很频繁地进行协商 | 1 | 2 | 3 | 4 | D89____ |
| **三、群体目标** | | | | | |
| (1) 我们工作小组的优先目标与企业的优先目标相似 | 1 | 2 | 3 | 4 | D90____ |
| (2) 我们工作小组与企业有相似的工作目标 | 1 | 2 | 3 | 4 | D91____ |
| (3) 我们工作小组与企业的工作目标没有差异 | 1 | 2 | 3 | 4 | D92____ |
| (4) 我所在小组是非常具有胜任力的 | 1 | 2 | 3 | 4 | D93____ |
| (5) 我所在小组做事非常有效率 | 1 | 2 | 3 | 4 | D94____ |
| (6) 我所在小组能够把工作做得很好 | 1 | 2 | 3 | 4 | D95____ |

| | 完全不同意 | 不同意 | 同意 | 完全同意 | |
|---|---|---|---|---|---|
| 四、工作满意度 | | | | | |
| (1) 我觉得和其他企业做类似工作的人比我的工资高 | 1 | 2 | 3 | 4 | D96____ |
| (2) 我对自己的工作环境很满意 | 1 | 2 | 3 | 4 | D97____ |
| (3) 我的工作具有挑战性并且有一种成就感 | 1 | 2 | 3 | 4 | D99____ |
| (4) 在不久的将来，我很可能会离职到其他企业上班 | 1 | 2 | 3 | 4 | D99____ |
| (5) 我经常想离开现在的工作 | 1 | 2 | 3 | 4 | D100____ |
| (6) 如果有机会，我很有可能去做新工作 | 1 | 2 | 3 | 4 | D101____ |
| (7) 即使企业效益差，我也不会离开 | 1 | 2 | 3 | 4 | D102____ |
| (8) 我对企业感情很深厚 | 1 | 2 | 3 | 4 | D103____ |
| (9) 我愿意为企业贡献全部心血 | 1 | 2 | 3 | 4 | D104____ |
| 五、协作精神 | | | | | |
| (1) 我愿意帮助新同事适应工作环境 | 1 | 2 | 3 | 4 | D105____ |
| (2) 我的同事愿意帮助其他同事解决工作中的相关问题 | 1 | 2 | 3 | 4 | D106____ |
| (3) 我的同事愿意在需要的时候分担其他同事的工作任务 | 1 | 2 | 3 | 4 | D107____ |
| (4) 和同事相比，我的工作成绩比较优秀 | 1 | 2 | 3 | 4 | D108____ |
| (5) 我的领导对我的工作成绩比较满意 | 1 | 2 | 3 | 4 | D109____ |
| (6) 同事对我的工作成绩评价比较高 | 1 | 2 | 3 | 4 | D110____ |
| (7) 我的工作成绩经常受到单位的表扬 | 1 | 2 | 3 | 4 | D111____ |

## 调查员守则：

1. 抽样企业特征：能源消耗大，碳排放量多的企业。具体如：

● 供热企业、电力企业

● 各类生产企业：

■ 建材生产和加工

■ 水泥企业

- 冶金

- 化工、石化

- 粮食/食品生产和加工

- 制药厂

- 印刷厂

2. 调查员要自备抽样卡 20 张，抽样方案如下：

①到每一企业后先抽部门，将部门编号，随机抽取约 3—10 个部门；

②调查每个部门的所有岗位/工种，对每个岗位/工种抽 3—5 人；

③通用抽样原则：

总体 50—100 人，抽样约 10—30 人；

总体 100—200 人，抽样约 30—50 人；

总体 500 人以下，抽样约 100 人；

总体 500 人以上，抽样不超过 200 人。

3. 开场白要自然、诚实：您好！我（们）是"东北地区中小企业低碳社会责任"课题组成员，非常感谢您能接受我们的调查！我们课题组想了解本地中小企业在低碳发展方面的情况，想知道您在这方面的真实想法，希望能够得到您的支持和帮助！谢谢！

4. 在访问时要向被访者重复说明如何填写：除第 I 部分"企业现状"调查的 1—4 题为多选外，其他均为单选。每页右边的代码及短横线是上计算机用的，您不必填写。遇到有 线的问题，就请直接在 中填写。

5. 调查员调查前应仔细阅读问卷，清楚每一题的填答方法，随时回答被调查人的提问。

6. 调查表填写完成后，调查员要仔细检查填写情况，尽量在填答人离开前确保无漏答和错填，检查内容：

①是否按要求填答；

②有无漏答的问题；

③调查员在回收问卷后将每题的答案号填在小横线上。无法取得被调查人意见的漏答问题填写 8；调查人拒绝回答的问题填写 9。

7.调查员在调查中要求诚实、认真、谦虚、耐心。调查结束后，将调查问卷交给负责人，负责人逐一核查问卷，无误后再统一输入数据库。

## 低碳基本概念

低碳：减低或控制温室气体排放。温室气体排放渠道主要有：交通运输、食品生产和消费、能源使用以及各类生产过程。通常所有温室气体排放用二氧化碳当量（$CO_2e$）来表示。

低碳经济：指在可持续发展理念指导下，通过技术创新、制度创新、产业转型、新能源开发等多种手段，尽可能地减少煤炭石油等高碳能源消耗，减少温室气体排放，达到经济社会发展与生态环境保护双赢的一种经济发展形态。

低碳社会：就是通过创建低碳生活，发展低碳经济，培养可持续发展、绿色环保、文明的低碳文化理念，形成具有低碳消费意识的"橄榄形"公平社会。

低碳生产：是以减少温室气体排放为目标，构筑低能耗、低污染为基础生产体系，包括低碳能源系统、低碳技术和低碳产业体系。

● 低碳能源系统，是指通过发展清洁能源，包括风能、太阳能、核能、低热能和生物质能等替代煤炭、石油等化石能源，以减少二氧化碳排放。

● 低碳技术，是指有效控制二氧化碳排放的技术。几乎遍及所有涉及温室气体排放的行业部门，包括电力、交通、建筑、冶金、化工、石化等，在这些领域，低碳技术的应用可以节能和提高能效。而在可再生能源及新能源、煤的清洁高效利用、油气资源和煤层气的勘探开发、二氧化碳捕获与埋存等领域，开发的一些新技术，可以有效地控制温室气体排放，也属于低碳技术。

● 低碳产业体系，包括火电减排、新能源汽车、建筑节能、工业节能与减排、循环经济、资源回收、环保设备、节能材料等。

# 参考文献

1. Goodall C., "How to live a low-carbon life: The individual's guide to stopping climate change", Future Survey, 2010, 36 (3), pp.190-191.

2. Martin C. E., eta, "l Leadership styles and group organization-al citizenship behavior across cultures", *Journal of Drganizational Behavior*, 2007, (28), pp.1035-1057.

3. Podsakoff P. M., Mackenzie S. B., Paine J. B., Bachrach D. G., "Organizational citizenship behaviors: A critical review of the theoretical and empirical literature and suggestions for future research", *Journal of Management*, 2000, (26), pp.513-563.

4. Farh J. L., Zhong C. B., Organ D. W., "Organizational citizenship behavior in the People's Republic of China", *Organization Science*, 2004, 15, (2), pp.241-253.

5. Locke. E. A., "What is job satisfaction?", *Organizational behavior and Human Performance*, 1969, (4), pp.309-336.

6. Bommer W. H., Miles E. W., Grover S. L., "Does one good turn deserve another? Coworker influences on employee citizenship", *Journal of Organizational Behavior*, 2003, 24 (2), pp.181-196.

7. Gilbert J. A., Thomas T., Li-Ping, "An examination of organizational trust anteeedents", *Public Personnel Management*, 1998, (27), pp.321-338.

8. JL Pearce, "HB Gregersen. Task interdependence and extrarole behavior: A test for the mediating effects of felt responsibility", *Journal of Applied Psychology*, (76), pp.834-844.

9. Dahlsrud A., "How corporate social responsibility is defined: An analysis of 37

definition", *Corporate Social Responsibility & Environmental Management*, 2008, 15 (1), pp.1-13.

10. Aaker D. A., Keller K. L., "Consumer Evaluations of Brand Extensions", *Journal of Marketing*, 1990, 54, (1), pp.27-41.

11. Rees William E., *Reducing the Ecological Footprint of Consumption*, Seoul: South Korea Press, 1995.

12. Geller E.Scott. (2002), The Challenge of Increasing Pro-environment Behavior, in iR. G. Bechtel, A. Churchman (Eds.), *Handbook of Environmental Psychology*, New York.

13. Anderson W. Thomas Jr., Karl E. Henion, Eli Pcox, "Socially versus Ecologically Responsible Consumers", *American Marketing Association combined Conference Proceedings*, 1974, 36, (6), pp.304 - 311.

14. Webster, F. E. Jr., "Determining the Characteristics of the Socially Conscious Consumer", *Journal of Consumer Research*, 1975, (3), pp.188-197.

15. Katzev, Richard, L. Cooper, P. Fisher, "Effect of Feedback and Social Reinforcement on Residential Electricity Consumption", *Journal of Environmental Systems*, 1981.

16. Synodinos N. E., "Environmental Attitudes and Knowledge: A Comparison of Marketing and Business Students with Other Groups", *Journal of Business Research*, 1990, (20), pp.55.

17. Stern P. C., "Toward a Coherent Theory of Environmentally Significant Behavior", *Journal of Social Issues*, 2000 (3), pp.407-424.

18. Marguerat, D., Cestre, G., *Determining Ecology-related Purchase and Post-purchase Behaviors Using Structural Equations*, Institute Universitaire de Management International (IUMI): Working paper Press, 2004, pp.271-285.

19. Ajzen, "The theory of planned behavior", *Organizational Behavior and Human Decision Processes*, 1991, (4), pp. 179-211.

20. HinesJ.M., Hungerford H. R., Tomera A. N., "Analysis and synthesis of research

on responsible environmental behavior: A meta-analysis", *Journal of Environmental Education*, 1986.

21. Guagnano G. A., Stern P. C., Dietz T., "Influences on attitude-behavior relationships: A natural experiment with curbside recycling", *Environment and Behavior*, 1995.

22. Arbuthnot J., Lingg S., "A Comparison of French and American Environmental Behavior: Knowledge and Attitudes", *International Journal of Psychology*, 1975, 10 (4), pp.275-281.

23. Berkowitz L., Daniels L. R., "Affecting the Salience of the Social Responsibility Norm: Effects of Past Help on the Response to Dependency Relationship", *Journal of Abnormal and Social Psychology*, 1964, 68, (3), pp.275-281.

24. Bin S., Dowlatabadi H., "Consumer Lifestyle Approach to US Energy Use and the Related $CO_2$ Emissions", *Energy Policy*, 2005, 33 (2), pp.197-208.

25. Boccaletti S., Nardella M., "Consumer Willingness to Pay for Pesticide-free Fresh Fruit and Vegetable in Italy", *International Food and Agribusiness Management Review*, 2000, (3), pp.297-310.

26. Brooler G., "The Self-actualizing Socially Conscious Consumer", *Journal of Consumer Research*, 1976, 3 (9), pp.107-112.

27. Eagly A. H., *Differences in Social Behavior: A Social-role Interpretation*, Hillsdale: Erlbaum Press, 1987, pp.2-19.

28. Franco Modigliani, "Life Cycle, Individual Thrift, and the Wealth of Nations", *American Economic Review*, 1986, 76 (7), pp.297-313.

29. Organ D. W., *Organizational Citizenship Behavior: The Good Soldier Syndrome*, Lexington Books: Lexington MA Press, 1998.

30. Kim J., *Changes in Consumption Patterns and Environmental Degradation in Korea*, Korea: Structural Changes and Economic Dynamics Press, 2002, pp.1-48.

31. [美] 罗宾斯:《组织行为学》,孙建敏、李原等译,中国人民大学出版社、PREVTICE Hall 出版公司 1997 年版。

32. [美] 莱斯特·R.布朗:《生态经济革命——拯救地球和经济的五大步骤》，萧秋梅译，扬智文化事业股份有限公司1999年版。

33. 彭华民:《消费社会学》，南开大学出版社1996年版。

34. 吴明隆:《统计分析:SPSS统计应用实务》，中国铁道出版社2000年版。

35. [英] 迈克·费瑟斯通:《消费文化与后现代主义》，刘精明译，译林出版社2000年版。

36. [美] 塔尔科特·帕森斯、斯梅尔瑟:《经济与社会》，刘进等，华夏出版社1989年版。

37. [日] 富永健一:《经济社会学》，孙日明、杨栋梁译，南开大学出版社1984年版。

38. [美] 莱切尔·卡逊:《寂静的春天》，吕瑞兰等译，吉林人民出版社1997年版。

39. 世界环境与发展委员会编:《我们共同的未来》，王之佳译，吉林人民出版社1997年版。

40. 张凤荣:《企业社会责任战略决策理论与技术研究》，吉林文史出版社2013年版。

41. 张凤荣:《社会科学调查研究方法与统计应用》，吉林文史出版社2013年版。

42. 杨元恪:《世界政治家大辞典》，人民日报出版社1992年版。

43. 李行健:《现代汉语规范字典》，外语教学与研究出版社2004年版。

44. [英] 亚当·斯密:《道德情操论》，蒋自强、钦北愚、朱钟棣、沈凯璋等译，商务印书馆1998年版。

45. 邢继俊、黄栋、赵刚:《低碳经济报告》，电子工业出版社2010年版。

46. [澳] 麦克尔·杰伊·波隆斯基、[美] 阿尔玛·明图·威蒙萨特:《环境营销》，高红岩译，机械工业出版社2000年版。

47. 黎建新:《消费者绿色购买研究:理论、实证与营销意蕴》，湖南大学出版社2007年版。

48. [美] 曼昆:《经济学基础》，梁小民译，生活·读书·新知三联书店2003年版。

49. 孙启宏、王金南：《可持续消费》，贵州科技出版社 2001 年版。

50. 王凤：《公众参与环保行为机理研究》，中国环境科学出版社 2009 年版。

51. 王建明：《消费者资源节约与环境保护行为及其影响机理——理论模型、实证检验和管制政策》，中国社会科学出版社 2010 年版。

52. 俞海山：《可持续消费模式》，经济科学出版社 2002 年版。

53. [美] 约瑟夫·E. 斯蒂格利茨、卡尔·E. 沃尔什：《经济学》，黄险峰、张帆译，中国人民大学出版社 2005 年版。

54. 陈晓春、谭娟、陈文婕：《论低碳消费方式》，《光明日报》2009 年 4 月 21 日。

55. 郑斌：《领导风格和 OCB 与团队绩效关系的研究》，浙江大学硕士学位论文，2006 年。

56. 张艳秋：《企业员工组织公民行为结构初探》，暨南大学硕士学位论文，2003 年。

57. 罗明亮：《企业绩效管理与员工组织公民行为的关系的研究》，河南大学硕士学位论文，2005 年。

58. 李建升：《企业文化与企业绩效关联机制研究：企业社会责任视角》，浙江大学博士论文，2008 年。

59. 孟艾红：《低碳消费的理论和实证研究——以杭州市居民的消费为例》，浙江理工大学硕士学位论文，2012 年。

60. 刘楠楠：《城市居民低碳消费行为影响因素：模型与实证分析》，山东财经大学硕士学位论文，2013 年。

61. 刘阳：《大学生低碳型消费行为及其影响因素研究——以长沙大学城高校学生为例》，湖南师范大学硕士学位论文，2012 年。

62. 徐喆：《社会规范影响下的大学生节约型消费行为实证研究》，西南交通大学硕士学位论文，2014 年。

63. 宁晓艳：《促进东北老工业基地中小企业发展对策研究》，《佳木斯大学社会科学学报》2007 年第 5 期。

64. 喻剑利、曲波：《社会责任标准体系下的我国中小企业人力资源管理策略》，《科技进步与对策》2010 年第 27 期。

65. 许多、张小林：《中国组织环境下的组织公民行为》，《心理科学进展》2007 年第 3 期。

66. 吕政宝、凌文轻、马超：《群体公民行为研究述评》，《华东经济管理》2010 年第 2 期。

67. 武欣、吴志明、张德：《组织公民行为对团队有效性的影响机制研究》，《管理工程学报》2007 年第 3 期。

68. 陈晓萍：《组织公民的意义》，《管理人》2005 年第 10 期。

69. 吕政宝、凌文桂：《企业群体公民行为对员工态度与行为的影响——组织承诺与工作满意度的中介作用》，《现代管理科学》，2011 年第 2 期。

70. 金晓娜：《低碳经济视角下的企业变革与管理》，《中国商贸》2011 年第 6 期。

71. 石兆：《推行环境人力资源管理实现企业可持续发展》，《商业研究》2008 年第 2 期。

72. 肖芬蓉、于继成：《从循环经济透析生态人力资源开发》，《科技管理研究》2006 年第 10 期。

73. 王明杰、郑俾：《低碳时代企业绩效管理模式的变革研究》，《经济纵横》2010 年第 11 期。

74. 祝建刚：《低碳经济下企业影响创新的思考》，《中国商贸》2010 年第 10 期。

75. 齐荣光、梁健峰：《低碳经济下企业财务管理的变革》，《商业会计》2010 年第 10 期。

76. 丁国安：《创新驱动：小微企业低碳发展方式的转变》，《中小企鹤研究》2013 年第 4 期。

77. 徐金会：《中小企业社会责任初探》，《经济师》2007 年第 7 期。

78. 史亚楠：《中小企业社会责任发展现状和实现研究》，《中国商贸》2010 年第 2 期。

79. 刘颖：《中小企业社会责任现状及对策研究》，《经济从横》2007 年第 11 期。

80. 勒秉强、胡月敏：《中小企业履行社会责任中的问题与对策》，《合作经济与科技》2011 年第 3 期。

81. 王中林：《对中小企业社会责任问题的思考》，《商场现代化》2007 年第 12 期。

82. 李轩复、郭毅:《意大利中小企业社会责任推行模式对我国的启示》,《生产力研究》2009 年第 6 期。

83. 马琴、王春燕:《中小企业社会责任的履行之路》,《经济导刊》2010 年第 9 期。

84. 杨枝茂:《中小企业社会责任文献综述》,《中外企业家》2012 年第 5 期。

85. 董华斌:《企业文化塑造重在群体行为习惯的培养》,《金融管理与研究》2007 年第 6 期。

86. 赵敏:《浅析以员工共同群体意运促进企业文化融合》,《金融经济》2007 年第 4 期。

87. 李建升:《企业文化与企业绩效关联机制研究:企业社会责任视角》,浙江大学博士学位论文,2008 年。

88. 黄丽华、王琳:《论组织目标及组织管理中的目标整合》,《软科学》1999 年第 12 期。

89. 郭彬、张世英、郭焰、冷永刚:《政府引导企业发展循环经济的激励机制分析》,《中国地质大学社会科学学报》2005 年第 5 期。

90. 张凤荣,陈明:《新能源产业上市公司经营效率分析——基于突变级数法和 DEA 超效率模型的实证研究》,《技术经济与管理研究》,2015 年第 7 期。

91. 李新达:《创新是企业发展的灵魂》,《山东社会科学》2009 年第 12 期。

92. 刘琦:《如何提升员工的工作投入度》,《经营管理者》2011 年第 14 期。

93. 谭铁生、任永昌:《以人本管理提升员工的工作投入度——以 A 工厂为例》,《中国人力资源开发》2011 年第 4 期。

94. 庄贵阳:《中国:以低碳经济应对气候变化挑战》,《环境经济》2007 年第 1 期。

95. 付允、马永欢、刘怡君、牛文元:《低碳经济的发展模式研究》,《中国人口、资源与环境》2008 年第 3 期。

96. 李胜、陈晓春:《低碳经济:内涵体系与政策创新》,《科技管理研究》2009 年第 10 期。

97. 袁男优:《低碳经济的概念内涵》,《城市环境与城市生态》2010 年第 2 期。

98. 范建华:《低碳经济的理论内涵及体系构建研究》,《当代经济》2010 年第 4 期。

99. 辛章平、张银太:《低碳经济与低碳城市》,《城市发展研究》2008 年第 4 期。

100. 刘敏、刘焕新：《湖南发展低碳消费对策研究》，《湖南社会科学》2010 年第 4 期。

101. 陈柳钦：《可持续低碳消费的实现途径》，《理论学习》2010 年第 8 期。

102. 于小强：《低碳消费方式实现路径分析》，《消费经济》2010 年第 4 期。

103. 王建明、徐振宇：《城市年轻人低碳消费"知"与"行"》，《浙江经济》2010 年第 10 期。

104. 于伟：《消费者绿色消费行为形成机理分析》，《消费经济》2009 年第 8 期。

105. 朱洪革、佟立冬：《城市居民生态消费支付意愿的调查分析》，《消费经济》2009 年第 4 期。

106. 刘冬梅、唐永红：《推进家庭低碳消费方式的战略思考》，《青岛农业大学学报（社会科学版）》2010 年第 4 期。

107. 饶田田、杨玲萍、吕涛：《碳消费行为形成机理的理论模型》，《江苏商论》2010 年第 11 期。

108. 王淑新、何元庆、王学定、王世金：《低碳经济时代中国消费模式的转型》，《软科学》2010 年第 7 期。

109. 巢桂芳：《关于提高低碳经济意识、创导低碳消费行为的调查与研究》，《经济研究导刊》2010 年第 11 期。

110. 朱臻、沈月琴、黄敏：《居民低碳消费行为及碳排放驱动因素的实证分析》，《资源开发与市场》2011 年第 9 期。

111. 王建明、贺爱忠：《消费者低碳消费行为的心理归因和政策干预路径：一个基于扎根理论的探索性研究》，《南开管理评论》2011 年第 4 期。

112. 薛桂波：《低碳社会的文化动力》，《学术交流》2011 年第 4 期。

113. 李岩松、马朝阳：《循环经济时代绿色消费行为特征探析》，《消费经济》2006 年第 2 期。

114. 曾宇容、王洁：《大学生消费内在机理调查与研究》，《消费经济》2009 年第 10 期。

115. 张凤荣、张建平：《现代企业社会责任驱动的供应链发展策略研究》，《商业经济》2011 年第 10 期。

116. 刘东梅、雷虹艳:《大学生绿色消费观培养研究》,《学理论》2011 年第 5 期。

117. 朱钊、张倩:《大学生低碳消费问题及对策分析》,《广角》2011 年第 6 期。

118. 陈帝涛、朱振霖、苏伟群、范继萍:《低碳大学校园建设研究》,《现代商贸工业》2013 年第 2 期。

119. 张凤荣、刘航宇:《东北地区中小企业承受力分析》,《商场现代化》1999 年第 10 期。

120. 汪兴东、景奉杰:《城市居民低碳购买行为模型研究——基于五个城市的调研数据》,《中国人口·资源与环境》2012 年第 2 期。

121. 曹虹剑、姚炳洪:《对从众消费行为的分析与思考》,《消费经济》2003 年第 5 期。

122. 张凤荣、安妮卡·麦格赫姆·菲特:《中小企业低碳社会责任能力促进因素分析——基于职业群体视角的研究》,《当代经济研究》2012 年第 5 期。

123. 程会强:《低碳生活:生态时代的环保责任》,《中国环境报》2010 年第 6 期。

124. 储德银、经庭如:《促进消费需求的公共财政政策探讨》,《消费经济》2007 年第 2 期。

125. 高维忠:《中国生态旅游消费发展障碍与对策探讨》,《消费经济》2003 年第 5 期。

126. 高文永、陈胜男:《从制度变迁角度看转轨时期的消费者行为演变》,《中共济南市委党校学报》2010 年第 1 期。

127. 何志毅、杨少琼:《对绿色消费者生活方式特征的研究》,《南开管理评论》2004 年第 3 期。

128. 张凤荣:《企业社会责任的发展策略》,《人民日报》2014 年 10 月 25 日。

129. 胡晓、邓正华:《西部居民的消费行为与消费心理探析》,《市场调研》2008 年第 10 期。

130. 胡宗义、汪建均、马超群:《基于 PLS 的湖南省电力消费影响因素分析》,《系统工程》2006 年第 9 期。

131. 刘庆强、温剑锋、黄山枫、蔡邦成、陆根法、马妍:《个人行为改善与减缓气候变暖研究》,《四川环境》2007 年第 8 期。

132. 刘志梅：《对广东奢侈品消费的现实思考》，《消费经济》2009 年第 7 期。

133. 骆华：《低碳经济的经济学分析》，《现代管理科学》2010 年第 8 期。

134. 潘安敏、陈略：《城市低碳消费模式探讨》，《消费经济》2005 年第 7 期。

135. 孙延红：《低碳经济时代对低碳消费模式的新探索》，《山西财经大学学报》2010 年第 2 期。

136. 孙耀武：《培育我国低碳消费方式的思考》，《前沿》2011 年第 1 期。

137. 田晖：《基于岭回归法的居民消费行为影响因素实证分析》，《消费经济》2007 年第 7 期。

138. 田学斌：《消费需求扩张的制度变革路径：消费能力视角》，《消费经济》2007 年第 11 期。

139. 汪秀英：《绿色消费与生态消费的规则界定与分析》，《现代经济探讨》2005 年第 8 期。

140. 王环：《生态消费是社会和谐发展的自然选择》，《济南大学学报》2008 年第 10 期。

141. 温剑锋、黄山枫、蔡邦成、陆根法、马妍：《个人行为改善与减缓气候变暖研究》，《四川环境》2007 年第 8 期。

142. 杨选梅、葛幼松、曾红鹰：《基于消费行为的家庭碳排放研究》，《中国人口·资源与环境》2010 年第 5 期。

143. 杨敬舒：《中国居民攀比性消费行为影响因素的实证研究》，《西北大学学报》2010 年第 1 期。

144. 郑晓明、方俐洛、凌文轮：《社会规范研究综述》，《心理学动态》1997 年第 5 期。

145. 许世璋：《影响花莲环保团体积极成员其环境行动养成之重要生命经验研究》，《台湾科学教育学刊》2003 年第 11 期。

146. 王志禄：《论环境责任意识》，《发展论坛》1997 年第 11 期。

147. 徐国伟：《低碳消费行为研究综述》，《北京师范大学学报》2010 年第 51 期。

148. 孙峰：《环境文化建设与环境保护》，《环境导报》2002 年第 3 期。

149. 马先明：《态度及其与行为模式述评》，《社会心理学》2006 年第 221 期。

150. 张凤荣、曹勇宏、Annik Magerholm Fet：《基于能源约束的区域相对生态效率识别》，《工业技术经济》2012 年第 4 期。

# 索　引

责任编辑:钟金铃
封面设计:林芝玉

**图书在版编目(CIP)数据**

中小企业低碳社会责任推进策略:基于东北地区职业群体的实证研究/
张凤荣 著. —北京:人民出版社,2016.5
ISBN 978－7－01－016324－6

Ⅰ.①中…　Ⅱ.①张…　Ⅲ.①中小企业-节能-企业责任-社会责任-研究-
中国　Ⅳ.①F279.243

中国版本图书馆 CIP 数据核字(2016)第 128930 号

**中小企业低碳社会责任推进策略**
ZHONGXIAO QIYE DITAN SHEHUI ZEREN TUIJIN CELÜE
——基于东北地区职业群体的实证研究

张凤荣　著

**人民出版社** 出版发行
(100706　北京市东城区隆福寺街 99 号)

北京明恒达印务有限公司印刷　新华书店经销

2016 年 5 月第 1 版　2016 年 5 月北京第 1 次印刷
开本:710 毫米×1000 毫米 1/16　印张:21
字数:280 千字　印数:0,001-2,000 册

ISBN 978－7－01－016324－6　定价:48.00 元

邮购地址 100706　北京市东城区隆福寺街 99 号
人民东方图书销售中心　电话 (010)65250042　65289539